# 王昇的一生

陳祖耀 著

三民書局

國家圖書館出版品預行編目資料

王昇的一生／陳祖耀著.——初版二刷.——臺北市：
三民，2010
面；　公分

ISBN 978-957-14-5045-2　(平裝)

1. 王昇 2. 臺灣傳記

783.3886　　97006906



| | |
|---|---|
| 著作人 | 陳祖耀 |
| 發行人 | 劉振強 |
| 著作財產權人 | 三民書局股份有限公司 |
| 發行所 | 三民書局股份有限公司<br>地址　臺北市復興北路386號<br>電話　(02)25006600<br>郵撥帳號　0009998-5 |
| 門市部 | (復北店) 臺北市復興北路386號<br>(重南店) 臺北市重慶南路一段61號 |
| 出版日期 | 初版一刷　2008年8月<br>初版二刷　2010年1月修正 |
| 編號 | S 782250 |

行政院新聞局登記證局版臺業字第〇二〇〇號



ISBN　978-957-14-5045-2　(平裝)

http://www.sanmin.com.tw 三民網路書店

任政工幹部學校校長時

參加國慶大會後攝
於總統府前

晉升上將時

任國防部總政治作
戰部主任時

1972年第九次訪問
越南時攝於西貢

總統蔣中正蒞臨復興崗主持政治作戰研究班開學典禮後，校長王昇陪侍巡視教育設施

王昇是蔣經國的學生、部屬，也是忠心的革命伙伴

王昇參與了蔣經國「建設新贛南」的行列，而且貢獻了許多心血和力量

晉升中將時，蔣經國先生蒞臨致賀

對國軍幹部講話

夫人胡香棣教授

王昇率領奎山軍官團全體軍官與越南總統吳廷琰（左五）合影

與參謀總長宋長志上將合影，右一為本書作者

王昇與駐越南美
軍司令魏茂蘭上
將合影

越南總參謀長黎文己上將陪同王昇進入大禮堂對高級將校講話

王昇坐在中、越國旗前對越軍高級將校講話

第九次訪問越南，越軍政治作戰總局長陳文忠中將在參謀總部軍官俱樂部設宴款待，右二為心戰局長黃玉簫上校，左二為政訓局長鄧廷旦中校

與國畫大師張大千先生及江海東將軍（右）合影

王昇與高棉總統龍諾合影

王昇與韓國大統領全斗煥晤面

王昇訪問美國時，與斯卡拉品諾教授合影

越南軍事大學校長阮玉八中將率團前來我國訪問，王昇在三軍軍官俱樂部設宴款待

王昇在桃園空軍基地舉行新春聯誼座談會，左三為空軍總部政戰部主任陳燊齡中將，後任空軍總司令及參謀總長，官拜一級上將，右二為中央大學政治學系主任馮滬祥博士，右三為本書作者

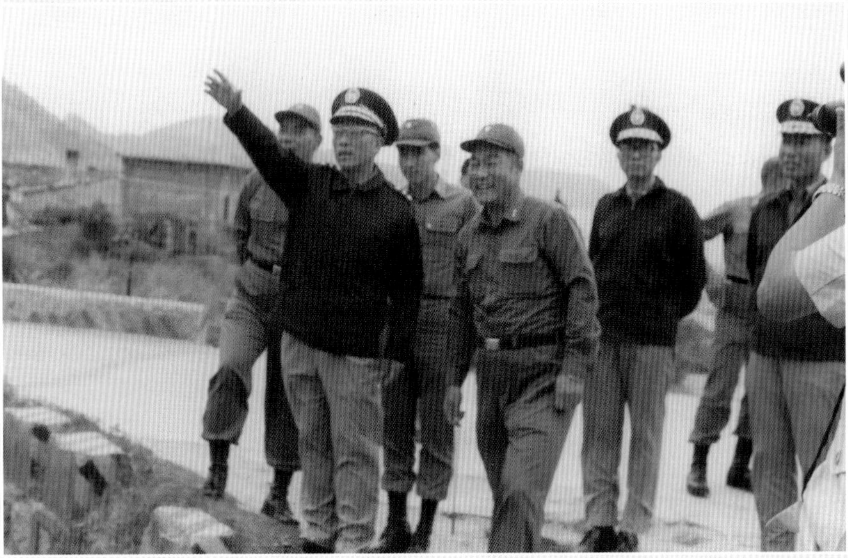

巡視馬祖，與司令官等視察防務。右一為孫森將軍，右二為本書作者

王昇在赴南沙群島途中與士兵聊天

華視總經理張家驤（後排右五）宴請政戰學校歷任校長

王昇調離總政戰部時，與執行官、副主任、政計會主委、各軍種總部及三軍大學政戰部主任、政戰學校校長、青邨幹訓班教育長等合影

王昇伉儷與巴拉圭總統史托斯納爾及夫人合影

王昇自巴拉圭辭職歸國，途經美國加州聖荷西市，與駐美武官茅承祖上校、前美軍顧問溥岳博士及夫人陳山女士，左一為本書作者

接待臺灣大學校長孫震博士，右為本書作者

接待臺灣師範大學校長梁尚勇博士，左為本書作者

歷任祕書、參謀為王昇八秩華誕祝壽，前排左一、二為東海大學校長梅可望博士與夫人，右一為王昇愛女王小棣導演，後排右一為王昇哲嗣王立天博士

王昇與夫人熊慧英伉儷情深

王昇的長子公天（前排右）結婚時的全家福。後排右起為次子步天、么兒立天、三女小棣（長女王華、次女波兒在大陸）及三子曉天

第一次訪越時，攝於西貢植物園，後左為陳禔上尉，後右為本書作者

王昇難得有休閒的時刻

# 復興崗頌

王昇撰并書

大屯蒼蒼，淡海泱泱，我們在復興崗上，鼙鼓鵑鳴，絃歌猶未央。劍及履及，見義見勝，三千世胄出炎黃。談什麼富貴？向什麼行藏？看江山上，萬古英雄昭日月，東山喋血，千秋湖畔記鴛鴦。太猖狂，太猖狂！和圍銅駝荊棘，大陸滿豺狼，赤焰遍地，何處是家鄉？神州極目，淚灑青霜。大屯蒼蒼，淡海泱泱，我們在復興崗上，曉園春滿，桃李芬芳，一旦雷聲動處，龍虎必飛揚。乘艨艟，破巨浪，天際飛揚，夜襲換輕裝，喚起同胞收大荒。重建漢家日月，青天白日，地久天長。

王昇墨寶

祖耀存念

王昇贈

王昇贈本書作者留念照片

# 前言

《中國報導》半月刊的發行人鍾樹楠先生說：「國民黨近幾十年來有擔當而受批評最多的人物，一為陳辭公（誠），一為王化公（昇）。」（臺版一一四二期）。《新新聞》週刊社的社長司馬文武（江春男）先生說：「王昇權勢最高時，海內外稱他為軍事強人，如果他不下臺，後來的郝柏村一定當不上軍事強人，更登不上行政院長的寶座。」（二七六期）。美國的《時代》雜誌（*Time*）和《新聞週刊》（*Newsweek*），則在王昇將軍一九八三年三月應邀訪美時，說他是「接班人」。此話一出，國內外媒體便一窩蜂的攻擊王昇，說「王昇已是一人之下，萬人之上」、說「王昇擁有一股潛在勢力」、說「王昇即將升王」、並說他這次訪美是為「接班」找外援，種種美言謔語，都傾囊而出。

王昇將軍，化行先生，是我的老師，是我的長官，我曾在復興崗聆受他的教誨，又曾奉命隨他兩度前往越南訪問，幫助越南共和國訓練幹部，並曾兩度擔任他的祕書，在他身邊工作長達七年多的時間。我知道他對這些善意的或不懷好意的報導，都處之泰然。因為他曾說：「一個經常在前線作戰的戰士，不受傷，不戰死，是很少有的。」

王昇出身於江西一個極為貧窮的農家，秉性忠厚，純良樸實。他曾說母親仙逝時連棺材都買不起，使他一直感到愧疚遺憾。他讀完小學後，由於龍南縣城沒有中學，他根本沒錢到贛州去讀書，只有在家裡幫忙種田織布。但他「窮且益堅，不墜青雲之志」，只要一有空閒，就埋頭苦讀，連他的父、兄都非常感動。當南埜國學專科學校在龍南成立時，他前往報考，幸獲錄取。校長廖成溥先生是一位國學名家，見他頭角崢嶸，智慧超群，特予鼓勵指導，更使他如魚得水，發憤忘食，對四書五經、諸子百家等古典文學、哲學及西洋名著傳記，乃至近代的散文小說，都潛心研讀，並學會寫詩作詞。

當時由於日軍對我瘋狂侵略，化行先生激於義憤，毅然請纓殺敵，先入保安團，旋考取中央軍官學校第三分校十六期，畢業時被分發江西青年幹部訓練班，該班主任為蔣經國先生。受訓三個月，因畢業成績特優，被派專員公署擔任視察，時年二十五歲。在經國先生領導下，參與「建設新贛南」，從此與經國先生結下師生情誼。其後又考取中央幹部學校研究部，再度成為經國先生的學生，接著參加青年遠征軍，復員後又到上海「打老虎」（實施經濟管制），均有卓越的貢獻，而又都在經國先生的領導下。

來臺後，奉命創辦政工幹部學校，由訓導處長、教育長、而校長，將原本一片荒蕪的日本留下的跑馬場，變成弦歌不輟景色壯麗的復興崗。化行先生殫精竭慮，不斷研究發展，終使復興崗成為一所完整的大學，使所有畢業的學生在為國家犧牲奉獻時，亦有機會可以獲得學士、碩士、博士學位。

民國四十九年五月，王昇奉調國防部總政治部（民國五十三年改稱總政治作戰部，簡稱總政戰部）副主任，次年元月一日晉升中將，同年九月十六日升任執行官。五十九年七月一日，奉總統蔣中正手令，晉升陸軍二級上將。六十四年四月四日，榮升總政戰部主任。

在那一段時期，正是「反共抗俄」的最高潮，敵人要「血洗臺灣」，我們要「反攻大陸」，兩岸劍拔弩張，時常爆出火花。王昇努力建立政治作戰理論體系與制度，積極推行官兵思想（政治）教育，加強對敵心戰，倡導軍中文藝運動，設立軍中福利總處，大力改建老舊眷舍，努力改善官兵與眷屬生活、興建國軍英雄館、創建中華電視臺、成立黎明文化公司、遷建臺北高爾夫球場、籌建五指山公墓，嚴格整飭軍紀，積極加強保防，凝聚官兵共識，提升官兵士氣，加強部隊團結，為國軍建軍備戰殫精竭慮，犧牲奉獻。

一九七九年（民國六十八）一月，美國與中共勾搭建交後，中共對我大力展開和平統戰，在其黨中央與國務院下，一直到各省、市、縣、自治區，普遍成立「對臺辦公室」，並動員十餘萬幹部，投下大量的經費，積極展開工作。蔣經國總統在面對此種情勢下，即將艱鉅的反統戰工作交給王昇，王昇說他追隨經國先生數十年，凡他所交待的工作，從未說過一個「不」字。但這次的任務實在太重，責任實在太大，他請經國先生重新考慮人選，但經國先生心意十分堅定，他只得硬著頭皮接下來。結果就因這一反統戰工作所成立的「劉少康辦公室」，在運作上遭人惡意攻擊中傷，蔣經國總統為了王昇的「安全」，乃將他「遠謫巴拉圭」當大使。

王昇於一九八三年十一月前往巴拉圭，巴國前後兩任總統都對他非常友善。王昇眼看巴拉圭為一農業國家，土地肥沃，氣候溫和，雨量適中。但善良純樸的廣大農民卻極為窮苦，家徒四壁，且有的連門板都沒有，吃飯時亦沒有桌椅，幾乎完全是過著一種原始生活。王昇看在眼裡，痛在心裡。因此他在獲得巴國農業部的同意後，即積極為巴國在最窮困偏僻的「山達尼」，建立「農牧示範村」。想不到第一個五年計畫就使國民平均所得成長了三倍，連原來反對與我國維持邦交的一些政商人士和媒體，在實地參觀以後，亦不得不大為讚賞，態度完全改變。新任的羅德里格斯總統在巡視「山達尼農牧示範村」後，當場對所有官員和媒體一再重複的說：「中華民國是我們最好的友邦，王大使是最願意幫助我國的大使。」

陰曆新年時，王昇更冒著被暗殺的危險，到亞松森等各城市華僑社區去挨家挨戶的拜年，了解僑胞們的生活情形，並在僑社成立孔子文教中心，創立中正學校，發動僑領募款，建築一棟四層樓的教學大樓，內設大禮堂可容一千人。元旦與僑胞一起升旗，雙十節與僑胞一起慶祝國慶。並成立華僑青年會、華僑聯誼社、華僑國術社、華僑漁獵社、及亞松森高爾夫球隊，以加強僑胞們的互動和情誼。

化行先生出使巴拉圭八年，雖然經國總統晚年曾說：「王昇仍應為黨國做事。」但國內掌權者一直不讓他回來，直到民國八十年他堅決辭職，才讓他回國，時年已七十八歲。當他被「中央各軍事院校校友會」理監事會一致推舉為理事長時，他仍積極推廣會務，並親自出面募款，為總會購置會址，使理監事開會時不必再借用場地，而且可以展開各種活動。

更重要的，化行先生徵得臺灣各大專院校校長與著名學者專家的同意，成立「促進中國現代化學術研究基金會」，希望由個人而家庭而社會，兼顧教育、經濟、政治（管理）等方面齊頭並進，使二十一世紀，能巍然出現一個現代化的中國。而中國現代化的完成，即是三民主義的澈底實行。化行先生一直虔誠的信奉三民主義，一直用心的教授三民主義，一直要澈底實行三民主義。中國現代化的完成，正是他終生奮鬥的目標和希望。他的構想獲得國內、海外和大陸學術界的熱烈響應。自一九九三年八月，在臺北圓山大飯店舉行「第一屆促進中國現代化學術研討會」開始，以後每年輪流在海峽兩岸舉行。先後參加研討會的海內外著名專家學者已達五百餘人，這實在是兩岸學術界的一件大事，也是中國邁向富強康樂的一件大事。

民國八十九年三月，陳水扁當選總統後，曾赴化行先生家裡，親送「國策顧問」聘書，並尊稱化行先生是「永遠的校長」。化行先生很嚴正的告訴陳水扁，政治作戰在軍中最大的功效是使「軍隊國家化」，使官兵能同心協力，為救國救民而犧牲奮鬥。同時使政黨輪替亦能順利進行，希望陳總統能注重政治作戰工作，維護政治作戰制度。誰知未過多久，陳水扁卻違背他自己的就職宣言，逐漸偏離正道，化行先生深恐為臺灣軍民同胞帶來不幸，乃將聘書退還給陳水扁，從此再也不和他來往了！

民國九十五年十月五日凌晨，化行先生因肺功能衰竭，而與他熱愛的國家、家人及故舊門生長辭，享年九十二歲。十一月十一日舉行安息禮拜時，成千上萬的故舊門生前往向他默哀致敬，並有許多人送他上五指山，在他靈柩前跪拜痛哭，萬分難捨。

綜觀化行先生的一生，他雖出生寒微，歷經戰亂，但由於他堅苦卓絕，才智超群，武官做到陸軍上將，文官做到特命全權大使特任官，黨職做到中國國民黨的中央常務委員。在學術上，他是拿到「紅皮書」的部聘教授，而且曾以《國父思想》一書，獲教育部頒發學術獎章，韓國檀國大學並頒贈榮譽法學博士學位。他的文章道德、人格風範及音容笑貌，將永遠活在人們心中。而他光明慈愛的靈命，必將永遠住在耶和華的殿中。

本書初稿完成後，承蒙敬愛的兄長劉戈崙將軍詳為審閱斧正，黃明濤賢弟仔細校對，衷心感謝。媳婦美琴、女婿嘉明在繁忙中幫忙打字，甚為辛勞，併致謝忱。

三民書局，創業維艱，貢獻卓著，尤其劉董事長振強兄以發揚中華文化，激勵學術研究，端正社會人心，促進國家富強為己任，不煙不酒，有情有義，半世紀來對我愛護有加，深為感動。年前承囑將王昇將軍的生平事蹟寫出來，以便幫忙出版。筆者學識淺陋，不善為文，疏漏失誤之處，敬祈碩學先進賜予指教是幸。

# 王昇的一生 目次

# 第一章 艱苦童年

## 常在深夜聽到母親咳嗽和紡紗的聲音

王昇本名修階，號化行，民國四年（一九一五）陰曆十月廿八日，生於江西省龍南縣的木笛村。

龍南位於江西省的南端，距離廣東省很近，在西漢初年，屬於南埜縣，三國時劃歸南安縣，至南唐時始正式設為龍南縣，與虔南、定南兩縣，合稱「三南」。龍南境內山既峻拔，水亦湍急，龍南縣城即建於萬山環抱之中，正如《龍南縣誌》所載：「北枕金盆，南對歸美，四山則層巒疊峙，波委雲濤，周圍拱護；四水則分道併流，源遠流深，迂迴環繞城廓之外。平野沃衍，桑麻百頃，煙火萬家，方二十里，而龍頭天險，關鎖完密」。由於地勢險要，成為「逼閩扼粵」的咽喉，所以自清末民初，一直為軍閥與土匪所盤據侵擾。

王昇的遠祖原居於山西省，大宋南遷後，由山西遷至江西，先到贛州，後遷至龍南，算起來到他這一代，已是第十代了。

王氏家族雖然人數並不是很多，但卻頗有名望，因為歷代出了幾位知名人士，對鄉里貢獻良多，所以很受人尊重。不過到王昇誕生前，他們的家道卻已中落。因此王昇在小的時候，家裡生活十分艱苦，完全靠勞力維持生活。

龍南由於地處山區，當時交通十分不便，沒有火車，沒有汽車，甚至連腳踏車也沒有，一切都要靠天生的雙腿。所幸當地土地肥沃，物產豐富，人民缺乏的只是食鹽、布疋和金屬用品等，由於木笛村距縣城不遠，步行很快即可到達，家中需要什麼，一進城即可買到。而縣城的商店需要進貨時，則必須到九江、南京、乃至廣州等大都市去了。

王昇的封翁名培貴，號奎山，是一位忠厚誠篤，極重情義的人，深受族人與鄉親的愛戴，族人和鄉親如有爭執，總是由他出面調解或仲裁；遇有宗族儀式，亦常由他主持。萱堂劉薈英太夫人更是一位謙和仁慈，親切溫良的中國典型婦女，她除料理一家大小的飲食外，還親手紡紗，由於操勞過度，不幸染上了肺結核病，在當時，結核病根本無藥可治，只能注重營養和休息，但她一天到晚都在為全家的生活而操勞奔忙，而且還勤於紡紗，每天都忙到深夜還不肯休息。王昇對此事記憶非常深刻，因為他小時常在深夜醒來時，還聽到母親紡紗的聲音及咳嗽的聲音，沒有幾年，母親竟因此病而離開人間，這對王昇的內心深處造成極大的傷痛與打擊，令他永遠無法忘懷。

王昇的哥哥名建綱，姐姐名祥鳳，弟弟名建湖，他們讀過幾年小學後，即都在家裡幫忙做生意，作勞工。唯獨王昇從小喜歡讀書，而且聰穎過人，成績特別優異，極得老師們的喜愛器重。但因家境窮困，他只得一面讀書，一面幫忙做事。致良小學畢業後本想讀初中，但要讀初中必須前往江西南部的重鎮贛州，因龍南縣那時還沒有初中，而從龍南到贛州要走好幾天，且需一筆可觀的費用，不是他的家庭可以負擔的。在這種情形下，他只得留在家中，與父兄一起耕織，但只要稍有空暇，他便埋頭苦讀，正所謂「窮且益堅，不墜青雲之志」。他那時已有一個信念：「學問知識並非是任何人的專利，只要你努力，學問知識就可以屬於你，並不只是獲得特別學位者才算有學問知識。」❶

## 考入南埜國學專科學校

民國二十一（一九三二）年夏，鄉賢廖成溥（世平）先生在龍南創辦了一所南埜國學專科學校，王昇在父兄的鼓勵下前往報考，以優異的成績進入該校就讀，令他滿心喜悅。廖成溥是前清秀才，又畢業於江西省立警察學校，不但對中國文學極有研究，對數學理化亦稍有涉獵，他因不願當官，畢生以從事教學為樂，他特別注重對學生的啟發與鼓勵。王昇在廖老師的熱心教誨下，勤奮向學，進步神速，特別是對國學打下了深厚的基礎，詩詞論文都寫得非常優美，極得廖成溥的喜愛和獎賞。當時廖成溥辦有「錫雲週刊社」，王昇便常在週刊上發表詩詞和文章，有一次，王昇和廖成溥合照了一張照片，廖看到他的這名學生英姿挺拔，豪氣干雲，便在照片的背面寫了兩句話：「豈未見到睜兩眼　定有承擔挺雙肩」。

有年冬天，氣候異常寒冷，王昇自恃年輕體壯，穿得非常單薄，廖成溥深恐他受寒，特

❶ Thomas A. Marks 著，張聯祺、李厚壯等譯，《王昇與國民黨》，頁二九，時英出版社。

別買了一件很厚的毛衣送給他。對於廖老師這種真誠的關懷和愛護，王昇內心非常感激，特以一詩相謝，其最後兩句為：「不成金鋼身，何以報師恩。」

王昇在名師的啟迪與指導下，對國學已有極深的造詣，因此他在南埜學校畢業後，即在龍南縣城成立「啟化出版公司」，決心獻身文化事業。旋又成立「樂群詩社」，希望廣邀對詩詞有興趣的人士，定期聚會，大家一起詠詩作詞，希望藉詩詞抒發豪情壯志，同時也希望能以詩詞來和樂人心，美化生命，這在當時的龍南，尚屬創舉。而王昇當時不過年方弱冠。

然而理想與現實總是有一些距離，因那時的龍南，經濟十分落後，根本很少有人出版文物，詩詞雖為人們所喜愛，但大家一天到晚都要為生活奔忙，根本沒有什麼閒情逸致，尤其重要的，他的父親又因病辭世，使他傷痛不已。他回憶當時的情景說：

> 當我的雙親過世時，他們是如此地窮困，窮得連棺材都買不起，他們兩位老人家均在五到六年間相繼過世。我當時向自己發誓，我雖然不能給他們辦一場隆重的喪禮，但願有朝一日能幫助與我當時處境相同的人。❷

為了實現此一誓言，從此他就更加茹苦含辛，奮發圖強，不畏險阻，力爭上游！

❷ 同❶，頁七二。

# 第二章　從軍報國

## 日本帝國主義對我瘋狂侵略

王昇第一次創業，未能獲得預期的成功，在心理上難免有些失望。而那時在江西省的南部，中共早已將瑞金作為其建立所謂「中央蘇維埃政府」的根據地，經常展開各種運動，人民深感痛苦。龍南雖距瑞金尚有一段距離，但亦經常受到威脅與騷擾，且其行蹤飄忽，防不勝防，老百姓一天到晚都提心吊膽，寢食難安。

民國十九年（一九三〇）十二月，國民政府為解除人民的痛苦，曾對中共實施「圍剿」，但因準備不足，未能成功。其後又連續三次對中共實施「圍剿」，亦均告失敗。因為當時政府還要對付廣州及各地乘機作亂的軍閥，分散了國軍的戰力，而最主要的原因，是日本帝國主義處心積慮，乘我中央政府對中共實施「圍剿」時，即對我國在各地挑釁，特別是民國二十年（一九三一）九月十八日，竟對我展開武裝侵略，以大軍強佔我東北三省，造成慘痛的「九一八」事變，使我東北同胞慘遭殺戮蹂躪。直到民國二十二年（一九三三）十月，政府為了「攘外必先安內」，面對強大的日本帝國主義侵略，必須先使國家能夠統一，全民能夠團結，才能與強大的日本帝國主義決一死戰，因此政府乃對中共實施第五次「圍剿」。這次由蔣中正委員長親自坐鎮南昌指揮，並改變政略與戰略，採取「三分軍事、七分政治」的方略，加強作戰官兵的思想教育和政治訓練。在地方上則編組保甲，實施連坐，並厲行經濟封鎖。在軍事上，特別注重堡壘戰、山地戰和搜索戰，構築碉堡，修建公路，逐步推進，終使中共不得不放棄其長期盤踞的瑞金，開始其所謂「二萬五千里長征」，一直逃到陝西省的北部山區，與當地的土共合流，始獲喘息之所。

王昇眼看國難當頭，民生疾苦，左思右想，唯有投筆從戎，執干戈以衛社稷，才是中華男兒保國衛民最直接有效的途徑。但在中國社會一直流傳著所謂「好鐵不打釘，好男不當兵」的詛言謬論，要打破這種傳統，採取實際行動，亦真要有很大的勇氣。

民國二十五年夏，王昇不顧一切，毅然從軍，旋即由江西省兵役處分發保安十二團接受新兵訓練。當時的團長傅偉民上校，因見王昇係國學專科學校畢業，文學修養很好，又寫得一手漂亮的毛筆字，於是決定命他擔任少尉參謀，負責處理團內所有的文書業務。這當然與王昇從軍報國的初衷有所違背，但軍人以服從為天職，既然當了軍人，就只好服從命令，何況傅團長對他也是一片好意，於是他就成了保安十二團的少尉文書官了，當時王昇二十二歲。

民國二十六年（一九三七）七月七日，強駐蘆溝橋的日軍舉行非法演習，並藉口一名日本士兵在演習中失蹤，要求進入宛平城內搜索，時間是在夜晚十一時四十分，我方嚴加拒絕，無理的日本軍閥竟以大砲轟擊宛平縣城，我駐軍吉星文團長乃率部奮起抵抗。接著日本又派遣大軍，攻佔我天津、北京，我全國最高領袖蔣中正委員長即發表〈告抗戰全軍將士書〉，激勵全軍官兵團結奮起，「驅逐日寇，復興民族」。於是全國地不分東西南北，人無分男女老幼，大家都熱血沸騰，誓死要驅除日本鬼子，維護我中華民族的獨立與尊嚴。

王昇在保安十二團工作了一年多，忠勤努力，表現優異，獲得各級長官和同事的一致好評。但他在內心深處，仍常感到不安，尤其看到日本鬼子瘋狂進犯，強佔我東北三省後，又挑起蘆溝橋事變，以強大的兵力，繼強佔我北京、天津、張家口、大同、保定、石家莊等地之後，更以陸海空三軍聯合作戰，攻陷上海、濟南等地，每攻佔一城，即姦淫燒殺，無惡不作，尤其在攻陷我首都南京後，竟更瘋狂屠殺，老弱婦孺慘遭殺害者高達三十餘萬人，真是血流成河，屍骨成山，更使舉國悲憤，全球震驚。王昇激於義憤，希望儘快接受軍訓，親自拿起武器，衝鋒陷陣，做一個勇敢的作戰軍人，面對面的和殘暴的日本軍作戰。正好這時（民國二十八年二月），軍事委員會為了號召全國優秀青年從軍報國，特在各地成立「戰時幹部訓練團」，第三團就設在江西省的吉安市，並即展開招生。王昇獲悉後即不惜長途跋涉前往報考，口試、筆試及體檢均順利通過，錄取後被編為第一大隊第二中隊，立即接受訓練。

## 進入中央軍校第三分校

然而當訓練團的課程正順利進行時，兇殘的日本軍閥竟於是（一九三九）年四月廿六日攻佔江西省的省會南昌市，對吉安市構成嚴重威脅。第三團乃奉命迅速遷往瑞金，並奉命改為「中央軍官學校（簡稱「中央軍校」）第三分校」。中央軍校原係黃埔陸軍軍官學校，國民政府北伐成功奠都南京後，該校即遷至南京，改名中央陸軍軍官學校。依照入學的時間，王昇這一期被列為「中央軍校第十六期」。

瑞金位於江西的東南邊緣，與福建省的長汀縣接壤，是一個極為偏僻的山區，以前為中共盤據，交通十分不便。從吉安到瑞金，要步行五天才能到達，他們搬遷時，正逢大雨，與王昇同期的秦企鴻說：

> 當大雨滂沱時真是太困難了，因為雨勢導致河川暴漲，我們不斷地穿越河流，身上攜帶全部的武器和裝備，總共是四十公斤，沉重的擔子由於下雨很快就開始變成了七十公斤！我們當時的裝備還包括一張小小的凳子和一塊書寫用的圖板，這是因為在行進期間我們還得要上課的緣故。王昇是位非常為別人設想的人，他會照顧年紀小的人，當劉啟雄掉到河裡的時候，沒有一個人敢跟著跳下去，在他快要淹死的時候，王昇勇敢地跳下去將他救起來，那真是一個可怕的時刻。❶

瑞金不但交通不便，而且房屋也很少，第三分校抵達時，教室寢室都成問題，只好暫時借用民房。當時由於日寇向我華北華中各地瘋狂進犯，戰爭極為激烈，傷亡人數甚眾，國軍正需要大量的幹部，因此第三分校的教育時間定為一年，訓練期間，大家都兢兢業業，表現優異。

---

❶ Thomas A. Marks 著，張聯祺、李厚壯等譯，《王昇與國民黨》，頁二九，時英出版社。

當時擔任大隊指導員，後來曾任鳳山陸軍軍官學校政治部副主任及政治作戰學校革命理論系教授的薛純德回憶說：

化行熱心誠懇，才德超人，文筆好，口才好，平劇也唱得好，單槓、木馬和所有軍事動作，都非常標準，做事有計畫，有方法，全大隊的官長都認為他是一個非常優秀的領導人才。

曾任政治作戰學校訓導處上校副處長及榮民總醫院輔導室主任的劉啟雄說：

我與王昇一起讀了一年書，我們有著密切的友誼，他是我們這一群人中間天生的領袖，而不是他有一個正式的職務。他極願意幫助別人，非常的熱心，也非常的愛國，我們都很羡慕他，他也是一位非常誠實的人。❷

他們這一期按照預定時間，於民國二十八年十月畢業，然後分發部隊，經過短時間的實習後，即可正式成為軍官，帶兵作戰，以償宿願。誰知就在這時，時任江西省第四行政區專員的蔣經國，奉命兼任即將成立的「三民主義青年團江西支團部」的籌備主任，為了建立組織、開展工作，急需優秀得力的幹部。因此蔣經國特專程前往瑞金，請時任第三分校政治部主任的胡軌將軍支援。胡軌將軍是黃埔陸軍軍官學校第四期畢業，曾一度跟蔣委員長做過侍從祕書，他對蔣經國的請求，自然十分樂意支持，於是就從一千多名應屆畢業學生中，依平

❷ 同❶，頁七二。

時考核所得，挑選了七十二人，其中並有二十餘名女生，王昇畢業成績為第一名，自然在挑選之列。第三分校並將這七十二人，編成一個中隊，由隊長彭超，副隊長夏勁秋（女）率領，於一九三九年（民國二十八）十二月底抵達贛州。❸

❸ 曹雲霞著，參考《贛南憶舊錄》，頁七、八，自由時代系列叢書第八號。

# 第三章 參與「建設新贛南」

## 赤珠嶺「江西青幹班」

說到「建設新贛南」，國人都知道，那是由蔣經國先生所領導，也是蔣經國政治生涯中的初試啼聲，他因此獲得「蔣青天」的美譽。而王昇當時得以躬逢其盛，參加了此一偉大的建設行列，貢獻了許多心血與汗淚。由於表現突出，成績特優，因此獲得蔣經國的特別賞識與信任，從此奠定了他們師生往後五十年間的深厚情誼，同心協力，一直堅強的為救國救民而艱苦奮鬥！

蔣經國與其父親蔣中正，兩代都是國家領袖，早為中外人士所熟知。蔣經國六歲時進入奉化縣武山小學就讀，四年後轉入龍津小學，民國十一年前往上海，考入萬竹小學，畢業後考入浦東中學。因為當時上海反日浪潮高漲，他熱血沸騰，渴望參加國民革命軍，但他父親覺得他還太年輕，便送他到北平，就讀於吳稚暉先生所創立的「海外補習學校」。吳氏號敬恆，是一位著名的學者和社會改革家，頗受蔣公的尊敬。蔣經國在名師的督導下讀了幾個月後，他決心要去蘇聯留學。他說：

我在北平只待了幾個月，因為我在那裡經由邵力子介紹，結識了中國共產黨員李大釗。李大釗住在蘇聯大使館，透過他的引介，我認識了很多俄國人。許多朋友建議我到蘇聯去留學，此議深合我心，因為我也想熟悉蘇聯的政治組織，所以我決定到莫斯科中山大學就讀。為準備赴俄，我先到上海以便搭船成行。❶

民國十四年（一九二五）十月，蔣經國由上海搭乘一艘貨輪，先到海參威，再改坐火車，於十一月底抵達莫斯科，進入中山大學（亦稱孫逸仙大學）就讀，一九二七年四月畢業。原本決定立即回國，但那時因國民革命軍北伐成功，實行清黨反共，雙方在湖北、湖南、江西、福建等省，爭鬥甚為激烈。史達林為支持中共，乃將蔣經國留為人質，不准他回國。他在失望之餘，乃申請加入蘇聯紅軍，被派至紅軍第一師當學兵。一年後，被蘇聯政府指令，進入列寧格勒的中央紅軍托瑪特契夫軍事政治研究院，後又派往莫斯科狄拿馬電機工廠當學徒，接受「勞動改造」。一九三二年十一月，被派至烏拉山區司佛爾達夫斯城工作，因氣候嚴寒而生病，病中常以「總有重見父母之一日」自我安慰。大病初癒，竟被俄共烏拉爾省黨部送往冰天雪地的西伯利亞，在阿爾達金礦做礦工，實際上即是被關進「集中營」，再過飢寒交迫的生活。後來受聘到烏拉爾重機器製造廠擔任技術師，並進工程夜校進修，由於表現優異，一年後升為該廠的副廠長，並兼任《重工業日報》的主筆。就在這段工作期間，認識了同廠的

❶ 漆高儒著，《蔣經國的一生》，頁九，傳記文學雜誌社。

芬娜（後易名方良），兩人由相知而相愛，一九三五年三月十五日，兩人結為夫妻。同年十二月十四日，長公子孝文誕生。但是想不到沒有多久，蘇聯政府竟撤除了他所有的一切職務，他們一家三口，只能靠他的夫人芬娜的工資生活。直到一九三六（民國二十五）年十二月，毛澤東和周恩來利用張學良和楊虎城發動「西安事變」，迫使中央政府放棄「攘外必先安內」的政策，史達林為了促使中國全力對付日本帝國主義的侵略，解除其來自東方的威脅，以便全力對付希特勒對蘇聯的侵略，這才同意被扣押已達十年的蔣經國回國。

一九三七年三月廿五日，蔣經國帶著夫人芬娜女士與長公子孝文離開莫斯科，經由海參威重踏國土，結束了十二年的惡夢。❷

蔣經國回國後，遵照父親的指示，足足有八個月的時間，在溪口閉門讀書，並好好侍奉闊別十餘年的母親毛太夫人。次年九月，奉派江西省保安司令部新兵督練處少將副處長，半年後，受任為江西省第四行政區的行政督察專員，下轄贛縣、大庾、龍南、定南、虔南、上猶、信豐、安遠、尋鄔、南康和崇義等十一個縣，同時兼任保安司令及贛縣縣長，開始致力於新贛南建設，展現其青年有為的政治魅力，是年三十歲。

不久，又奉命擔任三民主義青年團江西支團部的籌備主任，他即在贛州城郊的赤珠嶺，開辦「三民主義青年團江西支團部青年幹部訓練班」（簡稱「江西青幹班」），將前述由中央軍校第三分校畢業的七十二名學生，另從社會各界大學畢業的青年中，甄選七十二人，合計一

---

❷ 同❶，頁二三。

百四十四名優秀青年，施以有計畫的訓練。

江西青幹班的訓練時間為三個月，分兩個階段實施，第一階段為班內授課，第二階段為分組到各有關單位或團體去實習，各為一個半月。在班內授課期間，兼班主任蔣經國每天都儘量和學員們在一起打赤腳、穿草鞋、跑步、爬山、修路、修運動場，一起生活，一起學習，所以他對每一個學員幾乎都認識了解。他並一再勉勵大家要同心同德，患難與共，且特別強調要建立及發揚「赤珠嶺精神」，即是要「絕對效忠團長的精神」、「團結一致的精神」、「朝氣蓬勃的精神」、和「繼往開來的精神」。

蔣經國非常擅長講演，雖然聲音有一點沙啞，但其詞意懇切，熱誠感人，大家都喜歡聽他講話。他特別要求學員們要培養「兄弟情」，不分男女，都要有「大丈夫」的氣概，都要能自立自強，勇往直前，能獨當一面，擔負起各種艱苦的革命工作。因此當時男女同學，大家都以兄弟相稱，形成了一股「兄弟熱」，特別是有一位年齡較大的女同學，更顯得非常突出，她以全班的「大哥」自居，見到同學，就熱呼呼的叫「老弟」、「小老弟」，表現得和藹可親。這個自稱「大哥」的女同學，她的芳名叫章亞若。

章亞若是江西新建縣人，民國二年生，高中畢業，在受訓期間，她物色了十個優秀忠貞的同學，暗地裡結拜為「十兄弟」，在赤珠嶺的松林中祭禱天地，歃血為盟，大家都喊她「大哥」，於是章亞若儼然成了全班的中心人物。❸

❸ 參閱曹雲霞著，《贛南憶舊錄》，頁一一一一五，自由時代系列叢書第八號。

江西青幹班於一九四〇年三月底舉行結業典禮，這是蔣經國親自領導培訓的第一批幹部，由於他對這一百四十四名青年都相當熟悉了解，所以即按他們的成績與專長分發工作。自稱「大哥」的章亞若被派在專員公署的民眾詢問處工作，蔣經國每週四下午都要接見民眾，由她擔任登記連絡的工作，有時她並陪同蔣經國到各地訪問民眾，就這樣師生常相見面，由於她是蔣經國生命中所遇見的第一個中國女人，且又長得漂亮能幹，時間一久，彼此便滋長出情苗。過了一段時間之後，章亞若被祕密送往桂林，準備在那裡生產，陪她去的是她的閨友桂昌德（又名桂輝）小姐。民國三十一年二月，章亞若在廣西省立桂林醫院產下雙胞胎男兒，蔣經國曾親往探望，並為兩個白白胖胖的小男兒命名為孝嚴、孝慈。可是半年之後，也就是同年八月，章亞若卻突然逝世，蔣經國深感悲痛。

## 奉派專員公署視察

王昇因在受訓期間表現特別優異，畢業總成績為第一名，被派至專員公署任視察，直接受蔣經國的領導，這對一個剛從中央軍校畢業，年方二十五歲的青年來說，實在是一個十分重要的職務。難怪當他接到派令前往專員公署報到時，雖然小心謹慎，禮貌周到，但想不到專員公署的主任祕書黃中美對他所說的第一句話，竟是：「王昇，你不要驕傲！」這真使他「丈二金剛，抹不到頭腦」，不知如何回話。

接著黃中美又說：「按你的資格，根本不夠支薪八十元，只能月支六十元。」❹

王昇這才明白，原來是他的職務太高，月薪太多，使得黃中美心裡不爽。實際上這個職務是專員公署核派的，黃身為主任祕書應該很清楚，而且薪水多少，王昇根本還不知道。但因此引起主任祕書的不快，今後在工作上便更要特別小心，以免遭受打擊，從而也使他感到「官場」的可怕。

和王昇一同被派為專員公署任視察的畢業學員還有三人，他們被分派到四個不同的地區，負責推行掃蕩「煙、賭、匪、娼」等四大害，尤其是中共殘餘的地下人員。王昇負責的是信豐、安遠、尋鄔等三個縣，由於地處偏遠，土匪眾多，且出沒無常，人民常常遭受騷擾侵害，生活極為痛苦。專員公署曾號召歸順不成，不得不以武力清剿。除了直屬的清鄉團之外，另將保安團隊分成四個大隊，由他們四位新任的視察，各兼一個大隊的政治指導員。王昇所兼的是第三大隊，由於他係軍校畢業，對戰術、戰鬥都很有研究，並親自講解重機槍，他對德國製造的馬克沁重機槍，能閉著眼睛拆卸重裝，講解得又非常清楚，使官兵都極為敬佩。在生活上他與官兵完全打成一片，他要求官兵嚴守紀律，愛護人民，並在責任區內，逐一清查戶口，整理保甲，組織民眾，佈建情報，使軍民結為一體，團結合作。在一切都部署完成之後，即根據正確的情報，以迅雷不及掩耳的戰法，強力突擊，並相互策應，很快就將三個縣內的土匪全部殲滅，同時對掃蕩「煙、賭、娼」等工作，亦交出漂亮的成績，獲得專員蔣經國的極度讚賞，且親筆寫信給予獎勉鼓勵。

❹ 尼洛著，《王昇——險夷原不滯胸中》，頁四五，世界文物出版社。

「掃蕩年」的任務完成後，蔣經國為了落實地方建設，特親自兼任贛縣縣長，為了促進「新贛南」的整體進步，他決定撥出七個鄉鎮，交由王昇負責，希望王昇能將這七個鄉鎮治好，以作為全縣的模範。

## 治好七個鄉鎮作模範

這七個鄉鎮，包括贛州城內的四個鎮，與城郊的三個鄉。為了工作方便，蔣經國特別為這七個鄉鎮，成立一個名為「保甲指導處」的臨時編組，指派王昇擔任這個臨時編組的指導員。王昇為了達成任務，訂了一個一天巡視一個鄉鎮的輪值表，一週七天，一天看一個鄉鎮。因此他每天都奔走在這七個鄉鎮之間，不但要求鄉鎮公所的工作人員要廉潔公正，努力為民眾興利除弊，同時還親自走訪各地的居民，了解他們的生活實況，徵詢他們的意見，從而針對民眾實際的需要，貫徹建設新贛南的理想與計畫。為了增加居民的收入，王昇提出一個「公共造產」辦法，即以戶為單位，每戶多養兩隻雞；以魚塘為單位，每一魚塘多養十條魚，這樣半年以後，鄉鎮公所即以此多養的雞、魚所售得的金錢作為辦公費用，不必再向民眾收取任何稅款了。

正當王昇在保甲指導員的職務上幹得起勁時，蔣經國突然調他擔任贛縣的軍事科科長，當時抗戰正殷，軍事科最主要的任務就是「抽壯丁」。因為日本軍閥挾其現代化的武器裝備與強大兵力，向我各地瘋狂侵略，國軍奮勇抵抗，犧牲慘重，需要大量的兵源補充。而所有居民因戰火太危險，不管家裡有錢沒錢，都不願送子弟去當兵，何況當時戶籍不健全，資料不完整，因此地方上的特殊勢力與一些腐敗的役政人員相結合，形成了逃避兵役的大黑洞，「買壯士」和「抓壯丁」的不法行徑更是隨處可見。雖然贛縣縣政府已三令五申，但仍積欠三千名壯丁，現在接到上級命令，如不能在三個月內將積欠的三千名壯丁徵齊，就要將縣長撤職查辦。

蔣經國將這個艱巨的任務交給王昇，要他來負責。他為了解決實際困難，思之再三，決定從兵役資料中，找出在贛縣最有權勢最有名望，而其子弟應該當兵卻尚未當兵的七家大戶，想盡辦法讓其子弟不能不自動前往當兵，並且大加宣揚廣為縣民所知，應徵當兵的公平原則被社會認同了，那些想逃避兵役的觀望心理也就消失了，一般家庭的子弟也就不得不自動前往報到了。因此贛縣長久以來所積欠的壯丁人數，很快也就如數交清了。這件事大獲兼縣長蔣經國的激賞，認為他完成了在當初以為不可能如期完成的任務，而王昇自己雖然欣喜能迅速達成任務，但對那些鄉親子弟的生死安危，卻一直放在心上。

王昇在贛縣當軍事科長時，蔣經國將專員公署、保安司令部及贛縣縣政府三個單位，每天早晨集合在新贛南路一號舉行升旗典禮，有十分鐘的精神講話。

那時的精神講話，多半是擁護蔣委員長，節目的名稱是「總裁言行」，本應是經國先生親自講述，但兒子稱讚老子，似乎有些老王賣瓜，自賣自誇，有點不便，因而經國先生特別點名王昇，要王科長講述。其實，那時的科長，人才濟濟，而獨鍾王昇者，王昇有良好的口才，而且對於總裁（蔣中正）的言行，做過一番真切的了解。其時，王昇也不過二十幾歲，矮小的身材、鄉音不重、順理成章，總算有幾把刷子，從此經國先生便認定了他是優秀幹部。❺

我同時看過王昇受過的一次考驗，張治中來贛南考察，（張治中的前期，是蔣委員長信任的高幹。勝利後的和談，張治中始變節）經國先生辦一次南北會師，從深夜至凌晨，張治中親臨訓話，王昇以南軍首領有四小時的急行軍，完成任務；另一北軍首領便以為假戲何必真做，敷衍了事。王昇有腳踏實地、一絲不苟的特質，這也是王昇成功成名的關鍵。❻

## 照顧蔣經國的骨肉

章亞若不幸紅顏早逝，她的兩個可愛的幼兒，便被送回南昌，交由她的母親周錦華太夫人和五妹亞梅及么弟澣若等負責撫養。王昇雖工作十分繁忙，但仍每隔一段時間前往看望。蔣孝嚴的外婆，是一位很傳統的中國女性，外公在昔日的科舉時代，曾在鄉試、縣試、省試，都得榜首，因而有「小三元」的美譽。周太夫人亦十分知書達禮，對兩個外孫疼愛備至，但管教甚嚴，兩個小外孫一直跟她同住一個房間，照顧得無微不至。

❺ 漆高儒著，〈我所認識的王昇〉，《永遠的化公》，頁四二一—四三，財團法人促進中國現代化學術研究基金會。

❻ 同❺。

民國三十八年元月，蔣總統中正引退後，王昇眼見情勢危險，乃勸周太夫人帶著兩個孫子離開大陸，並親自從南昌護送他們到廈門，直等他們上了軍艦以後，他才返回自己的工作崗位。周太夫人等來到臺灣後，住在新竹市，生活極為艱苦。王昇那時雖然待遇菲薄，工作繁忙，且自己子女眾多，但仍常去新竹看望周太夫人及其家人，眼看孝嚴、孝慈兄弟活潑健康，奮勇上進，衷心至為歡愉。據蔣孝嚴說：

他與弟弟孝慈從小透過王昇和從未相認的父親連繫，「看到他就想到父親」。❼

蔣孝嚴又說：

在記憶裡，我第一次見到王老伯是在新竹，那時孝慈和我在東門國小唸三年級，還不到八歲。當然，民國三十八年夏天到臺灣之前，一定在南昌見過面，只是年紀太小，也可能外婆沒有特別提及，所以並沒留下什麼印象。

到臺灣好多年之後，當我進了省立新竹中學唸高一時，外婆才吞吞吐吐地把我們離奇的身世做了些透露。其中有一段，外婆曾說，我們一家子能夠從南昌長途跋涉地坐車到廈門，然後登上軍艦走了一天一夜安抵基隆，這都是父親經國指示王昇辦理的。而王昇還忠心耿耿地一路照拂我們到廈門才分手。對這些，腦海裡只殘留著模糊的印象。對王老伯真正開始有記憶，

❼《聯合報》A13綜合版，民國九十五年十月六日。

是他有一年春節前坐著吉普車到新竹來向外婆拜年，外婆把我和孝慈叫到跟前，很禮貌地要我們叫他一聲「王伯伯」。所以一直到後來，見到王昇將軍我們都無法改口地稱他「王伯伯」，叫他夫人為「王伯母」。那天他很和藹地摸摸我們的頭和臉頰，直誇我們長得又漂亮又聰明，要我們好好用功讀書，以後才會有出息。外婆聽到這些話，顯得十分高興；到新竹後，我們並不常在外婆臉上能找到歡悅的笑容。外婆將她的一切都放在我和孝慈的成長上面。那天王老伯和外婆與舅舅聊了一陣子便說要趕回臺北，走之前，還很親熱地分別和我與孝慈摟抱一下。我最難忘的是他那一身筆挺的軍裝，和炯炯有神的兩隻眼睛。那是民國四十一年春天，離今天已是五十五年前的事了。

後來我才曉得，王老伯每年春節、端午和中秋，都會奉經國先生之命，將生活費親自送到新竹面交外婆和舅舅。回想起來，在新竹主持家計的二舅舅，雖然不事生產，而且多次嘗試經商失敗，但在我唸小學和初中那幾年，家中的生活還算平穩，靠的就是由王老伯轉來父親的接濟。王老伯很用心地要照顧我們，我們內心可以感受得很清楚。尤其在我們生日時一定要邀我和孝慈到他在和平東路巷子的家裡用餐，並且由王伯母親自下廚，做滿桌的菜，讓我們好好享用一頓，補充營養。到我們結了婚，有了自己的家，還持續的在農曆元宵節前邀我們去他家過生日。到今天，我的孩子們都還記得王伯母的拿手菜有珍珠丸子、醬瓜燒鴨和豆腐黃魚等，尤其是她勸菜的功夫教人吃不消。每次到王老伯家吃過飯後，他會找機會把父、母在贛州相戀以及我們在桂林出生的往事告訴我們。尤其先母在贛州「青幹班」和他同班受訓時的了不起事蹟都娓娓陳述，讓我們在腦海中對母親的形象，也像一幅拼圖一樣，一片片的拼湊起來了。

印象中，王老伯的生活很規律，也很簡單。幾十年當中，我們到他和平東路住的房子去了無數次，那套深咖啡色的沙發就一直沒換過，盥洗室的設備就更簡單了。去他那過生日都是由王伯母自己做菜，雖然豐盛，但都是家鄉小菜，從來不見什麼魚翅、鮑魚或海參上桌，最名貴的就是燉雞湯了。當有重要的日子，比方孝慈出國留學、或我外放國外，他會請我們兩家人一起到三軍軍官俱樂部二樓貴賓廳吃牛排，算是最豪華的享受了。❽

正如蔣孝嚴所說，王昇對他們兄弟的關懷愛護，十分真誠，所以當蔣孝慈因為腦溢血而英年早逝時，王昇感到極為傷痛。他去參加追悼會時滿臉哀戚，直到結束時才傷心的離開，充分流露出難捨的情懷。

❽ 蔣孝嚴著，〈憶化行老伯〉，《永遠的化公》，頁一六－一九，財團法人促進中國現代化學術研究基金會。

# 附：章亞若之死

章亞若究竟是怎樣死的，數十年來一直傳說紛紜，尤其在經國先生一九八八年逝世後，傳的更是沸沸揚揚，莫衷一是，唯據當年擔任蔣經國的祕書，來臺後曾任國防部軍事新聞通訊社少將社長的漆高儒說：

「有一天，一位戴著墨鏡的黃中美祕書與徐季元祕書來到我的辦公室，黃問我是否知道章亞若在桂林的一切，我說不知。黃邀我們到專員房內談談，其時蔣經國已飛往重慶。我打開專員辦公室然後關門，三人同坐一張沙發椅，黃首先憤怒說：『章亞若在桂林太招搖了，本來該在桂林隱藏的，不可對外，如今卻參加很多社交應酬，完全以專員夫人自居，這樣，將妨礙經國兄的前途。委員長知道了，也是不得了的事。我為了專員的政治前途著想，只有把她幹掉。』徐祕書忙說：『不要，經國兄和她總是夫妻一場，幹掉了她，經國兄會很傷心難過的。』但黃說：『經國兄的政治前途，重於一條女人的命。』徐又鄭重的說：『你要三思而行。』黃則以斬釘截鐵的口吻說：『我會負責。』

這段密談之後約三週，蔣經國從重慶又飛回專署了，忽接桂林來的密電：『雲英（章亞若在桂林的名字）昨夜突然去世，善後事弟當妥為處理，希兄節哀。』專員回電：『雲英遽爾逝世，弟悲痛不已，二幼子仍應全力照料，弟來桂林時，當面謝也。』來電人是廣西民政廳長邱昌渭。以後幾天，蔣經國一直戴著墨鏡，以掩蓋眼眶中的淚水。」（參閱漆高儒著，《蔣經國評傳》，頁三一四，正中書局出版）

至於章亞若臨終時的情景究竟是如何？據一位自稱是當時在場的唯一親屬的桂昌宗，一九九三年九月四日在桂林對陪同章孝慈前往掃墓的記者們說：

「章亞若在醫院打針後死亡，當時作為親屬在場的只有我一個人。至今，當時的情景歷歷在目。章亞若在醫院打針數分鐘後，醫生、護士剛離去不久，她忽然大叫一聲：『不好，我眼睛發黑！』以後便任憑叫喊呼喚，她再也不言語了。我感到章亞若是為人所害，心裡十分沉痛，不由痛哭起來。此後，我去找蔣經國曾經拜託過的邱昌渭廳長。邱廳長得知後驚恐不已，不敢怠慢，迅速擔負起喪殮一切重擔，並交給我選地埋葬的任務。」（參閱章孝慈，〈桂林掃墓親歷記〉，桂昌宗原作，《傳記文學》，四二九期，頁一三〇）

# 第四章 復興關取經

## 將朋友的遺體揹回贛縣

在「新贛南建設」告一段落時，縣政府的各科科長都先後調任專區所屬的各縣縣長，王昇雖然績效特別優異，但因他年齡太輕，不適宜調縣長。蔣經國乃於民國三十一年底保送他到重慶馬家寺「中央訓練團青年幹訓班」去受訓，孰知就在前往重慶的途中，竟發生一件非常令人傷痛的事。因為和王昇一同被派往受訓的另一名同志，也是王昇很好的朋友，他們在行經貴州境內，因遭日軍飛機轟炸，竟不幸被炸死，王昇十分悲傷，只得就近埋葬他的遺體。當年曾在江西青幹班擔任男生指導員，後來歷任我國駐大韓民國大使館的參事，及行政院文化建設委員會副主任委員的孔秋泉回憶說：

他的這位朋友在前往受訓途中被炸死，王昇將他掩埋，為他祈禱，並於心中承諾「畢業之後，我會將你的遺體帶回到我們成為好朋友的地方。」次年時值太陽至為炙熱的夏天，王昇回到了那裡，一如其所承諾的，他挖開了墳墓，屍首自然已經腐爛。屍身看起來真是嚇人，足夠讓你生病了。可是他依然清理其骨骸，我已想不起來是用水還是汽油清洗，然後把它放進一個罐子裡，揹在背上，大老遠地一路揹回來。他在戰火方殷之際走了十天，時值日本人轟炸並展開攻擊之際。他將這具屍體揹回了我們的營地，為他挖了一塊墳地，並立石為記。蔣經國當時非常感動，稍後即寫了一篇文章來形容這是一個多麼好的人。❶

王昇因在中央訓練團受訓的成績特優，畢業時，三民主義青年團中央團部特給蔣經國寫信，建議調王昇到團部工作，因此王昇回到贛縣後，就被派為青年團江西支團部的組訓組長，又因績效優異被升為助理書記，這個職務相當於省政府的副祕書長，對於二十餘歲的青年而言，這實在是相當高的職位，因此引起許多人的嫉妒，認為蔣經國對他太偏心。接著他又當選支團部幹事會的幹事，相當於省黨部的委員，更引起若干人的不滿與排斥，再加上中共「地下黨」（又稱匪諜）的挑撥離間，從而引起所謂「蔣經國派」與「康澤派」之說。王昇看到這種情勢，非常難過，他只知盡心盡力工作，想不到會出現這種流言。他不願因此而影響蔣經國的聲譽，乃主動提出辭呈。蔣經國不准，要他「為公理正義奮戰到底」。但他認為名位並不重要，重要的是學問才識，為了充實自己，他堅決辭職，結果被調為公僕學校的訓導主任，退出了那個是非圈。

❶ Thomas A. Marks 著，張聯祺、李厚壯等譯，《王昇與國民黨》，頁七二—七四，時英出版社。

## 考取中央幹校研究部

王昇到公僕學校後，脫離了官場，真有「無官一身輕」的舒暢之感。他除對學生諄諄善誘，熱心輔導之外，就是爭取時間，發憤讀書，他覺得讀書是人生的一大享受，唯有高深的學問才能體現美好的人生，唯有高深的學問才能救世濟民，所謂「學問深時意氣平」，所謂「學問為濟世之本」，都說明唯有高深的學問，才能領導群倫，不致為一些邪說謬論所汙染混淆，造成人世間的暴亂與悲劇。

從第三分校、赤珠嶺到馬家寺，王昇在三次受訓中，深深體認到這是一個以思想為主導的時代，也即是思想與思想作戰的時代，中國傳統的思想文化，正面臨西方近代理念的挑戰，特別是在西洋文化中，竟衍生出了共產主義的思想，這一股滾滾逆流，為國家和人類帶來極大的衝擊與災難，因此他希望能從學術文化的鑽研中，找到真理之所在與努力奮鬥的方向。

民國三十二年五月，對日抗戰進入最後關頭，中央幹部學校在重慶宣布成立，並由國家最高領袖蔣中正先生兼任校長，蔣經國先生擔任教育長，先設研究部，在全國各地招考大學與軍官學校畢業的學生。王昇為進一步求得心靈、思維、與理念的拓展，乃把握機會報名。經過嚴格考試，在七千多名考生中，錄取三百餘人，王昇由於多年的苦讀，幸獲錄取，這對他來說，實在是一件非常值得慶幸的大事！

中央幹部學校的校址原為重慶馬家寺，後遷復興關，因而簡稱為「復興關」。王昇在前往復興關報到途中，路經貴州遵義，那天正值中秋，月白風清，萬里無雲，他獨自在月下散步，因國難當頭，人心險惡，於是百感交集，乃口占七絕一首：

史篇讀罷意闌珊　昂首蒼溟星斗寒
千古忠貞齊被妒　英雄何日淚始乾

中央幹部學校研究部的成立，旨在培養中級人才與學校骨幹，後來又辦專科部，招收高中畢業生。研究部的課程，以科學、哲學、數學、史學為主體，所請的老師，都是當時國內望重士林的名師，如教哲學的方東美教授，教史學的沈剛伯教授，教行政學的薩孟武教授，教政治學的吳恩裕教授，教蘇共黨史的任卓宣教授，教數學的周鴻鈞教授，教國文的伍叔倘教授，教社會學的王政教授等❷，都是飽學之士。王昇從小就喜歡讀書，經過多年在工作上的體驗，特別是在贛南那一段艱辛的歲月，他很慶幸目前能有這樣好的環境，這樣好的老師，他更是廢寢忘食，不肯浪費分秒時光，不論在課堂、在圖書館，乃至在飯廳、在走廊，晚上那裡有燈光，他就蹬在那裡讀書。到了星期假日，其他同學三五成群外出從事休閒活動，他則獨自一人或在校內、或在附近幽靜的山坡，仍手不釋卷，奮力研讀。他最大的心願，就是希望畢業後能留在學校擔任助教或講師，盡力朝學術與教育方面發展，期能對國家社會有所貢獻。

王昇這種求知若渴，手不釋卷的讀書方式，後來竟慢慢的讓人對他有些格格不入的感覺。

❷　尼洛著，《王昇——險夷原不滯胸中》，頁七九，世界文物出版社。

他每天晚上在熄燈號以後才回到寢室，由於他睡的是兩層鋪的上鋪，雖然他小心謹慎，輕輕的上床，但仍難免影響他人而惹來抱怨。

由抱怨形成排斥，王昇因而被換到另一個寢室。換寢室的理由，是派他當區隊長。在新的寢室中，有些人患有肺病，又因病不能正常上課，甚至被稱為是「落伍班」的一個寢室。他是區隊長，有責任帶好這一個寢室的人，而這個寢室的人，照樣的排斥王昇，王昇在心理上也排斥這個寢室，原因是在抗戰時期，肺病是被看成極易傳染的絕症。❸

因為有人對王昇在觀感上的一些閒言閒語，後來竟傳到教育長蔣經國的耳中。蔣經國對王昇當然早已十分了解，只是平常很少碰面。有一天他們兩人在校園的走道上遇見了，蔣經國對他說：「聽說你很用功啊！」

王昇認為當學生用功讀書是天經地義的事，尤其現在有這樣好的環境，這麼多的名師，更應該好好把握這難得的機會，因此他不搞交際、不找娛樂、不浪費寶貴的時間，心無旁騖，樂在其中，而且他已養成習慣，以後不管到什麼地方，任什麼職務，總是隨時不忘讀書。

---

❸ 同❷，頁八三。

# 第五章　參加青年遠征軍

## 響應蔣委員長的號召

研究部修業時間為一年半，共分四個學期，沒有寒暑假，預定於民國三十四年三月畢業。可是民國三十三年，正是我國對日抗戰最艱苦的一年，也是日本軍閥對我國攻勢最凌厲的一年。因為當時的英法盟軍已在歐洲戰場壓制了德軍的攻勢，逐漸向歐陸推進；在太平洋方面，美國海空軍亦已大挫日軍艦隊，正進行所謂「跳島作戰」，已威脅到日本本土及其海洋交通。至於緬甸戰場，史迪威 (Joseph W. Stilwell) 與馬歇爾 (George C. Marshall) 聯合向蔣中正委員長要求派遣遠征軍前往作戰，當時蔣委員長因日軍對我正展開強烈攻勢，認為不宜分散兵力，但史迪威以斷絕美援物資供應相威脅，幾經協調，我遠征軍乃於民國三十三年四月由雲南出發，配合原已入印的我國遠征軍，對緬北的日軍展開攻擊。

這時日本軍閥為了彌補其在太平洋所受的損失，不惜孤注一擲，同時為避免美國潛艇與空軍襲擊其沿海交通線，急欲打通平漢、粵漢、湘桂、滇越等鐵路線，希望能形成所謂「大陸走廊」，使其軍隊與物資可從東北直達廣州、越南。所以日軍調集五十萬大軍，實施所謂「一號作戰」，在我國河南發動猛烈攻勢。於四月攻陷鄭州，五月攻陷洛陽，同時並攻陷湖北的襄陽、公安等縣城，復渡過長江進攻湖南的長沙、衡陽。長沙於六月十八日為其攻陷，衡陽守軍方先覺將軍率部拼命死守，血戰六個星期，至八月八日犧牲殆盡，衡陽亦告陷落。日軍再沿湘桂鐵路攻佔桂林、柳州，並於十二月五日攻陷貴州的獨山，距離貴陽僅六十八公里，使陪都重慶為之震驚。

在這種強敵當前，危機重重的情形下，最高領袖蔣中正委員長盱衡國內外情勢，認為盟軍反攻形勢已成，民心士氣高昂，為加強對日作戰實力，並建立現代化的國防軍隊，乃指示中國國民黨中央黨部與三民主義青年團中央團部，積極策劃知識青年從軍，爭取抗戰的最後勝利，並以十萬人為目標，三個月內完成徵集。有關單位奉令後，即積極進行策劃，擬定徵集辦法與訓練計畫，十月十一日起在重慶舉行「發動知識青年從軍會議」，一連四天，詳細研討各種有關的計畫與辦法。蔣委員長並曾數度蒞會致詞，他在十一日開幕典禮中說：

這個運動如果成功，我們軍隊的力量固然可以增強，就是將來建國的工作也有了穩固的基礎。……而要發動知識分子，首先就要我們各級黨部的委員、團部的幹事，以及一切負責的幹部，凡年齡在三十五歲以下率先登記從軍。……我有兩個兒子，大的今年三十五歲，小的今年二十九歲，我現在都叫他們同時參加遠征軍服役；而且將來出征作戰，我決定親自來統率這個部隊，與一般士兵同志同生死、共甘苦，我覺得在我五十八歲的今年，能夠再回到我

早年持槍作戰的生活，實在是生平最大的快事！❶

十月十四日會議結束的同時，即成立「全國知識青年志願從軍指導委員會」，推定黨、政、軍、教、新聞、文化等各界領袖人士為委員，其他各級徵集委員會亦迅速成立，並以：「一寸山河一寸血，十萬青年十萬軍。」為激勵青年從軍的口號，利用各種新聞媒體大肆宣傳，期能喚起知識青年對危機的警覺，對國家的熱愛；抱定犧牲奮鬥的決心，勇敢奮起，請纓殺敵，投入偉大的救國軍營。

十月廿二日，軍事委員會公布「知識青年從軍徵集辦法」，兩天後，在日軍逼近桂林時，蔣委員長又親自發表〈告知識青年從軍書〉，呼喚全國知識青年要認識「抗戰已到了決定勝敗的最後關頭」，希望「全國知識青年皆能振臂而起、踴躍從軍」。蔣委員長說：

現在我們經歷了七年餘的艱苦抗戰，而且已到了決定勝敗的最後關頭，今後的一年將是我們爭取最後勝利的一年，這正是我們知識青年報效國家千載一時最難得的時機，倘若我全國知識青年皆能振臂而起、踴躍從軍、發揚蹈厲，挺身衛國，就可以澈底改造我們社會頹風，洗雪我們民族的奇恥大辱，不僅可以完成抗戰的勝利，並且足以奠立建國永久的基礎。❷

❶ 秦孝儀等編，《總統蔣公大事長編初稿》，《中央黨史委員會》卷五下冊，頁五八二，民國六十七年出版。

❷ 《先總統蔣公思想言論總集．卷二〇．演講》，頁五一三，民國七十三年十月出版，中國國民黨中央委員會黨史委員會編印。

知識青年從軍運動，由於最高領袖蔣委員長親自熱情呼召，迅速在全國各地如火如荼展開。中央幹部學校的教育長蔣經國既已奉父命從軍，全校師生當然熱烈響應此一歷史性的偉大號召。王昇基於愛國熱忱，早已投筆從戎，且已從中央軍官學校畢業，現在面臨此一偉大號召與運動，只得放棄規劃已久的教育與學術路線，與幹校同學一起從軍。只是這一次已不像第一次從軍時那樣豪壯，這從他在〈投筆從戎述志〉的那首詩中多少可以知曉：

讀書未竟蘇洵志　別閫難為張敞心

一寸山河一寸血　肺腑深處話從軍

政府在號召知識青年從軍時，即在重慶成立「全國知識青年志願從軍編練總監部」，直屬於軍事委員會，以羅卓英中將為總監，霍揆彰、黃維、彭位仁等將軍為副總監，負責青年軍的編組訓練。同時成立政治部，以蔣經國將軍為主任，胡軌將軍為副主任，主持青年軍的政治訓練工作。為了培訓政工幹部，中央軍事委員會特別成立政工幹部訓練班，從全國志願從軍的知識青年中，挑選一些特別優秀且具有領導才能與經驗的青年，並將中央幹部學校從軍的學生，全部納入訓練班，施以一個月訓練。其主要課程，在講述戰爭的性質和目標，以顯示師出有名而提振士氣；溝通官兵情感，以加強團結而萬眾一心；以愛民助民，而使軍民水乳交融；整頓軍紀軍容，以確保貫徹命令，堅強戰力；嚴防敵人滲透破壞，以免軍機外洩，而為敵人所逞等等；這些本來都是古今中外所有軍隊所必需要做的工作，國軍政工只是將這些工作綜合於一個單位，作有系統的運作。

王昇自政工訓練班畢業時，奉派到江西蓮河青年幹部訓練班東南分班，擔任政工訓練班的中校指導員，青年軍二〇八師和二〇九師的軍政幹部都在這裡接受訓練，並奉蔣經國的指示，搭乘同一架飛機，越過日軍佔領區的上空，先到達贛州，然後再前往蓮河報到，這是王昇任職政工的開端，想不到從此竟和國軍政工結下不解之緣。

民國三十四年六月，青年軍二〇八師和二〇九師訓練完成，裝備成軍，王昇則奉調管轄二〇八師和二〇九師的第三十一軍，擔任軍政治部的上校科長，正準備出發與萬惡的日本軍閥作殊死戰時，日本天皇自知難逃失敗命運，於八月十日正式宣布投降，我國軍民同胞經過八年多的艱苦抗戰，終於獲得了光榮的最後勝利，全國軍民均為之歡欣鼓舞。

## 喜獲知心結連理

在勝利即將來臨之前，愛情的火花卻已先在王昇的心頭綻放，一位忠厚善良、美麗大方，而又活力充沛的小姐，出現在王昇的眼前，使他為之傾心愛慕。他們兩人一見如故，互相被對方的英姿與才華所吸引，她的芳名叫胡香棣。

胡香棣是浙江寧波人，江西省立體育專科學校畢業後，因愛國心切，又毅然投考中央軍校第三分校，成了王昇的學妹。畢業後，正好分發到蓮河工作，兩人因工作的關係經常見面。她雖然一直穿著軍服，從不化妝，但她那儉樸、純真、樂觀、優美的氣質與風采，深為王昇所欣賞。當時雖有很多人追求，但胡香棣只被王昇的真誠、才華與博學所折服與傾倒！

當兩人的交往越來越密切，感情越來越濃厚，彼此都深深的感到唯有對方才是自己終身唯一可靠的伴侶時，王昇卻在內心深處有沉重的負擔。因為當他還是一個七、八歲的小孩時，依照農村的習俗，便與本鄉一位小女孩廖光偉結了婚，且當這個女孩還在母親的腹中時，他們兩個家庭便指腹為婚了。婚後，廖光偉又回到娘家，等兩人都長大成人，在王昇於一九三六年進入保安團前，她才回來與王昇同住。兩人並生了一男一女，男孩在襁褓中便已夭折，女孩名叫王華，秀麗可愛。由於廖光偉未上過學，未讀過書，完全是一個目不識丁的農家女，對文學、政治和現代知識，一無所知，兩人在一起，根本無法溝通，更無法交心。倘若王昇一直生活在農村，彼此應該可以將心比心，相處融洽。可是由於他愛國心切，早已獻身革命，隨著工作的需要與時代的進步，他努力學習現代知識與學術，以致兩人的知識與思想差距越來越大。王昇深深的體諒她是一位非常善良純潔的鄉間女子，還非常年輕，她在農村，可以安適的過日子，未受教育並不是她的錯，但已來不及補救了。王昇為了求得心安，主動向胡香棣吐露真情，並回到龍南家裡，解決此一心頭之痛，民國三十四年十一月和胡香棣結婚，從此兩人相知相惜，恩恩愛愛，育有三子兩女，過著艱苦而幸福的生活。

## 嘉興作育青年

萬惡的日本帝國主義既已無條件投降，知識青年從軍抗日爭取最後勝利的目的業已達到，軍事委員會於是下令青年軍所屬各師，實施六個月的預備幹部教育，至民國三十五年五月底結束，然後舉行考試，成績及格者由軍事委員會發給預備幹部證書，為我國建立預備幹部制度奠立基礎。蔣中正委員長並於三十五年二月，指令軍事委員會成立青年遠征軍復員管理處，同時在全國各省（市）、縣（市）分別成立委員會，負責辦理青年軍的復員工作，且以六月三日為青年軍復員紀念日。

接著國防部又成立預備幹部管理局，由蔣經國任局長，負責安置知識青年就學與就業。原在各大專院校肄業的，輔導其仍回原校就讀，或因抗戰勝利後學校遷移，亦負責安排到其他大專院校借讀；原在高中或職業學校讀書的，三年級的直接分發到各大專院校深造，一、二年級的仍回原校或安排到其他中等學校就讀。

預備幹部管理局又在各地成立幾所青年中學與青年職業學校，讓那些從淪陷區或社會各階層從軍的青年，有繼續讀書的機會，在江浙地區就設有嘉興青中、杭州青中及嘉興職業學校等。

王昇於民國三十五年七月，被派至嘉興青中擔任訓導主任。嘉興青中設立於著名的煙雨樓附近，景色十分優美，實是讀書的好地方。王昇曾在江西梅林夏令營、虎崗夏令營、及公僕學校，擔任訓導主任，深知訓導工作乃在培育青年學生的心靈與體魄，使其成為德智體群均甚健全的青年。而這些嘉興青中的學生，由於在軍中生活了一年多，經過嚴格的軍事訓練，已養成「天不怕、地不怕」的性格與勇氣，現在解甲重回學校，難免需要一段調適的時間。

因此，王昇以極大的愛心與耐心，剴切的訓勉學生們在心理上儘快加以調整，將全副精力專注於課業的學習上，學生們也深深的感到從軍期間所荒蕪的學業，必須加倍努力，才能迎頭趕上。所以學校的讀書氣氛十分濃厚，畢業時考取大學的人數特別多。大陸淪陷前，嘉興青中的學生不論是在校的，或已畢業的，幾乎都到了臺灣，在各個領域都有很好的成就，他們都對王昇充滿敬意與感激。

民國三十六年八月，王昇奉調南京預備幹部管理局擔任視導。不久，青年軍聯誼會成立，王昇又奉派兼任聯誼會指導組組長。青年軍聯誼會的成立，本在連繫情感，加強友誼，真正做到「一日青年軍，一世青年軍」，永遠保持對國家的忠誠與愛心，共同為建設國家而努力。孰知中共早已將青年軍視為眼中釘，在中共看來，所有從軍的知識青年，都是響應蔣委員長的號召而從軍的，當然都是效忠蔣中正委員長和國民政府的。而他們所處心積慮要澈底打倒的，正是蔣委員長和國民政府。因此中共對青年軍極為厭恨，他們並稱「青年從（軍）、國大代（表）、立監委（員）、軍官總（隊）」為「四大害」，都是他們要澈底消滅的對象。

一九四九年中共佔據大陸後，對留在大陸的青年軍同志，大肆展開「鎮壓」（屠殺）、活埋、鬥爭、勞改，甚至傳說有些青年軍同學被剝皮凌遲而死。直到一九八九年江澤民出任中共的總書記後，劫後餘生的青年軍同志，才獲得釋放。因為傳說江澤民當年也曾參加青年軍，屬二〇八師六二三團，復員時被政府分發到上海的交通大學就讀。他當年所屬六二三團的團長，便是曾任政工幹部學校校長、憲兵司令、及國家安全局局長的王永樹中將，可惜王將軍已於一九八七年辭世，無法求證了。唯據《江澤民傳奇》書中所載，江澤民係於一九四三年夏考入設在上海法租界的交大電機系，一九四六年秋加入交大的中共地下黨。所以他如果真的曾參加青年軍二〇八師，那時應該還不是中共黨員。❸

❸ 胡志偉著，《江澤民傳奇》，頁四六，傳記文學雜誌社。

# 第六章　「上海打老虎」

## 執行經濟管制工作

對日抗戰八年，已打得民窮財盡，接著政府又要對付中共的叛亂，在財政上更是難以應付。民國三十七年八月十九日，政府在美援斷絕軍費浩繁的嚴酷情形下，為了挽救瀕臨破產的財政危機，特頒布「財政經濟處分令」，實施幣制管制，廢除已實施十年的法幣，改以金圓為本位，發行金圓券，限制國人持有黃金和外幣。持有者並限期將黃金和外幣兌換成金圓券，同時並實施民生必需品的限價，不得任意漲價。

為了保證金圓券的成功，當時在行政院之下，成立經濟管制委員會，由行政院長任主任委員，再在該委員會之下，設上海、天津、廣州等督導區。上海是我國最大都市，也是全國經濟中心。上海市經濟管制的成敗，關係全國經濟管制的成敗，因此中央特派蔣經國為上海區的督導員。蔣經國奉命後，即在南京召見王昇，要他立即接任戡亂建國總隊第六大隊的大隊長，前往上海，協助執行經濟管制工作。

戡亂建國總隊是中國國民黨和三民主義青年團合併後，將原有的三民主義青年團的各級工作人員，在戡建訓練班施以訓練後所成立的一支新的隊伍。總隊長為聲譽卓著的胡軌將軍，下轄八個大隊，每個大隊約為一百人，全部以軍官編成，並配備有自衛武器。八個大隊分配在八個作戰地區，負責維護戰地社會的秩序。第六大隊原住北平，王昇奉令後即將該大隊調來上海。

上海經濟管制督導員辦公室，設在上海中央銀行樓上，蔣經國曾在私下裡表示：「像我這樣的一個粗人，竟會同銀行發生關係，真是出人意料之外。」❶王昇也是同樣的從未與財政、經濟有過接觸，現在驟接這一任務，真是誠惶誠恐。而且王昇與戡建總隊，素無淵源，對於戡建總隊的特性，甚至隊員們的工作能力，一無所知。他們到達上海後，如何安頓、如何訓練、如何工作，真是千頭萬緒，煞費周章。臨危受命，王昇在心理上真有如千斤重擔。

蔣經國也知道他所加給王昇的擔子非常沉重，所以當王昇抵達上海時，即接到蔣經國的來信，他在信上說：

> 戡建隊的住所及交通工具二事，不知是否辦妥？甚念。此事雖小，但在處理此種事件之過程中，亦可知在上海辦事之不易與不常也。
>
> 上海環境不但在中國是複雜的、惡劣的，即在全世界而論，亦可說是最複雜城市中之一個。所以戡建隊在上海的工作，一定會遭到強有力的阻礙，以及各方面不同的打擊，所以本身的

---

❶ 尼洛著，《王昇——險夷原不滯胸中》，頁一一四，世界文物出版社。

堅強，是生存與發展的重要條件。上海如此之大，秩序如此之亂，人心如此之壞，而社會關係是如此之複雜，靠我們幾百個戡建隊的隊員，能做出些什麼事來？這是每個人所懷疑的問題。是的，戡建隊的工作是可能失敗的，因敵我力量的對比，相差太大了。但是，成功的可能亦是很大的。因為舊的力量雖然大，而它是違背時代的腐化力量，我們的力量雖然小，卻是前進的新生力量。在新舊兩種力量鬥爭的時候，一定是新的能得到成功的。發明電氣的原理者，是從最小一點為研究的出發點的，今天電氣已控制了整個的世界。我們亦應抱這種態度去研究、去工作、去創造！❷

蔣經國在這封信中，對王昇的關切與期勉，使他感到溫馨與鼓勵。但面對陌生且複雜的上海，如何立即展開工作，實在頗費思量。他所想到的第一件事，就是去請見當時的上海市長吳國楨與警備總司令宣鐵吾。因為，若要在他們所管轄的地區，實施經濟管制，這不僅是應有的禮貌，且也必須獲得市政府和警備總部以及各有關單位的協助與支持，才能順利推動。宣鐵吾欣然晤面，吳國楨卻拒絕見面，而且市府的人員，對中央極為重視的經濟管制工作，卻似乎不當一回事，這使王昇一開始便感到難以理解。不知是吳國楨根本反對經濟管制，還是根本不把王昇甚至蔣經國放在眼裡。

❷ 同❶，頁一一五—一一六。

## 蔣經國對戡建總隊的要求

由於吳國楨市長的這種態度，使王昇想到如果只是以督導的立場，將經濟管制工作，交由上海市政府所屬各單位去執行，那麼，經濟管制的工作勢必完全落空。而王昇當時所能掌握的，又只有兩個文件，一個是政府頒發的財政經濟緊急處分令，一個是蔣經國對戡建總隊工作人員的書面要求，其要點是：

第一，以嚴明公正的作為，獲致大眾對金圓券的信任。

第二，以伸張正義的作法，嚴懲囤積居奇的奸商、汙吏，穩定民生必需品的供應。

第三，以群眾運動的方式，獲得廣大民眾的共鳴和支持。

第四，以戡建總隊作為經管工作推動的骨幹，並組織青年服務隊，實施全面的物資管制與限價制度。❸

王昇本著這兩份文件的精神與要求，以及在工作上的需要，特電請總隊長胡軌將軍核准，在大隊部設主任祕書，由俞諧擔任，請他在大隊部內二十四小時掌握一切狀況。又在主任祕書之下，設文宣、調查、行動三個組，分別由孔秋泉、趙雲溪、劉紹基擔任，各組的工作都詳加規定。在人事安排好之後，王昇即集合第六大隊的全體人員講話，要求同事們做到兩件事：一是熟讀政府的財政經濟緊急處分令，要讀到記得、背得、懂得，因為這是他們在上海

❸ 同❶，頁一一八。

經管中唯一的依據。一件是熟讀蔣經國以書面對戡建總隊工作人員的要求，因為這是蔣經國在經管工作上有關如何做的決策。

王昇在講話中，要求戡建總隊的每一成員，認清這是一場艱苦的戰鬥，是一場國家成敗、人民禍福關鍵性的決鬥，只許成功，不容失敗。王昇認為只要大家有勇氣、有決心，實實在在，大公無私，就可以應付敵人的攻擊。而敵人在攻擊中最重要的是金錢，每一塊黑錢就是一顆子彈。因此，王昇和戡建總隊的同仁們相約：「如果我大隊長貪汙，任何一位隊員都可以開槍將我打死；如果任何一位隊員貪汙，我連一粒子彈都不花，用麻布袋捆好丟到黃埔江去！」

王昇剴切的說：「工作開始了，一天二十四小時，是全天候的戰鬥，所謂不眠不休，是現實而不是形容。……」

蔣經國從南京來到上海，參加了戡建總隊來上海後的第一次記者招待會。蔣經國在記者會中說了一句最重要的話：「寧使一家哭，不讓一路哭！」接著就根據所獲得的證據，會同治安及司法單位，先後逮捕了一批囤積居奇的商人，與一批作奸犯科的官吏，其中包括了全國知名人士，如上海勢力強大的青幫黑社會組織的首領杜月笙的兒子杜維屏；揚子江公司的老闆孔令侃，孔的父親孔祥熙，曾在對日抗戰期間擔任過財政部長。

因為在被逮捕的人中，有這些有頭有臉的人物，不僅震驚上海，甚至震驚全國，於是「蔣經國上海打老虎」的名聲，就不脛而走了。而從事經管工作的戡建總隊與大上海青年服務總隊，也被譽為「打虎隊」，成為經濟管制中一樁極為轟動的事情。

## 成立「大上海青年服務總隊」

王昇從工作中體會到上海實在太大，而且環境極為複雜，光靠一個大隊百人左右的兵力，實無法完成如此艱鉅的經管任務。因此其餘的七個大隊亦奉國防部的命令，陸續調到上海，並指定由第六大隊統一指揮，很明顯的是要王昇直接負起一切成敗責任。好在總隊長胡軌將軍亦駐節上海，胡將軍曾任中央軍校第三分校政治部主任及中央幹部學校的副教育長，是王昇的老師，王昇可以就近請教，這樣八個大隊就可竭誠合作，不致有平衡指揮的困難。但八個大隊的總兵力，亦不過八百人左右，進入大上海後，就像雨滴落入汪洋大海，發揮不了多大作用，因此王昇決定進一步開展蔣經國所要求的群眾運動。他先潛下心來，仔細研究如何籌組「青年服務團」，在緊迫又慎密的宣傳中，決定以義工的方式，號召有志青年，成立「大上海青年服務總隊」。

這樣一個完全以服務為宗旨的隊伍，一經號召，前來報名參加的，竟多達二萬五千四百二十八人❹，遠超過王昇的預料。這種現象，說明青年對國家的熱愛，對蔣經國的擁戴，及對戡建總隊每一個成員在上海所表現的風格的認同與讚賞。

於是大上海青年服務總隊，即從報名的青年中，挑選出一萬二千三百三十九人，編成二十個大隊，將原有的八百多位戡建總隊的隊員，配置到各大隊當幹部。大隊長則選派鍾義均、

❹《中央日報》，三十七年九月廿一日。

楊立凡、劉仲榮、婁仲傑、周芝園、錢守敬、趙作賓、周繼善、張士魁、冉緯亞、劉紹基、倪豪、余化東、熊樹屏、陳時夫、鎮天錫、譚昌黎、劉竣崇、彭開泰、周孝榮等人擔任。王昇自任總隊長，並由陳志競出任副總隊長，潭鯤任總督導，王慶芳任祕書，王致增、孔秋泉、蔣平分任組織、宣傳、總務等組長，在大隊之下設中隊，中隊之下設分隊，分隊之下設小組，這樣系統完整，指揮靈活，工作便可以順利推展。

大上海青年服務總隊所錄取的隊員，大部分是受過大學教育的青年、家世清白、品學兼優，而且他們吃自己的飯，自己解決交通問題，完全以熱忱來義務服務。但在王昇看來，他們在服務中如有任何瑕疵，同樣關係到經管的成敗，因而臨時成立一個訓練基地，先辦理幹部講習，再分批訓練隊員，以求在工作上配合綿密，在服務中態度良好，而成為一支有節制的隊伍。

大上海青年服務總隊，九月廿五日正式成立，於上海復興公園舉行成立典禮，總隊長王昇在典禮中，向全上海市民揭櫫總隊成立的四大宗旨是：

一、打禍國的敗類。

二、救苦難的同胞。

三、做艱巨的工作。

四、盡最大的義務。

在典禮上，督導員蔣經國亦親自前來講話，在講到他以及每個人與國家的關係時，蔣經國說：「對我們個人言，我們個人，一無所有，一無所求，但對團體則有所期許；希望在青年人手中，創造出三民主義的新中國。」

講到經管工作時，蔣經國說：「遇到挫折，決不妥協，遇有痛苦，決不退縮，最後的勝利，必屬最後的奮鬥者。山窮水盡的現象，在青年人的心目中，是永不會有的。」

講到服務的態度時，蔣經國說：「大上海青年服務總隊的同志，首應保持清清白白的人格，再發揮大慈、大悲、救苦、救難的精神，犧牲自己，報效國家。盡忠報國，就是我們共同的抱負。」

接著即由大會主席王昇領導全體隊員宣誓，由督導員蔣經國監誓，誓詞為：

我以至誠宣誓，絕對擁護政府，服從領袖，遵守隊章，服從隊的命令，推行新經濟政策，力行三民主義，為人民服務，為國家盡忠，決不妥協，決不欺詐，如違誓言，願受最嚴厲的處分。

宣誓完畢後，大會主席並向各隊代表授旗。旋復發表〈告上海同胞書〉，向上海全體市民發出誠摯的呼聲：

親愛的同胞們：大上海青年服務總隊今天正式成立了，這是本市一萬五千個熱血愛國青年的結合，將要為危難的國家和痛苦的同胞盡忠服務。今天我們願向本市五百萬同胞，宣示我們的決心，為了國家的利益，為了同胞的幸福，本隊將不惜任何犧牲，不畏任何艱險，決向奸商汙吏地痞流氓進行全面無情的戰鬥，不將這些敗類完全消滅，決不甘休。本隊將盡一切的力量，支持政府經濟改革，展開勤儉建國運動，直至同胞生活獲得確切保障而後已。同時，我們願向本市五百萬同胞，發出我們的號召：起來！一切正義的力量結合起來，一切正義的力量行動起來！撲滅奸商汙吏，肅清腐惡勢力，貫徹新經濟政策，擁護勤儉建國的運動。起來！所有愛國的同胞團結起來，所有革命的志士動員起來，為建設光明的大上海而奮鬥到底，為建設三民主義的新中國而奮鬥到底，最後勝利一定是屬於我們的！敬致革命的敬禮。

大上海青年服務總隊全體隊員敬啟。❺

大上海青年服務總隊投入經管工作以後，使上海的經管有了全面的擴展與深入，這一萬二千多名無私無畏的青年服務隊員，全是土生土長的上海人，他們的加入，等於是由一個蔣經國，變成了一萬二千多個蔣經國，他們白天要上班、上工，晚上抽出休息的時間來工作，不眠不休，不辭勞怨，自己坐車來，自己掏錢買麵包填飽肚子。他們的熱情，使人萬分感動，他們的純潔，給人莫大的鼓勵。

由於全體隊員的熱誠努力，上海在那一段時間，經濟方面表現得相當平穩，各種生活必需品如米、麵粉、鹽、油、煤、糖、布、紙張、大豆、花生、工業原料等等，都可以依限價供應無缺，而且對數量較大的物資，也做到了有效的管制。各大供應商並提出保證，他們可

❺《一片忠心》，頁二六，大上海青年服務總隊成立二十週年籌備會編印。

以負完全責任。尤其可喜的是上海人民以行動支持幣制改革，支持緊急處分令的要求。他們毫不猶豫的將家中和庫存的黃金、美鈔、港幣等，拿到銀行兌換金圓券。王昇親眼看見在上海中央銀行門前，手持黃金、外幣的人們大排長龍。由於人多，要等好久才能走到窗口，完成兌換手續，這種景象，不僅使王昇深受感動，而且令他永誌難忘。

## 十萬青年大檢閱

上海雖然很大，但它卻不可能與世隔絕。在價格管制方面所取得的初步成功，使上海物價低於周邊地區，使得一批一批的外來人口湧入上海，其中包括中共的幹部，他們前來上海搶購物資。這種狀況當然會造成人為的物資短缺，從而進一步侵蝕了改革成效。面對這種情勢，王昇在這年的雙十節，特舉辦上海十萬青年大檢閱，地點是在中正公園，參加的有戡建總隊、青年服務總隊、各中學學生、各校童子軍、駐上海的軍、憲、警部隊。大閱官請當時的陸軍總司令余漢謀上將主持，督導員蔣經國及上海市有關單位的首長關麟徵、宣鐵吾、方治、潘公展等任陪閱官，檢閱以後，並舉行化裝大遊行。中正公園外與遊行隊伍所經過的街道，人山人海，他們不僅是在看熱鬧，而且對這十萬青年寄予無窮希望。

遊行隊伍所化裝的二百多個節目，對貪官、奸商和流氓，極盡諷刺、笑罵、侮辱之能事，使整個上海社會，充滿著一種正義感。主題有別，內容一致，充分發揮了宣傳和號召的力量！其次，遊行時對廣播工具亦採取聯播方式，一面報導遊行情況，一面指揮遊行隊伍，同時領導遊行人員唱歌、呼口號。在街道上，還普遍設置廣播站，用收音機加上擴音器來廣播，有些民眾且自動將收音機擺在門口播放。因此，使青年同志的聲音，通過廣播傳布到上海市的每一角落。使上海人由國慶而認同國家，進而認同上海經管工作的重大作用與價值。

然而形勢比人強，十月中旬以後，上海的經管工作已由主動的宣傳、查察、市場審視、民生物資調配，變成了被動的因應搶購風潮。搶購迅速形成風潮，戡建總隊只能對風潮正面的管理與側面的平息。而這種被動性的工作，又依各地戰況變化而變化。如果前線平靜，搶購風潮可隨之緩和；如果戰況失利，搶購風潮即隨之而升高。這種失敗心理所引起的人心浮動，對王昇形成了極大的壓力。

此時，「蔣經國上海打老虎」真正的對手是中共，已經十分明顯了。在開始時，中共認為蔣經國前來上海不會成功，所以漫不經意。當蔣經國於懲治不法商人與貪墨官吏，收到立竿見影的效果時，中共仍希望能以四兩撥千斤的手法，將打擊重點集中於對蔣經國一個人的破壞上。這從客觀看孔令侃對經管可能的排斥，吳國楨對經管的隔岸觀火，都可以看出中共以「統戰」打擊與孤立蔣經國的運作。只是中共未曾想到蔣經國敢以「群眾運動」的方式進行經管，大上海青年服務總隊是代表上海人參與經管的。因此，搶購風潮的鼓動，也就是中共以「群眾對群眾」的方式，來與蔣經國周旋了。

## 經管結束相擁而泣

而最令人驚異的是正在關鍵時刻，中央政府的意志和立場竟完全動搖了，主管政策的行政院長翁文灝（後來投共變節），兩度召開經濟管制會議後，突於十一月一日正式公布經管結束。從政府宣布幣制改革至放棄限價政策，為時僅七十天。

十一月二日，蔣經國從南京來到上海，發表〈致上海市民書〉，向上海告別。這天下午，蔣經國召集參加經管的兩千多位幹部講話，他以「決不掛白旗，而且要繼續努力」，作為他在上海經管七十天的結束。

蔣經國在講完話後走了，王昇仍得留在上海辦理經管的結束。王昇在結束中檢討：

一、戡建總隊八個大隊、八百多人，大上海青年服務總隊、二十個大隊、一萬二千多人，在整個經管工作過程中，沒有任何一個成員，發生任何一件貪瀆違法的情事。

二、所有經查獲違法偷運出境的民生必需品，在開放管制以後，全部歸還原主，不缺少一件，也沒有損壞一件。

三、經管工作失敗，上海同胞有重大的損失。但是，上海各大小報刊，卻一致撰寫刊登「執行者無罪」的評論，有的刊物，更刊出盛讚戡建總隊、青年服務總隊的評論。❻

上海的經管失敗了，全國各地的經管跟著也就全面垮臺了。整個戰局也發生了巨大變化，

❻ 同❶，頁一三四—一三五。

東北、華北戰場早已相繼失利，徐蚌會戰正在激戰中。這時湯恩伯將軍奉命保衛上海，他將從戰場上被俘歸來或從戰地突圍歸來的國軍官兵，以及從各戰地湧來的大批難民，都交由戡建總隊處理，於是王昇又面臨許多極為困難的問題。而物價開放以後，金圓券隨即急速貶值，原有的伙食費已無法買菜，每天只能以鹽水泡飯充飢。這時的戡建總隊，真如蔣經國所說：「一無所有」了。

民國三十八年元月廿一日，總統蔣中正引退，李宗仁代總統為了迎合中共，下令取消戡建總隊的番號。因此，戡建總隊不得不離開上海，在離開以前，已被解散的青年服務總隊的隊員們，紛紛前來探望，大家相擁而泣，不勝感傷。王昇在這種情感的激盪中，以戡建總隊的名義，寫了一封〈告別大上海青年同志書〉，書中他說：

親愛的同志們：我們都是有熱血、有良心、最勇敢、肯犧牲的一群，在國民革命的旗幟下，團結在一起，為共同的目標「一、打禍國的敗類，二、救苦難的同胞，三、做艱巨的工作，四、盡最大的義務」，十分艱苦地奮鬥了幾個月，得到了全國同胞的同情，使瘋狂的敵人喪膽。現在，由於整個局勢的動盪，環境的變遷，原來與各位共同作戰的戡建總隊的番號被取消了，但卻取消不了我們愛國救民一貫的意志。當我們離開上海與各位握別的前夕，對諸同志在經管工作期間，所表現的勇敢熱忱的情形，十分敬佩，並永誌不忘。

眼見想念不已的上海，緬懷赤燄橫流的祖國，真有說不盡的傷心惜別語。戡建總隊在上海，

雖來去清白，個人了無愧怍，但對苦難的大眾，善良的同胞，反而留下一筆沉重的虧欠，是我們心中最大的遺憾！❼

上海七十天的經管，根據中央銀行的統計，由金圓券兌換所得的黃金，約為十二萬五千六百五十二兩，這些都是上海人的血汗。後來隨著局勢的惡化，政府將這批黃金運來臺灣，存入臺灣銀行的金庫，作為臺灣幣制改革的一部分準備金❽。換句話說，就因為有這批黃金，新臺幣才能維持發行時的幣信。如今新臺幣在國際間，早已成為強勢貨幣，而且還因之創造了「臺灣奇蹟」。其源頭之一，乃是這一筆上海人的血汗。難怪中共曾一再宣傳，臺灣的經濟發展，是靠從上海帶來的黃金以及妥善運用美援所產生的結果。而另有一些基於狹隘的地域觀念，每當選舉時，即大聲挑撥說：「大陸人是光著屁股到臺灣來的」。在這兩種不同的聲音中，王昇五十多年來，卻一直在內心深處為欠了上海人的債而感到不安。

❼ 同❶，頁一三六－一三七。
❽ 《陳誠先生回憶錄》上冊，頁六四，臺灣幣制改革基金奉中央銀行核撥為黃金八十萬兩。

# 第七章 潰敗中的奮戰

## 總統宣布暫行引退

民國三十八年，真是中華民國存亡絕續的關頭，前線戰爭一再失利，而政府內部不但不能團結一心，打擊共同的敵人，且各懷鬼胎，爭權奪利。尤其時任副總統的李宗仁，更是乘機倡亂，要求政府「立即與中共進行和談」。接著湖南省主席程潛更明目張膽，要求蔣總統下野，美國駐華大使司徒雷登的華籍顧問傅涇波，亦拜訪行政院長孫科，希望蔣總統下野。而駐北平的剿匪總司令傅作義已在暗中與共匪搞「局部和平」，更有一些所謂「民主人士」、「社會賢達」跟著推波助瀾，他們聲稱：「除非蔣總統下野，否則中共不會和談」；「除非蔣總統下野，否則美援不會來！」

由於失敗主義的氣氛迅速滋長蔓延，蔣總統乃於一月廿一日「身先引退，以冀弭戰銷兵，解人民於倒懸」，並宣布總統職務由李宗仁副總統代行。唯蔣總統在引退前，已任命陳誠將軍為臺灣省主席，蔣經國為國民黨臺灣省黨部主任委員。蔣總統當時業已洞察臺灣的重要性，不論李宗仁與中共的談判結果如何，臺灣絕不容許落入中共手中，在任何情形下，都要堅守臺灣，作為國家建設發展的反共復國基地。

蔣中正總統宣布暫行引退後，即於當天下午離開南京，回到溪口。王昇為了保護總統安全，派了一個中隊，由中隊長李念梓上校率領，前往溪口擔任警戒性的任務。王昇為了整個戡建總隊的前途，亦前往溪口向蔣經國請示，同時也見到了在引退中的蔣總統。

適在這時，江西省政府主席兼省黨部主任委員方天，希望王昇能前往擔任省黨部的書記長，蔣經國完全同意，並要他將戡建第三總隊也帶往南昌，仍繼續兼任總隊長。

當王昇率領戡建第三總隊抵達南昌時，已面臨和在上海一樣的局面，因共軍劉伯誠的部隊已在長江的北岸，與九江隔江對峙，隨時都可能發生戰火，而在江西境內，雖有胡璉兵團和沈發藻兵團，但他們都是在徐蚌會戰時遭受重創，前來江西接受新兵並實施編訓的，可以說並沒有什麼戰力。王昇抵任後，即與方天主席連夜研商對付亂局的緊急方案，並大力協助胡璉兵團在江西迅速實施徵召「一甲一兵」，施以短期的嚴格訓練及補充裝備後，很快即成為三個軍、九個師，眾達十萬的一支勁旅。旋即奉命開往廣東，清剿盤踞於東江一帶的土共，並於汕頭撤出以後，以十八軍、十九軍增援金門，創造了輝煌的金門古寧頭大捷；同時第十一軍增援舟山，造成舟山登步島大捷，使得當時處於風雨飄搖中的臺灣，得以穩定下來，而在戰火中犧牲最多的則是江西的子弟。

共軍入侵南昌前夕，江西省政府和省黨部，都匆匆遷往贛州，王昇將第三總隊也帶到贛州，準備以贛州為基地，以游擊戰與共軍周旋到底。但中央政府遷到廣州後，即令第三總隊調往廣州。王昇到廣州後，又奉蔣經國之令前往臺北，而方天主席則派他擔任江西第四行政區的專員兼保安司令，這個職務正是十年前蔣經國所擔任過的。王昇甚有意願前往就職，但蔣經國卻說：「現在為時已晚，不必去了。」

## 廣州、重慶、成都

戡建第三總隊調至廣州後，改稱政工第三總隊，王昇被升為總隊長，隸屬於參謀總部政工局，並受廣州地區總指揮官薛岳上將的指揮。薛上將特別要求政工第三總隊，在地方治安與社會秩序方面強加整頓。王昇在與廣東省黨部的主任委員高信取得連繫，了解廣州的現況，及其特有的風俗習慣後，即積極展開社會安全與民眾組訓工作。先從清查戶口著手，每一保派一名隊員負責，澈底了解保內每一個居民的狀況與動態，使中共人員無法滲透，原先潛伏的中共地下人員亦無法活動。其次，是擴大反共宣傳，破除民眾心理的疑慮與畏懼，使社會得以安定繁榮；再次就是嚴格取締賭博，配合警察單位嚴格執行，以維護人民生活的正常與安定。而最重要的是加強地方自衛隊的組織與訓練，並實施連保連坐，以鞏固廣州整體的安全。由於此一工作認真澈底，廣州市民一直都很鎮定，民眾沒有遭到搶劫、殺害，政府各單位亦沒有任何破壞事件。參謀總長顧祝同上將因之曾多次召見王昇，對政工第三總隊的辛勞與貢獻，特為嘉勉，後來甚至將參謀總長的大印，亦交給第三總隊保管，由此更說明顧祝同將軍對王昇的信任。

當廣州情勢危急時，代總統李宗仁敦請蔣公中正前往廣州「共商國是」。可是當蔣中正抵達廣州時，李宗仁卻已偷偷的溜去香港，接著並轉往美國。當初一再要求蔣中正下野，希望能掌握軍政大權，如今卻將一個亂攤子丟給蔣中正，而撒手不管了。蔣中正眼看情勢危急，為了轉移中共的兵力，保持國軍一定的戰力，以達成保衛臺灣的目的，乃將中央政府西遷重慶，政工第三總隊亦隨中央政府到達重慶。王昇當時奉召來臺灣，當他搭上民船時，廣州市內已槍聲四起，很快即告棄守。王昇在臺北辦完事後，即搭飛機前往重慶，這時原在江西服務的許多同事友好，多已撤退來臺，他們聽說王昇要去重慶，都深深以為不可，極力勸阻。但他為了責任在身，毫不考慮個人安危，毅然飛走了。

重慶雖曾為抗戰時的陪都，但四川的劉文輝、鄧錫侯等地方集團勢力，早已暗中與中共勾結，重慶實已危機四伏，而蔣中正卻仍駐節重慶的林園，親自策劃及調動部隊，決定與共軍作最後的爭戰，可惜為時已晚，當時國軍在實質上已無法形成作戰的部署與力量。而當共軍逼近重慶市郊時，劉文輝、鄧錫侯等軍閥即行叛變，蔣中正與蔣經國父子於槍聲大作中始離開林園，半夜時分到達機場，準備飛往成都，可是成都的機場根本沒有夜間導航設備，無法降落。直等到天亮，他們才離開，而飛機起飛不久，叛軍和共軍很快即進城了。在情勢十分危急的情形下，王昇率領政工第三總隊趁叛軍與共軍尚在混亂中時，分乘數輛汽車離開重慶，並安全到達成都。而當時的成都亦已陷入一片混亂。尤其金圓券貶值，大家生活都成了問題。在當時唯一可寄以期望的，是胡宗南的部隊，而胡宗南部由於其機要祕書熊向暉，早就是中共潛伏在他身邊的重要工作人員，他的兵力部署與作戰計畫，中共清清楚楚。所以胡宗南的大軍，屢次遭受挫敗，甚至蔣中正總統命他突擊延安的密令，亦因熊向暉的洩漏而撲了空❶。現在胡宗南的部隊經過幾次交戰，又經過長途撤退，戰力已相當有限，且其目的地是西昌，成都只是過境而已。所以政府機關的重要人員決定空運來臺，成都僅是轉運與喘息之地而已。在此種情勢下，政工第三總隊已面臨空前的困境與險境，幾位大隊長都建議化整為零，自求生存與發展。而在十二月十日下午二時，蔣經國在險象環生的情勢下，陪侍蔣公中正離開成都之前，特別寫了一張條子，叫王昇等四人立即離開成都，並囑空軍地區指揮官徐煥昇將軍安排機位，王昇奉命後即召集重要幹部會議，決定總隊化整為零，分別設法前往香港或東南亞，再轉往臺灣。王昇即將第三總隊交給副總隊長王致增，在兵荒馬亂中離開了成都，而不久成都即告淪陷。所幸後來副總隊長王致增、關大隊長、劉大隊長、以及倪豪、陳時夫、鎮天錫等重要幹部及若干隊員，他們在情勢十分混亂中，冒險經漢口、廣州、至香港，由王昇設法接運來臺，也有鍾義均等許多幹部同志後來經昆明、緬甸等地輾轉來臺，對那些無法逃出來的同志們，王昇則一直為他們的生命與安全而耿耿於懷。

## 經海南島來到臺灣

王昇經海南島抵達臺北，得知夫人胡香棣女士已帶著三個兒子公天、步天、曉天，輾轉

❶ 熊向暉等著，《中共地下黨現形記》，頁一一七一，傳記文學雜誌社。

來到臺灣，住在臺中。他們的女兒波兒和與前妻廖光偉女士所生的王華，則分別請她們的外婆照料撫養。因為胡香棣當時在交通十分困難的逃亡途中，實在無法同時帶領五個孩子。而當時最大的公天才五歲、步天兩歲、最小的是曉天，才滿一個月。胡香棣因在流亡途中分娩，不但生活十分艱苦，心情尤其緊張，所以她的體力一直未能完全康復，真是吃盡苦頭。而當載運他們的輪船經過許多風浪，好不容易到達基隆外海，卻又無法立刻順利進港。孩子們經過數日航行，在人擠人的船艙裡吵鬧不安，做媽媽的雖已精疲力竭，為了安撫孩子的心，便讓一位熱心的士兵，幫忙將步天帶到甲板上去玩玩。誰知一陣巨浪襲來，竟將步天和那個士兵一起震落海中，見者大聲驚叫，胡香棣更駭得幾乎暈倒。所幸適有一艘漁船見義勇為，趕緊將步天和士兵一起救了起來，真是不幸中的大幸。

船終於在基隆靠岸了，胡香棣即帶著孩子，搭火車前往臺中，準備與親友相聚。但因實在疲勞過度，一上車竟昏昏沉沉的睡著了，等她醒來時，車已到了嘉義，她只得趕緊再搭車回臺中。眼看大陸情勢一天天惡化，她日夜提心吊膽，一心祈求盼望，終於盼到王昇活著來和他們團聚，他們相擁而泣，恍如隔世。

# 第八章 痛思何以失去大陸

## 國際勢力製造我國內亂

王昇在驚濤駭浪中，輾轉抵達臺中，得與家人團聚，實在是值得慶幸。他本可以藉此好好歇一歇疲乏，好好享受一下天倫之樂，但是他的內心深處，卻一直感到悲痛歉疚。他一直想到第三總隊的那些親密戰友，一直想到大陸的錦繡河山，一直想到那些遭受苦難的同胞，他常常通宵失眠，悲憤難消。

他在沉痛中一再檢討，那麼艱苦危險歷時八年多的對日抗戰，全國同胞前仆後繼，浴血奮戰，最後終於獲得勝利。但為什麼在勝利後不過短短的四年，竟然會遭受如此慘痛的失敗，這到底是為什麼？

王昇深自探討，當抗日戰爭接近勝利時，也就是民國三十二年，與我國一同反侵略戰爭的「同盟國」美、英兩國政府發表聯合聲明，廢除對我國的不平等條約，將百年來在我國所取得的「領事裁判權、協定關稅權、沿海貿易權、內河航運權、鐵路建築權、礦山開採權、郵政洋員任用權及外國郵局、以及設廠製造權」❶等等全部取消，使我國解除自一八四二年因「鴉片戰爭」失敗所訂下的「南京條約」及其他各種喪權辱國的不平等條約，從此不再是列強的「次殖民地」，而成為一個真正獨立自主的國家。

當時全國最高領袖蔣中正委員長並發表手著的《中國之命運》，期望全國軍民同胞在不平等條約廢除後，務必「各就其職業地位，各依其聰明才智，來改造社會習尚，刷新政治風氣，養成法治觀念，共同一致，指向建國的目標——就是心理、倫理、社會、政治、經濟五項建設，努力實行文化經濟與國防合一的整個建設計畫，期與同盟各國，來分擔改造世界、保障和平、解放人類的責任。」❷

民國三十三年十月，蔣中正委員長更號召知識青年從軍，希望在三個月內，能徵集十萬知識青年參加對日抗戰，早日獲得勝利。號召一出，立即獲得全國知識青年熱烈響應，踴躍簽名從軍。在三個月內，從軍青年人數竟高達十二萬五千餘人，軍事委員會即於三十四年元月，相繼成立九個師，積極實施編組訓練，全國民心士氣更為之興奮激昂。大家在「國家至上、民族至上、意志集中、力量集中、軍事第一、勝利第一」的偉大號召下，團結奮鬥，浴血抗戰，那真是中華民族意氣風發氣壯山河輝煌燦爛的偉大時光。而在青年軍正積極完成訓練，準備開赴前線作戰時，傷天害理、殘暴兇惡的日本軍閥卻於民國三十四年八月十日宣布

❶ 蔣中正著，《中國之命運》第二章第二節，《蔣總統集》第一冊，頁一二二—一二五，國防研究院中華大典編印會合作。

❷ 同❶，頁一七〇。

無條件投降。中華民族前仆後繼，經過八年的艱苦抗戰，終於獲得最後的勝利。在這歷史性的一刻，每一個中國人都感到無上光榮、無限驕傲。

但是萬萬想不到，就在日本天皇宣布投降的半年前，也就是一九四五年二月十一日，美國總統羅斯福、英國首相邱吉爾、與蘇俄首領史達林，竟在雅爾達簽訂一項祕密協定，蠻橫無恥的將我國出賣了。

雅爾達祕密協定要求蘇俄同意在德國投降歐洲戰事結束兩個月或三個月內，加入同盟國方面對日作戰，其條件為：

一、外蒙古現狀（蒙古人民共和國）應予保持（獨立）。

二、庫頁島南部及其附屬各島嶼應歸還蘇俄。

三、大連商港應予國際化，蘇聯在該港之優越利益應予妥保，並恢復旅順租予蘇聯為海軍根據地。

四、通達大連之中東鐵路及南滿鐵路應由中蘇合設之公司共同管理，蘇聯之優越權利應予保障。

五、庫頁島交還蘇聯。❸

這個雅爾達祕密協定，實在是第二次世界大戰的一大悲劇，我中華民國歷經八年多的艱苦抗戰，血流成河，骨嶽成山，結果卻被比肩作戰的「同盟國」給出賣，喪失東北與外蒙的

❸ 陳孝威著，《為甚麼失去大陸》上冊，頁八五，中國美術印刷廠。

神聖主權，只為了滿足史達林的野心，而造成以後接踵而來的災難。

二次世界大戰時，號稱「軸心國」之一的義大利墨索里尼，於一九四三年失敗投降。德國的希特勒亦於一九四五年五月無條件投降，希特勒且已提前自殺身亡。野心狂妄的史達林在歐洲戰場獲勝後，每天卻在克里姆林宮，坐視中、美兩國面對日本軍閥不擇手段的作最後衝刺掙扎。直到八月六日和九日，美國在日本廣島和長崎先後投下兩顆威力極為強大的原子彈，史達林眼看日軍已無力招架，即將無條件投降，因此他立即下令駐西伯利亞的俄軍，兵分三路，向佔領我國東北的日軍大肆進犯。而日本天皇即於八月十日下午七時三十分，正式宣布無條件投降，所以蘇俄對日軍根本未發一槍一彈，完全是坐收漁利。俄軍在進入東北後，除大肆搶劫掠奪，強姦婦女外，並將東北豐富的物資與機器，不斷的運回蘇俄。同時將日本關東軍五十九萬四千餘人亦全部俘走，而將從日軍手中所擄獲的武器彈藥，則全部交給共軍，使共軍在東北的武力迅速壯大，對我政府派往接收東北的部隊，竟百般抵抗，甚至將經濟部派出的接收委員張莘夫等八人，在由撫順前往瀋陽的途中予以殺害。

我最高統帥蔣中正主席於日本天皇八月十日正式請求投降後，即通令全國各部隊聽候命令，根據盟邦協議，執行受降任務。並電令淪陷區的地下軍及各地偽軍，各就現駐地點，負責維持地方治安，不得擅自移動。另電令第十八集團軍總司令朱德，應就原駐地待命，不得再擅自移動。孰知朱德竟以「延安總部」的名義，連發七道命令，指示各地共軍，對國軍全面發動攻擊，爭城奪地，並命呂正操、張學詩、萬毅、李運昌及朝鮮義軍司令武人等部迅速開赴東北，配合俄軍作戰，完全置中央命令於不顧。同時在華北各地，共軍亦強行接受日軍投降，並不斷對國軍展開攻擊。美國杜魯門總統乃派遣馬歇爾 (George C. Marshall) 將軍為特使前來我國，負責協調促成「停止內戰」。馬歇爾於民國三十四年十二月十六日抵達北平，旋即成立軍事三人小組，開始會商停戰問題。由張群代表政府，周恩來代表中共，馬歇爾則居於調人地位，經過多次會談後達成協議，雙方下達停戰令。但共軍並不遵守停戰令，仍擅自在各地發動攻擊，身為調人的馬歇爾卻認為此乃「暫時不合理的現象，或出於共軍的誤會」，對停戰仍抱持樂觀的態度而不予制止。中共且不斷的逼迫馬歇爾停止或暫停美國對國民政府的援助，美國政府竟也真的因中共的要求，停止對華的一切援助。

馬歇爾將軍身為特使，一心希望促使中共能與政府和談，除前述三人小組外，並提議成立五人小組，讓美國駐華大使司徒雷登亦能參加。但中共對這些商談，已完全不感興趣，甚至連經多次協商產生的國民大會，中共亦拒絕參加。因毛澤東深信「槍桿子出政權」，他要「寸權必奪，寸利必得」、「針鋒相對，寸土必爭」。因他早已獲得蘇俄的軍經支援，在任何情形下，決不停止攻勢。而蔣主席中正卻在馬歇爾特使的一再要求下，曾三次下達停戰令，要求：「全國軍隊一律停止戰鬥，各守原防，以示政府和平忍讓之至意。」但中共在各地的軍隊，卻一直不停的攻城掠地。馬歇爾至此始憬悟到中共之狡猾詭詐，乃決意退出調停，於一九四七年元月八日離華返美，就任國務卿。

《孫子兵法・作戰篇第二》有云：

其用戰也貴勝，久則鈍兵挫銳，攻城則力屈，久暴師則國用不足。夫鈍兵、挫銳、屈力、殫貨，則諸侯乘其弊而起，雖有智者，不能善其後矣。

我國對日抗戰獲得最後勝利時，全民歡騰，士氣高昂，如果沒有美國的介入，政府早可針對共軍的蠢動，予以嚴厲的制裁，在全民的支持擁戴下，必早已獲得勝利。孰知政府在馬歇爾的強力要求下，一而再，再而三的下達「停戰令」，第三次「停戰令」且延長到四個月，致士氣民心遭受重大打擊。尤其在中共「地下黨」的煽惑運作下，致使中共最後竟席捲整個大陸，正如名作家張戎女士在其巨著中所說：「美國人救了中共。」❹說「美國人救了中共」，這不僅是中國人沉痛的心聲，即美國人亦完全承認。

當中國大陸陷入中共之手後，美國人民感到十分驚異。美國第八十二屆國會於一九五〇年十二月特別通過決議，授權美國參議院司法委員會，調查「太平洋關係學會」(Institution of Pacific Relations) 與中、俄共勾結，導致中國淪陷的實際運作情形。該委員會自一九五一年初開始調查，經過十七個月詳細調閱有關資料，並傳訊了六十六名證人，於一九五二年七月公布調查結果，證實中國大陸的淪陷，是由於國際共黨利用其外圍組織「太平洋關係學會」，勾結美國羅斯福總統的行政助理兼遠東特別顧問居禮 (Currie, Lauchlin，太平洋關係學會會員，共產黨員，曾與蘇聯情報機構人員合作)、國務院遠東司司長漢彌爾頓 (Hamilton, Matwell M.)、

---

❹ 張戎、喬哈利戴著，《毛澤東：一個不為人知的故事》，頁一八五，香港開放出版社。

中國科科長范宣德（Vincent, John Catter，隨同副總統華萊士訪華時，密切影響操縱華萊士）、戰時新聞處中國分處長費正清 (Fairbank, John)、國務院外交官戴維斯 (Davies, John P.)、「美國之音」俄語科科長巴明 (Barmine Alexander Gregory)、史迪威指揮部政治顧問謝偉志 (John Stewart Service)、美國國會參、眾兩院的若干議員，以及一些文教機構的負責人與編輯作家等，共有八十餘人經證實為共產黨員。其中居禮曾兩次前來我國，與蔣主席多次會談，並主動推薦「他的密友和知音」，身為共產黨員的《太平洋評論》季刊編輯拉鐵摩爾 (Lattimore, Owen) 於一九四一年至一九四二年，前來我國擔任蔣主席的政治顧問。一九四二年返美後，擔任戰時新聞處的副處長。一九四五年六月，美國司法部宣布，聯邦調查局逮捕了前美國駐華大使館的祕書索菲斯等六人，其罪狀為竊取祕密文件，並藉《美亞雜誌》攻擊美國對華政策，主張美國應該支持中國共產黨。❺

在這裡還要提到一位重要人物，他就是《毛澤東自傳》的作者斯諾 (Edgar, Snow)。斯諾原是《美國週末晚郵報》(*Saturday Evening Post*) 和《紐約先鋒論壇報》(*New York Herald Tribune*) 的作家。他一向很同情中共，毛澤東經由「地下黨」將他找來，提供他詳細資料，寫成《毛澤東自傳》，於一九三七年十一月出版，風靡一時，從此出現了中共積極抗日的形象。斯諾並根據他與毛澤東及其他中共領導的採訪，寫了一本《紅星照中國》(*Red Star Over*

❺ 參閱：一，美國參議院司法委員會，《「太平洋關係學會」調查報告》，國防部總政治作戰部譯印。二，美國柯貝克教授著，《遠東是怎樣失去的》，國防部總政治作戰部譯印。

*China*)，於一九三八年出版，影響了整個西方對中共的看法。中文本則是中共組織翻譯的，特別選了一個灰色的書名：《西行漫記》。此外，斯諾還寫了一本《毛澤東印象記》。斯諾的這兩本著作，對當時激進的青年產生了巨大的影響，吸引了成千上萬的熱血青年加入中共。因此，毛澤東曾讚美斯諾，說他「不下於大禹治水之功」。❻

這些共產黨員與其同路人，因受中共與俄共長期有計畫的欺騙宣傳，一直以為中共只是「土地改革者」，他們想盡一切方法阻止美國政府對我國提供援助，並強迫我政府與中共組織所謂「聯合政府」。中共本來一直受蘇俄強大的軍經援助，在抗日戰爭接近勝利時，又獲得美國熱切的庇護與支援。所以能在我戰後人心厭戰經濟衰竭的情勢下，短短四年便竊據整個中國大陸。

## 敵人狠毒的陰謀詭計

遠在對日抗戰發生前，毛澤東即在史達林的指示下，處心積慮，想盡辦法，策動張學良和楊虎城於民國二十五年十二月十二日，劫持最高領袖蔣委員長，造成舉世震驚的「西安事變」，要求政府抗日。希望中國政府拖住日軍，以免蘇聯兩面受敵，可以專心對付希特勒。日本帝國主義因見「西安事變」順利結束，中國的統一已為期不遠，乃迫不及待的挑起蘆溝橋事變。而當中央政府決心全力對日抗戰時，中共雖曾於九月廿二日發表〈共赴國難宣言〉，向

❻ 同❹，頁一七四。

中央政府及全國人民提出四項諾言，但當朱德率領第八路軍（後改為第十八集團軍）由陝北出發時，毛澤東向軍隊講話，卻說「中日戰爭，是中共發展的絕好機會，黨中央的決策，是七分發展實力，兩分應付國府，一分對付日軍。決策的實施，分三階段，第一階段，與國民黨妥協，以求本身生存與力量發展；第二階段，求與國民黨力量平衡，而與之抗衡；第三階段，深入華中，建立根據地，向國民黨反攻，奪取政權。」❼

民國二十七年十月，中共舉行第六屆六中全會，毛澤東在講話時，更明確指出：「蔣介石始終是敵人，中共現在就要準備打倒蔣介石，武裝奪取政權，要利用日本侵略，大張旗鼓地在敵後發展，必要時堅決打國民黨軍隊。」❽

> 中日全面戰爭，持續八年，奪去了兩千多萬中國人的生命，卻帶給毛征服中國的機會，蔣介石的政權被極大削弱，毛佔領了大片土地，建立起一支一百三十萬（毛說是一百二十萬）的大軍，抗戰開始時，國共軍隊的比例是六十比一，結束時是三比一。❾

尤其令人難以置信的，毛澤東竟曾對侵略我國家殘害我同胞的日本帝國主義，還滿心感激。我們看毛澤東一九六四年七月十日在接見日本社會黨的佐佐木更三、黑田壽男、細迫兼

❼同❸，頁四〇。
❽同❹，頁一八五。
❾同❹，頁一七四。

光等的一段談話紀錄，真為那些遭到日軍屠殺和在戰火中犧牲的軍民同胞，感到悲傷憤怒：

毛：歡迎朋友們，對日本朋友十分歡迎。我曾經跟日本朋友談過。他們說，很對不起，日本皇軍侵略了中國。我說：不！沒有你們皇軍侵略大半個中國，中國共產黨就奪取不了政權。所以，日本皇軍對我們是一個很好的教員。

佐佐木：今天聽到毛主席非常寬宏大量的講話。過去，日本軍國主義侵略中國，給你們帶來了很大的損害，我們大家感到非常抱歉。

毛：沒有什麼抱歉，日本軍國主義給中國帶來了很大的利益，使中國人民奪取了政權，沒有你們的皇軍，我們不可能奪取政權。這一點，我和你們有不同的意見，我們兩個人有矛盾。

（眾笑）

毛：不要講過去那一套了。過去那一套可以說是好事，幫了我們的忙。請看，中國人民奪取了政權。同時你們的壟斷資本、軍國主義也幫了我們的忙。在中國打仗的一部分將軍，他們現在變成我們的朋友了。

我們為什麼要感謝日本皇軍呢？就是日本皇軍來了，我們才又和國民黨合作。二萬五千軍隊，打了八年，我們發展到一百二十萬軍隊，有一億人口的根據地。你們說要不要感謝呀！[10]

毛澤東不顧人民的死活，不顧國家的存亡，利用日本帝國主義對我國的瘋狂侵略，來達到

[10] 《毛澤東思想萬歲》，頁五三三－五四〇。

他奪取政權的野心和目的。他的目的確實是達到了，但當年被蠱惑發動「西安事變」，曾被周恩來譽為「千古英雄」的張學良，卻深自懺悔。他說：「立志救國，反而誤國；想救民，反而害民」⑪，他並曾公開說：「我是一個罪人！」「在罪人中，我是一個罪魁！」一九九一年當中共正積極準備熱烈歡迎他返歸故里時，張學良卻帶著他那十六歲即投奔他的夫人趙一荻女士，離開居住了將近半個世紀的臺灣，前往美國夏威夷，而且兩人從此長眠於異國他鄉了！

## 民心士氣遭受重擊

中共長期以來，即有計畫的實施其所謂「統一聯合陣線」，對新聞界與學術界大肆滲透宣傳。因為毛澤東深知知識分子常自鳴清高，不滿現實。因此他即針對此種心理，於民國二十九年，發表所謂「新民主主義」，表示他是主張民主的，而且還是「新民主」。民國三十四年又發表所謂「論聯合政府」，特別強調他反對「一黨專政」，主張以農民階級、工人階級、小資產階級、民族資產階級組成「聯合政府」。於是當時一些所謂「民主人士」，所謂「社會賢達」，便不顧一切為中共搖旗吶喊，大肆宣傳。《大公報》、《新民報》、《觀察雜誌》等媒體，更跟著起鬨，一致攻擊國民黨，辱衊中央政府。甚至若干大專院校的教授，為了表示清高，為了表示自己是「進步人士」，亦在有意無意間肆意攻擊政府，辱侮政府官員。記得當年在武漢讀書時，有一位講授三民主義課程的教授，他在上課時根本不提三民主義，只講一些所謂

⑪ 蘇燈基編著，《張學良平生年表》，頁四五五，遠流出版公司。

「國際現勢」，實際上是在借「國際現勢」來批評攻擊政府。民國三十八年五月武漢淪陷後，那位教授便搖身一變，成了中共的新貴。

其次是知識青年被利用：知識青年的可愛，在其純潔熱忱，活力充沛，有理想，有抱負，但其缺點，則易被人欺騙利用。中共早就利用抗日的強烈民族意識，大量吸收知識青年，並以社會上一些偶發事件，加以渲染蠱惑。特別是在各大專院校，利用其訓練有素的地下黨和「職業學生」，不斷製造各種運動，例如在抗戰勝利不久的民國三十四年十二月一日，位於雲南昆明的西南聯大（由北方遷來的北大、清華、南開等三所名校所組成）、雲南大學、中法大學、英語專科學校等四校的中共職業學生，在左派教授聞一多、錢端升、費孝通、伍啟元、吳晗等的領導下，為配合中共的反政府運動，以「反內戰」為名，實行罷課示威遊行，並要求政府「組織聯合政府」。因而與反共學生及地方軍警發生衝突，造成「一二、一」事件，使全國為之震驚。後據被捕的兇手陳奇達、劉友浩供稱，那次事件完全係受中共指示，以三萬元買通，丟了兩枚手榴彈，以致造成血案。

三十五年十二月廿四日晚，即聖誕夜，北大先修班女學生沈崇，獨自跑到北平東單美軍營房附近的安平電影院去看「民族至上」的電影。電影散場後，她走到東單操場，為美軍陸戰隊伍長皮爾遜等二人所追逐。時近九點，夜黑天寒，行人稀少，東單車站有一個人，聽到東單操場有喊「救命」之聲，就到警察分局去報告。分局警員聞德俊據報後，急忙趕去，見兩個美軍拉著一個婦女強行非禮，就用電話通知中美憲警聯絡隊，派人到發生事情地點去查看。這時一個美軍已逃走，就把另一個美國兵和沈崇帶到警察局。第二天，「亞光通訊社」就把這個消息報導了出來。中共遂利用機會，造成事件，煽動學潮，展開大規模的反美運動，喊出「反對美國干涉中國內政」、「美軍撤出中國」、「美國立即改變對華政策」、「停止內戰」、「成立聯合政府」等口號。⓬

為了維護民族尊嚴與女性權利，兇手當然應該法辦，但當時即有人質疑：第一、何以一個單身女生要在夜晚到美軍營房附近去看電影？第二、夜深人靜，何以車站上又有一個人聽到叫聲而去報警？第三、何以獨有「亞光通訊社」知道這個消息，把它發表出來？稍加推敲，不難想見「沈崇」本身根本就是一個「布局」。而大陸陷共後，就未再見到沈崇的名字，未再聽到沈崇的消息，更可證明她是執行共黨的任務，在任務完成後，為了滅口而被犧牲。

民國三十六年五月，共黨又策動上海、南京、北平及武漢等地學生，掀起全國性的學潮，展開「反飢餓」、「反內戰」、「反迫害」所謂「三反」運動，攻擊軍警，毆打政府官員，使整個社會人心都為之震動，給中共製造了極好的機會。

第三是對農民的利用：我國以農立國，農民佔百分之八十以上，農民純樸誠懇，工作辛勤，整天面對的是土地山林，而且世代相傳，安土重遷。在同一地區，大家都互通婚姻，農忙時期，更是互相支援，早已成了親戚朋友。而且絕大多數都是自耕農，完全靠自己的勞力，耕種自己的田地，只有極少數的人田地較多，自己耕種不完，才將一部分田地租給田地較少的人，其間

⓬ 金達凱著，《共匪禍國史》，頁二一八，政治作戰學校編印。

很少有所謂「剝削」「壓迫」的情事。但中共自稱是「土地改革者」，倡言「無產階級專政」，他們要「打倒土豪劣紳」，要「土改分田」，一心要以血腥恐怖的手段，掀起他們所謂的「革命運動」，致使千千萬萬善良的農民慘遭殘刑，甚至人頭落地，家破人亡。並以武力強迫無辜的農民為他們賣命，將赤手空拳的農民，一群群的趕到兩軍對峙的第一線，要他們衝鋒陷陣，實施他們所稱道的「人海戰術」，而還一再宣稱「中國人不打中國人」。據老戰士們說：「看到那些手無寸鐵的老百姓，一波波的衝上來，心裡實在非常為難，打吧！他們沒有武器；不打吧！他們又衝上來了，而在他們的後面就是共軍」，這就是中共在前線慣用的戰法！

此外，在抗戰勝利後，我政府少數不肖官員，被勝利沖昏了頭腦，在接收敵偽財產時，竟貪贓枉法，強取豪奪，生活腐化，胡作妄為，形成所謂「五子登科」（女子、位子、房子、條子、票子），嚴重影響了政府的形象。

同時在抗戰勝利後，參謀總部為了精簡兵員，節省國庫開支，為復員建國而整編國軍，將被編餘的軍官，編入新成立的軍官總隊。根據國家建設需要，分別施以轉業訓練，使他們脫離了軍隊，心裡多少有些不滿。另在淪陷區的許多游擊隊和偽軍，則多被解散。他們多年來在敵後牽制日軍，保衛國土，貢獻很大。他們最大的希望就是抗戰勝利，能回到祖國懷抱，享受應有的待遇，但想不到抗戰剛一勝利，就被稱為「游雜部隊」，而遭到解散。其失望之情，自可想見，因此便傳出「此地不留爺，自有留爺處」、「此地不通，去找毛澤東」的流言。再加中共「地下黨」的刻意宣傳煽惑，他們很快便都投入中共的野戰軍，成了國軍在戰場上的死對頭。

## 社會經濟完全崩潰

尤其重要的是社會經濟破產：對日抗戰八年餘，打得民窮財盡，國庫空虛，民不聊生，政府實在沒有能力，再支持全面性的戡亂戰爭。尤其一九四六年八月，美國宣布斷絕對我中華民國的軍、經援助，更使國軍陷入極大的困境。

當抗日戰爭勝利時，約有五千多萬流離失所的人民急須重歸家園，但陸路交通幾已完全被破壞。數百萬畝的農田已荒蕪數年，根本沒有任何生產。沿海地區的工廠要能恢復生產，其所需設施與原料，亦需要大量的資金與資源。龐大的軍費開支，更形成對經濟的重大壓力，致使物價一再上漲，形成通貨膨脹。

到了民國三十七年一月，經濟情況更為惡化，軍費開支已佔政府全部開支的百分之六十四，政府除了繼續大量的印製國幣（法幣）外，決定增加對土地的徵稅，並實施強迫徵糧，致使窮苦的農民對政府產生極大的不滿，更給共黨擴大勢力的良好機會。

根據中央銀行資金調查委員會的統計，民國三十五年六月，一美元兌換國幣（俗稱法幣）的官價為二、〇二〇元（黑市為二、六六五元）；三十六年六月，一美元兌換國幣的官價上漲至一二、〇〇〇元（黑市上漲至三六、〇〇〇元）；三十七年六月，一美元兌換國幣上漲至一、二七三、〇〇〇元（黑市上漲至二、三一一、二五〇元）。兩個月後，也就是三十七年八月，一美元兌換國幣更漲至七、〇九四、六二五元（黑市漲至八、六八三、〇〇〇元）⑬，至此國幣可以說已將完全崩潰了。

同時政府的財政赤字，在民國三十六年已高達二七兆八〇〇億元；三十七年上半年更高達二二四兆餘元。由於通貨膨脹，立即帶來物價飛漲，如上海的米價，一九四八年一月，每市擔為一五〇萬元，八月即漲至六、五〇〇萬元，漲了四十三倍，其他的物價亦漲了五〇至一〇〇倍。⓮

政府眼看情勢十分危急，即於民國三十七年八月十九日明令公布實施幣制改革，規定新的國幣每元以純金零點二二一七公毫為本位，仍以紙幣代表，此種紙幣稱為「金圓券」，其兌換率為一元「金圓券」兌換國幣（法幣）三百萬元。「政府並由庫存的全部黃金、白銀及外幣中，撥出百分之四十作為金圓券的準備金，並有法律明文規定金圓券之發行額為二億元。所有物價皆凍結於八月十九日的水準，未經政府批准，不得隨意提高或降低。政府同時頒布法令，禁止民眾私藏金銀及外幣，一切私有之金銀外匯必須向國家銀行兌換金圓券。此外，政府還採取一系列的相應措施，諸如改善稅收制度，控制信用貸款，降低利率，以及以嚴厲措施鎮壓在幣制改革期內興風作浪之商人。」⓯

政府為期幣制改革成功，特在上海、天津、廣州三大重要地區，分別派駐高階官員擔任

---

⓭ 同❸，頁四三〇。
⓮ 李瞻著，《大時代的見證：萬里孤鴻》，頁一一二〇。
⓯ 同⓭。

「經濟督導員」，除全權執行上述的一系列控制及監督措施外，並具有行政及指揮警察的權力，上海的「經濟督導員」即為蔣經國先生。

幣制改革後的最初六個星期，上海市的商賈也許心存顧忌，不敢蠢動，一切均稱平穩。但在其他未設「經濟督導員」的地區，金圓券的幣值卻漸趨下滑，物價則再度開始飆漲。同時，前線戡亂軍事失利的消息不斷傳來，使後方人心為之動搖，而政府又必須動用更多的財力來支持軍事作戰，因之必須發行更多的金圓券來彌補軍事的開支。

到了十月中旬，上海市突然出現搶購狂潮，經濟督導員公署雖竭力設法阻止，但市民已寧可出高價搶購物資，所有商店櫥窗已被搶購一空，致使物資絕跡，商店紛紛關門，人民對金圓券已完全失去信心，甚至所有餐館食府亦皆拒絕食客上門。不僅上海如此，全國各地不論大小都市亦莫不如此。記得當年在武漢讀書時，我們在學校福利中心包伙，月初即付伙食費，可是有天早晨去吃早飯時，福利中心卻已關門大吉，負責人不知去向。

至三十七年十月底，通貨膨脹已無法遏止，政府在無可奈何的情形下，只得放棄限價政策，於是各地物價更如脫韁之馬，狂奔亂竄，致使國家經濟迅速趨於惡化。

民國三十八年一月廿七日，政府在徐蚌會戰失敗後，仍力圖遏止經濟崩潰，財政部宣布發行一種短期公債，以二百萬兩黃金為資金，發行兩百萬公債，即每分公債為一兩黃金，以兩年為期，按月抽籤發還本息。但此時共軍已大舉南犯，北平已危在旦夕，民眾對政府業已失去信心，短期公債幾已無人問津，國家經濟至此已澈底崩潰。

## 軍事作戰澈底失敗

最後也是最重要的是軍事作戰的澈底失敗：在對日抗戰勝利時，國軍擁有身經百戰，戰技精良的四百萬雄師，且有海軍、空軍與裝甲部隊，在對日抗戰時，曾創下沂口、廣德、臺兒莊、南潯、長沙、崑崙關、粵北、桂南、豫南、鄂中、鄂西等地戰果輝煌的大捷，每次殲滅日軍一萬餘人，最少的一次是沂口，也殲滅七千餘人。特別是在印、緬的遠征軍，更將日軍打得落花流水，潰不成軍。毛澤東在抗戰結束時，自稱「組織了一百萬正規軍」，但在數量上，仍只有國軍的四分之一，且無海、空軍與裝甲部隊，要不是馬歇爾特使一再強迫我政府停戰，任由中共進攻，嚴重斲喪國軍士氣，誰也無法相信國軍最後竟會被共軍打敗。

還有一件令人震驚的事，中共的「地下黨」竟然長期掌控著國軍部隊的指揮系統。這實在是不可思議的事，但卻是鐵一般的事實。當時國防部主管作戰的第三廳（現在的聯三）前、後任廳長（現在叫作戰次長）劉斐、郭汝瑰都是資深的共產黨員。劉斐是湖南湘潭人，與毛澤東是小同鄉。他長期將國軍兵力部署與作戰計畫，及時送給中共。民國三十八年四月，劉斐以副參謀總長兼第三廳廳長的身分，隨李宗仁代總統所派出的代表團前往北京後，對國軍的作戰指揮系統與計畫，乃由郭汝瑰掌控。同年十月一日，中共政權在北平宣布成立，次日北京的「人民日報」即以整版刊出劉斐自撰的「毛主席會見記」。他對自己做「共諜」的「精心設計與豐功偉績」，曾有詳細的描述。毛澤東則稱頌「劉斐同志對中華人民共和國的建立，做了最偉大的貢獻。」⑯

郭汝瑰四川銅梁人，黃埔軍校第五期畢業，曾入日本陸軍士官學校第二十四期及我國陸軍大學第十期學習，並曾被派赴英國考察，一九二九年即已加入中國共產黨。他在國軍發展極為順利，一九四六年十月，被任為國防部第五廳中將廳長，次年三月，調任主管作戰的第三廳廳長，旋調陸軍總司令部徐州司令部參謀長，協助總司令顧祝同上將，指揮國軍向山東發動攻擊失敗。一九四八年七月，再度調任國防部第三廳廳長，參與對東北遼瀋、平津、及徐蚌（中共稱淮海）三大戰役。由於他「向中共提供了一些重要軍事情報」，導致山東與上述三大戰役均澈底失敗。許多抗日名將不是戰死沙場（如邱清泉、楊幹才、陳辛、郭景雲、張靈甫、劉聲鶴、王夢庚等），就是被共軍俘虜或投降（如杜聿明、王耀武、黃維、廖耀湘、陳長捷、范漢傑等等）。一九四九年一月徐埠會戰結束後，郭汝瑰奉調第七十二軍軍長，駐防四川瀘州，並兼任川南敘瀘警備司令，其後又升任二十二兵團司令官，仍兼任七十二軍軍長，管轄瀘州、宜賓、樂山、資中等四個專區和自貢市，共轄四十三個縣市。一九四九年十二月十一日，郭汝瑰眼看時機成熟，乃在川南宜賓「起義」，為共軍進入四川大開方便之門，使中央政府原擬固守大西南的計畫完全落空，整個大陸河山便落入中共之手。

王昇當時蝸居臺中，每天面對險惡的局勢，不知該如何為國家效命。同時，他深感政治實在太無情，尤其一些國際政客，更是陰險詭詐，專擅弄權，作出許多傷天害理，損人而不

⑯ 熊向暉等著，《中共地下黨現形記》，頁一一七一，傳記文學雜誌社。

利己的事情。他自從軍以來，十餘年間，一直是盡心竭力，只求將工作做好，從未一星一點為自己打算。但一路走來，竟也覺得十分辛酸，想到在贛南時遭到黃中美的排斥，在江西支團部因派系傾軋而自請辭職，在上海經管時請見吳國楨而被拒，在工作上得不到任何支持。由於這些親身經歷，使他對政治或「官場」已視為畏途。他說：

無論在個性、家庭、學能，我都不適於參與政治。我出生於一個貧寒的家庭，沒有雄厚的經濟能力，沒有良好的社會關係，亦沒有順利的接受完善的高等教育。尤其我的個性耿直而欠圓通，退讓而厭爭奪。既乏大政治家的條件，又不願做無聊的政客。⑰

因此，當時王昇已十分厭惡政治，他覺得依自己的個性與興趣，最好是到學校謀一教職，正如當年在復興關未畢業前一樣，希望能留校教書，以期在教學相長中能有所進益。因為曾受哲學大師方東美教授與史學大師沈剛伯教授的教導啟迪，自己對哲學與史學已深感興趣，今後如能全神貫注於讀書、教書，並在一段時間之後開始寫作，現在是三十五歲，再以三十年作有計畫的專門研究，同時在工具上也希望能精通一、兩種外國語文，這樣對今後的研讀必將大有裨益，也將不辜負此生。

王昇一想到今後可將生命的重點放在讀書、教書、寫書上，生命似乎又有了新的希望。心情也就因而開朗起來，而且在尋求教職之前，他的讀書計畫便已開始了！

⑰《化公家書》，頁一，自印本。

# 第九章　將革命事業從頭做起

## 蔣中正總統復行視事

李宗仁代理總統後，即積極謀與中共「和談」，甚至不惜接受中共所提出的一些極為嚴苛的條件。和談於四月十三日在北京開始，但當和談正進行時，中共陳賡和陳毅的部隊卻已分別渡過長江，向華南進犯。這時李宗仁方知完全中了中共的詭計，甚至他所派出的「和談代表」邵力子、張治中、章士釗、劉斐、李蒸等人，竟在北京宣布「不再回（南）京」了。

李宗仁眼看和談不成，戰事又一再失利，情勢實十分危急，因此他想還是走為上策，乃於十一月廿日由南寧飛香港，並藉口「胃病復發」，即以「國家元首名義」，飛往美國就醫。他這一走，頓使戰亂中的中華民國成為無政府狀態，不僅舉國上下人心惶惶，即各友邦政府亦感訝異，而聯合國的代表地位亦將成為問題。於是國民黨中央常務委員會緊急開會，一致敦請蔣總裁立即復任總統職位。國大代表與立、監委員亦紛紛緊急連署，要求蔣總統復職，儘速主持國政。同時民社黨與青年黨等亦一致敦請蔣總統迅速復行視事。蔣總統在海內外同胞一致籲求與催促下，乃於民國三十九年三月一日，在臺北總統府內舉行復職典禮。蔣總統在復職宣言中說：

中正許身革命四十餘年，生死榮辱早已置諸度外，進退出處，一唯國民之公意是從。際此存亡危急之時期，已無推諉責任之可能。爰於三月一日復行視事，繼續行使總統職權。抗戰勝利結束至今不及五年，而國事演變至此，中正領導無方，彌用自責。唯有鞠躬盡瘁，補過去之缺失，策未來之成效，所望於我海內外愛國同胞精誠團結，三軍將士砥礪奮發，各級官吏竭誠奉公，為恢復中華民國之領土主權，拯救淪陷同胞之生命自由，維護世界之和平安全，同心一德，奮鬥到底。

蔣總統當時真是受命於危難之際，他深信唯有人民對政府恢復信心，才能群策群力，鞏固復興基地。因此他在陽明山革命實踐研究院鄭重宣示：「去此一步，即無死所」，以示他與臺灣共存亡的決心。同時並連續講述「軍人魂」、「革命魂」、「民族正氣」，用以召回革命軍魂，重整建軍精神。於是使惶惶不可終日的民心士氣為之大振，社會秩序亦得以迅速穩定。復成立「改造委員會」，將中國國民黨澈底進行改造，務必要及時喚醒黨魂，重整革命精神，團結全民，共同為反共復國而犧牲奮鬥。同時對國軍亦積極實施全面整建，蔣總統特別指示要實行精兵主義，提高官兵素質；擴大兵工生產，改進編制裝備；積極發展國防科學，以適應未來戰爭的需要。而最重要的則為成立國防部總政治部，恢復國軍政工制度，強化官兵組織，堅定官兵信仰。因為蔣中正總統檢討大陸戡亂戰爭失敗的根本原因，實由於國軍政工制度被廢棄，致使官兵不知「為誰而戰」、「為何而戰」，為了反敗為勝，最根本的辦法，就是要澈底重建並創新國軍政工制度。

## 實行政工改制

民國三十九年四月一日，國防部頒布改制令，將政工局改為總政治部，任命蔣經國中將為總政治部主任。蔣經國奉命後，即積極展開工作，並打電話給在臺中的王昇，要他速來臺北，擔任總政治部第五處的副處長，負責籌建青年反共救國團與婦女反共抗俄聯合會等工作。王昇鑒於匪患猖獗，國難當頭，正是獻身效命，力挽狂瀾的時候。尤其經國先生親自給他電話，明確交待任務，更感責無旁貸。因此對前此在賦閒時所憧憬嚮往的教書生涯，只得忍痛放棄。

蔣經國在主持政工改制時，他很明確的說：「我們的政工制度，是為統一部隊意志，鞏固部隊團結，強化部隊戰力，為爭取作戰勝利，復國成功而存在的一個制度。而這一制度與整個國軍是血肉相連的，是整體裡的一部分。」❶又說：「我們的政工，就是要創建一支有思想、有活力、有生命的三民主義國民革命軍。」❷基於此種信念與使命，他很慎重的建立起一套十分完善的政工制度。

在國防部總政治部（民國五十二年第十屆軍事會議一致通過，將各級政治部改稱「政治

❶《蔣經國先生復興崗講詞》第三輯，頁一六四。

❷同❶，第四輯，頁三三四。

作戰部」）的幕僚部門，設有政工（政治作戰）計畫委員會（主管政戰計畫、設計考核）、第一處（負責組織人事、幹部訓練）、第二處（負責政教、政訓、文宣）、第三處（負責監察、政戰督導）、第四處（負責保防、政情）、第五處（負責民事、康樂、福利、服務）、主計室（負責主計、預財）、及行政室（負責行政、文書）。後來隨著時代與任務的需要，又增設：新聞處（負責新聞、接待外賓）、心理作戰處（負責心戰、匪情）、戰地政務處（負責戰地政務）、及軍眷業務管理處（眷管、眷舍）等單位。至於政戰專業機構，則有政工幹部（政治作戰）學校、青年戰士報（青年日報）、軍事新聞通訊社、新中國出版社、中國電影製片廠、政治作戰總隊、心理作戰總隊、軍中播音總隊、反情報總隊、軍事新聞通信總隊、藝術工作總隊、介壽館保防指導組、國防部印製廠。其後又增加青邨幹訓班、女青年大隊、及「軍眷住宅公用合作社」、福利總隊等單位。

在各軍種總部、軍團部、陸訓部、金防部、澎防部、馬防部、憲兵司令部等司令部設政治（政治作戰）部，內設一至五處及眷管處與行政室。軍部、師部政治部內設四個科，各級政治部主任均為該單位政戰參謀長，至於旅（團）、營、連級的政戰主管，則為該單位的副部隊長，旅稱處長，營、連稱指導員（輔導長），如此從上到下，脈絡一貫，權責分明，指揮極為靈活。

蔣經國曾說：「從組織形態看，一個軍事單位的編制中，雖分為軍事幕僚組與政戰幕僚組，但以組織意義言，兩者同是軍事主官的左右手，彼此血脈相通，結成有機的戰鬥體。」❸

「各軍事主官要將政戰幹部，看作是自己遂行政戰的得力助手，並將政戰部門，看作是當前消滅敵人的主要武器，從而把政戰與軍事結合起來，才能產生最強大的力量。」❹故此政戰幕僚組織的建立，完全本於軍政一體的原則，在軍事主官統一指揮下，加強政戰工作的推行，提高政戰工作的效能，以達成建軍復國的目標。

## 開辦淡水政工幹部訓練班

有了好的理念與制度，必須要有忠誠勤奮精明幹練的幹部去努力實踐，才能發揮其預期的效能。蔣經國在工作的推行中感到幹部的重要，因此他於民國三十九年六月，即將王昇由第五處副處長調為第一處副處長，要他全力負責政工幹部的訓練。王昇奉命後，為了了解部隊需要什麼樣的政工幹部，政工幹部能為士兵和部隊做些什麼？而政工幹部在面對現實中的種種問題，如何才能展開工作？因此，他特別去訪問部隊，訪問士兵，從而他了解在政工改制後，原有政工局的人員在心理上並不很平衡，而新派職的政工幹部，在實務上如何著手工作也相當茫然，而時光又不允許他蹉跎。於是他於三十九年七月，在淡水沙崙開辦政工改制後的第一個政工幹部訓練班，調訓國軍營級以上的政工幹部，每期為時兩週。班主任由蔣經國兼任，王昇則擔任駐班副主任，負責一切實際的訓練工作。當時設備十分簡陋，連課桌椅

❸ 同❶，第四輯，頁一九二。
❹ 同❶，第四輯，頁二九八。

都沒有，每人只有一塊圖板和一張小板凳。前來受訓及參加教學工作的軍官，都要自帶公家發的主、副食來，連飯廳也沒有，只得在教室裡用餐，由於運動量大，常常吃不飽。雖然物質條件極為貧乏，但課程內容卻非常充實，尤其所請的授課老師如錢穆、陶希聖、任卓宣、谷正綱、薩孟武、趙蘭坪等等，都是望重士林的名家。他們從中國文化、國際形勢、共產主義批判、國民革命史等各方面，給予受訓學員許多啟示，使他們認清自己所負的使命，從而堅定革命的意志，並了解工作的實際作法。而蔣經國雖然工作繁忙，每週總有兩、三次懇切真摯的講話，而每期都有一次在深夜實施緊急集合，將學員們從睡夢中驚起，集合於驚濤拍岸的海邊，眺望大陸，緬懷大陸，期能雪恥復國，光復國土。

除淡水政工幹部訓練班外，並在臺北、新竹、臺中、左營、鳳山、臺東、澎湖、金門等地成立政工訓練班，調訓基層政工幹部，每期訓練亦為兩週，各地區因人數多寡不一，辦理二至十期不等，先後共調訓現職政工幹部九千餘人。對他們的思想觀念與工作方法均有極大裨益。

蔣經國為了落實工作，特在百忙中常到各地對政工幹部以及全體官兵講話，說明國軍政治工作的使命，在統一官兵意志，團結官兵精神，防止軍隊腐化惡化，以造成戰無不勝攻無不克的三民主義革命軍。因此他特別提倡新的領導、新的精神、和新的作風。他特別要求所有政工人員：

第一，要有傳教士的說理（講道）精神：不計榮辱，不計報酬，跑斷腿，說破嘴，耐煩忍苦，守死善道。不僅要能說服同事，說服部下，特別是要能說服群眾，說服敵人，來推行革命事業精神心理的建設。

第二，要有醫生護士的博愛精神：無微不至的體貼關懷，解決官兵的痛苦、困難、和需求，一切為大眾，一切為團體，熱誠服務，敬事而信，以求推進革命團隊的情感和武德的建設。

第三，要有無名英雄的犧牲精神：過則歸己，功則歸人，冒險在前，赴義恐後。以苟且為羞，以避事為恥，來推行革命志士典型風格的建設。❺

蔣經國並曾明確的指出：「政工不是謀生的職業，而是一種創造新生命的事業。唯有意志堅強，精神奮發，有理想、有抱負、有才能的人，才能配得上做政工。」❻因此他親自制訂政工人員的基本信條：

一、冒人家所不敢冒的險。

二、吃人家所不能吃的苦。

三、負人家所不肯負的責。

四、忍人家所不願忍的氣。

記得民國三十九年夏，筆者在鳳山陸軍軍官學校服務，蔣經國有一天來對政工幹部講話，

---

❺《國軍政戰史稿》，頁六四，國防部總政治作戰部編印。

❻蔣經國撰，《誰配得上做政工》。

講到四大信條時，他說有一位長者對他說：「要幹部冒險、吃苦、負責，這是很正確的，但要幹部忍氣，似乎不應該。」蔣經國當時很嚴正的說，我們今天不但要忍氣，而且要忍人家所不願忍的氣，否則我們便不能展開我們的工作，達成我們的任務。今天我們大家必須都能冒險、吃苦、負責，尤其是忍氣，我們才能使官兵同心，才能使軍民一家，才能結合成整體的力量，完成艱鉅的歷史使命。

## 嚴格實施「四大公開」

鑒於大陸失敗的慘痛教訓，蔣經國特建立並貫徹監察制度，並嚴格規定實行「四大公開」，即「人事公開、經理公開、意見公開、賞罰公開」，以防止部隊腐化惡化。當時發薪餉之前，國防部都派員點名，以防止「吃空缺」。據說最初還有部隊企圖互相派人應點，但一經查出，即嚴予懲處，以後便不再有人敢嘗試了。匪諜的潛伏活動，亦十分嚴重。蔣經國在任總政治部主任時，同時奉命負責總統府「資料室」的重任。三十九年九月二日，即以總政治部的名義公布「破獲蘇俄間諜案」❼。同年九月卅日，總政治部公布「破獲共匪中央政治局潛臺匪諜組織詳情」❽。十一月廿二日，總政治部又發布「破獲朱毛匪幫潛臺地下工作組織全案」❾。

❼ 高蔭祖主編，《中華民國大事記》，頁六〇八。
❽ 同❼，頁六〇九。
❾ 同❼，頁六一〇。

為了鼓勵匪諜自首，民國四十年九月十七日，總政治部特公布「共匪及附匪份子自首辦法」與「檢舉匪諜獎勵辦法」❿。當時有一句非常流行但卻令人聞之心驚的口語：「當心匪諜就在你身邊」！民國四十一年元月，筆者在政工幹部學校入伍教育期滿，正準備接受分科教育時，忽然有天夜裡，有六位同學被帶走了。其中有位張北海同學，河南人，沉默寡言，一臉忠厚，和筆者一同被選為伙食委員。幾位同學在一起談起時，筆者說：「如果張北海也是匪諜，那共匪太看不起我們學校了！」好友任藝華學長立刻提醒筆者：「你不可這樣講話！」筆者頓時感到失言了。不過當時在筆者看來，只有曾毅學長恐怕很有可能，因為他才華出眾，演講比賽第一。可是過了一段時間，卻只有他一人被放了出來，被派到軍官外語學校當教官。現在想想，當時要不是澈底肅清匪諜，同時又有金門古寧頭大捷與舟山登步島大捷，將來犯的共軍三萬餘人全部殲滅，無一生還，粉碎了共匪進犯臺灣的野心與企圖，否則今日的臺灣能不能像現在這樣成為反共復國自由幸福的堅強基地，還真有些令人置疑？

當時的臺灣，雖沒有直接遭到戰火的摧殘，但經濟卻十分蕭條，人民生活亦甚貧苦，走在鳳山街上，滿耳都是木屐聲，也很少看到比較華麗的衣著，一般少女只希望能夠嫁給「煮蹦的」（炊事兵）而不願嫁給營、連長，因為「煮蹦的」有飯吃，不至於餓肚子。國軍部隊輾轉來臺，軍容不整，生活維艱，我們從武漢各大專院校前來的兩百多位同學，絕大多數都是青年軍第一期復員的「預備幹部」，依照政府規定，再服役時即應是少尉，但在鳳山受訓時，

❿ 同❼，頁六一九。

卻將我們列為上等兵，月薪新臺幣十二元，連鞋子襪子都買不起。

## 積極倡導「克難運動」

由於物力維艱，生活困苦，蔣經國特適時倡導「克難運動」，要求大家團結一心，運用萬能的雙手，克服一切困難。於是全軍上下，在操作、衛哨或工作之餘，努力種菜、養豬、打草鞋、補衣服，並自己蓋房子、建床鋪、製桌凳、挖廁所、開道路、通水溝，一切都靠自己動手，也靠自己動腦，克服了生活、工作和戰備上的所有困難。每年並逐級選拔「克難英雄」，隆重舉行表揚大會，使國軍部隊從艱苦困頓中洋溢出蓬勃朝氣與活力，奠定了勝利成功的基礎。

建立主官（管）任期制度，亦是蔣經國與參謀總長周至柔上將的一項歷史性的功勳。他們規定任期兩年，連任一次一年，最多連任兩次，而且他們兩位以身作則，任滿四年，迅速離任，決不戀棧。於是各級部隊長乃至政工主管亦都謹遵命令，這才使國軍名副其實的真正成為國家的軍隊，不再有所謂「桂系」、「粵系」、「湘系」、「川系」、「東北軍」、「西北軍」等等私人部隊。

# 第十章　創建復興崗

## 建校計畫被扔到地上

王昇在淡水政工訓練班，全心全力關注訓練，照顧學員，希望在生活和學習上，能讓學員們獲得實質的教益和鼓勵。所以每期訓練的時間雖只有兩個星期，但學員們均熱心學習，力求進步，且深感自己責任重大，一定要將工作做好，使改制後的政工能讓人耳目一新，真能負起團結官兵，為國效命的艱鉅任務。

王昇並從工作中深深體會，國軍乃是國家生存發展最基本的力量與保障，如何使國軍在經過慘痛的失敗後，起死回生，日益堅強壯大，重整革命精神，達成確保臺灣反攻大陸的歷史使命，這實是政工幹部責無旁貸的使命。因此他覺得目前的訓練，雖然很有績效，大家都很滿意，但這只是救急而已。從長遠的目標來看，是絕對不夠的，必須要創立一所政工幹部學校，招收全國最優秀的青年，施以有計畫的長期教育，培養出思想忠貞、品德高尚、學識豐富、才能卓越、能奮鬥、肯犧牲的革命鬥士，使國軍真正能成為戰無不勝，攻無不克的三民主義革命軍。因此，當他構想成熟，便在淡水成功閣當面向蔣經國陳述，蔣經國仔細聽完他的報告後，頗有深獲我心之感，因此立即表示同意。只是究竟要成立一個什麼樣的學校，蔣經國卻有不同的意見，後來兩人經過多次討論，甚至爭辯，蔣經國最後還是堅持一點，就是教育的時間不能太長，最多不能超過一年半，不能像一般大學一樣，要放寒暑假，要頒發學位。他認為這個學校的教育要一氣呵成，而且必須到部隊「當兵實習」，要完全與士兵生活在一起，操作在一起，學習在一起，戰鬥在一起，深入了解士兵的心理與願望。王昇雖不完全贊同，但也只得誠懇接受。

創校的原則確定後，王昇即據以草擬計畫，按照公文既有的程序，先要在總政治部內「會」得各有關處、室的同意，才能簽報主任。再在參謀本部內「會」得各有關廳、處的同意，再簽報總長。經總長核可後，最後呈報總統核定，才算正式定案。當王昇持著公文去恭會部內第一位長官時，想不到就碰了一個大釘子。那位將軍長官只將草案看了一半，便以不屑的態度將它扔到地上，而且還趾高氣揚的教訓說：「現在多麼困難，那有力量辦這樣的學校！」

王昇自知不能與長官爭辯，只得忍氣吞聲，撿起草案，想想只有在總政治部的部務會報中，由第一處處長王永樹少將提出簡報，獲得蔣經國當場裁定，那位將軍才不能再有意見。蔣經國並在會報中指示，先成立「建校委員會」，而那位扔公文的將軍，後來亦被延請為建校委員。

建校草案在總政治部內部通過後，接著便要向主管全軍教育的第五廳簽請立案，可是公文送到第五廳後，久久沒有回應，王昇只得親自前往，誰知又碰了一個釘子。

第五廳的主辦人是一位劉姓副處長，他與王昇具有同鄉之誼，但當王昇以恭謹的態度趨前時，他竟不理不睬，只是埋首看他手中的文稿，任憑王昇在旁邊站立了二十多分鐘，一直等他看完公文，王昇才開口：「請問關於成立政工幹部學校一案，閣下是否可以同意？」

那位劉副處長慢慢取下老花眼鏡，仍坐在原位上，一副老氣橫秋的架勢說：「你根本不懂編制！」

王昇雖然心中有些不悅，因為同是上校，同是副處長，對方竟以這種態度對待，但他仍站在那裡，仍很禮貌的說：「就是因為我不懂編制，所以我一直恭立閣下身旁二十多分鐘，目的就是要向閣下請教！」

那位劉副處長這時似乎發覺他自己的態度和言詞有些不妥，而在編制上又找不出什麼毛病，於是他說：「好吧！你們要辦就辦好了，只是沒有教育經費！」

王昇懷疑的問：「一塊錢都沒有嗎？」

對方肯定的說：「一塊錢都沒有！」

這位劉副處長和前面提到的那位少將，給王昇所留下的印象實在太深了，所以後來王昇在私下談話或講演時，曾多次提起。

政工幹部學校的創建雖然極為艱辛，但民國四十年七月一日終於奉令核定成立。於是再具文向預算局申請預算，誰知第一年只列了八十多萬，總長周至柔上將認為實在太少了，經請示蔣總統，才改列為三百萬。但在一切設備都付闕如的情形下，仍然是極為艱困。且原先預定為政工幹部學校校址的淡水沙崙的成功閣，後來又被上級撥給美國西方公司即中央情報局使用了。因而政工幹部學校不得不另覓新址，重新規劃，幾經奔走，才找到在北投的前日本人所廢棄的跑馬場。

## 復興崗原是一片荒涼

北投跑馬場，當時雜草叢生，一片荒涼，沒有一棵樹，沒有一條較為平整的道路，沒有一條較為通暢的水溝，也沒有一塊像樣的草坪，汙水橫流，到處都有一股馬糞味。王昇帶著一批負責籌備的人員，從淡水前來開創，將原跑馬場看臺後面唯一的一幢破樓房，用作校本部的辦公室，將原來的票房作為禮堂，第一期開學典禮由蔣總統主持，就是在這間票房裡。雖然大家都站著，但因實在太小，有些人還得站在外面。票房左邊據說是日據時期用來虐待中國人的水牢，右邊有一間光線十分暗淡的小房間，則改為訓導處長的辦公室。王昇和副處長劉殿富上校兩人，都擠在這間辦公室內。而幾幢殘破的馬廄，在裡面鋪上兩層木板，就成了學生的寢室兼飯廳，地表上雖然加鋪了一層水泥，但浸入木板牆中的馬糞味，卻仍時時溢出，特別是每一根木柱上，那被馬啃過的斑剝痕跡都非常明顯。

負責籌備的人，除了在辦公室辦公、開會，解決許多問題外，還得整理髒亂的環境，希望在學生入校時能有路可走。

隨著時間的進展，學校各級負責人都已陸續發布，國防部總政治部副主任空軍上校一級胡偉克出任校長，總政治部設計委員會副主任委員沈祖懋先生出任教育長，教育處長為林復生上校，訓導處長為王昇上校，總務處長為朱學孔上校，辦公室主任為蘇友濂上校，保防室主任為劉益華上校。學生成立三個大隊，第一大隊長為劉振洛上校，第二大隊長為倪藩上校，第三大隊長為蔣世驥上校。處、室下設科，大隊下設中隊，另外有三個獨立中隊，以及圖書館（以後才建立）、醫務所、印刷所、勤務連等。所有各單位負責人均同心協力，為創校而努力，真是蓽路藍縷，艱苦備嚐。尤其是王昇從理念到實踐，都居於主導地位，除了用雙手和大家一起整理校園外，最主要的是要籌劃如何招生，如何安排課程，如何敦聘真才實學的老師，以及如何爭取有關單位協助學校建設。如大禮堂（中正堂）是由旅菲的僑胞所捐獻的；增加兩個大隊的學生宿舍，是由資源委員會所贊助的；游泳池是陽明山管理局贈送的；幾條柏油馬路是臺灣省公路局幫助興建的。這些共襄盛舉的大事，在當時各單位經濟狀況並不十分寬裕的情形下，能夠大力幫助，實在是非常不容易。那時大禮堂是由鋼架支撐，頂上蓋的是鐵皮。兩個大隊的學生宿舍，當時稱做「活動房屋」，屋頂亦是鐵皮，而且裡面空間很窄。一遇下雨，鐵皮發出的聲音很大，而出太陽時，卻又熱得要命，「活動房屋」沒過幾年，便撤除了。大禮堂則在民國六十六年，被颱風「薇拉」將整個屋頂捲走。後來雖然修復，但實在已成危屋，深恐會出問題，乃申請改建，經過多次呈請，幸承國防部各有關長官允准，才能有現代化的大禮堂出現。

## 第一期學生入學

政工幹部學校成立後的第一件大事，當然是招生。第一期設研究班、本科班、業科班等三個班級。在業科班下，又設新聞、美術、音樂、影劇、體育等五個組。研究班招考大專院校與軍官學校畢業的學生，本科班和業科班則招考高中高職畢業的學生。第一期分設臺北、臺中、臺南、臺東、金門、澎湖等六個考區，報名的共計五、一四三人。經過嚴格的考試，計研究班錄取二八七名、本科班四〇〇名、業科班四〇〇名，合計一、〇八七名。民國四十年十月廿三日起，第一期學生開始辦理報到。當時的跑馬場，已取名「覺村」，學生一進學校大門，即看到兩幅巨大的標語：

要做官的莫進來
想發財的請出去

同時從播音器裡傳出響亮甜美且極富感性的聲音：「政工幹部學校不是普通大學，也不是一般軍事學校，更不是升官發財的階梯，和一般知識的販賣部。它是陶冶革命青年的搖籃，是培育反共鬥士的學府。它的教育宗旨，不僅是順應時代的要求，更肩負著偉大的歷史使命，是要集合起民族的精英，在英明領袖的領導下，為反共救國大業，為中華民族五千年歷史文化的傳承，要犧牲個人的生命、自由與幸福，來消滅萬惡的朱毛奸匪，光復大陸，重建三民主義的新中國。」

在當時那種危疑震撼的情勢下，學生們聽到這種聲音，實在是既興奮又感動，而且能與許多志同道合的青年朋友，大家一起來為反共復國效命，更是一大幸事。

政工幹部學校和三軍官校一樣，學生入學後的第一件事便是入伍訓練，而在入伍訓練的第一天，也就是十一月一日清晨，蔣經國即蒞校對學生講話，他的第一句話便說：

黃花崗七十二烈士的血，不是白流的。他們犧牲了自己的生命，造成了辛亥革命的成功，他們的精神感動了無數的革命志士，掀起了全國的革命風潮。七十二烈士的年齡都很輕，都是青年。他們認清了革命的任務，反對滿清的專制統治，而從事於推翻滿清為建立一個真正民主自由的國家而奮鬥。❶

當時大家心裡都十分明白，他就是教我們要學習黃花崗七十二烈士犧牲奮鬥的精神，準備為反共抗俄而流血拼命。

同時他在第一次講話時，就把學校的任務、革命幹部必須具備的基本條件與具體要求，也都說得清清楚楚。他說：

現在我們最要緊的就是志氣，要立定志氣來革命。一個有志報國的革命幹部必須具有下列兩

❶ 〈本校的革命任務〉，《復興崗講詞》第一輯，頁一。

個基本條件：

一、純潔的思想：革命最要緊的就是乾淨。首先思想要乾淨，人格要乾淨。過去的錯誤，現在必須痛加反省，重新洗刷乾淨。為什麼黃花崗先烈他們不留戀自己的家庭和妻兒？這就是思想的乾淨。今天大家都是青年男女，我們要澈底反省我們的思想、人格、以及歷史是否乾淨。社會上也有些人思想是乾淨的，如像虔誠的宗教徒，他們的思想就很乾淨。因為思想乾淨，才可以在艱難的情境中完成任務。但我們和宗教徒不同，宗教徒是求對得起自己，對得起上帝。而革命者是要以純潔的思想加上積極的行動，對歷史、對民族、對國家、對全世界、全人類求得無愧。

二、不怕艱難危險：任何一件事在開始的時候，做起來還比較容易，所以發動革命是容易的，但要完成革命就比較困難。所以說：「守成比創業難，中興比守成更難」，就是這個道理。因為中興是要從失敗中再求復興，我們今天革命的目標，就是復興中華民國。當年黃埔軍校是打天下，廬山、峨嵋訓練團是守天下，現在則是需要我們負起復興國家的中興大業了。這是一個非常的事業，也是極端艱鉅的事業，我們必須具有堅強的毅力和決心，拿出開天闢地的氣魄和勇氣，不怕艱難，不怕危險，去打倒蘇俄，消滅朱毛匪幫，用非常的革命精神，來創造我們非常的革命事業。

我們知道謙讓、虛心、穩重、深刻，是我們做人做事的基本條件，更是我們政工人員應具的基本風度。所以政工幹部學校應該樹立起一個幹部的特質，它的具體要求應該是：

一、絕對性的信仰主義。
二、無條件的服從領袖。
三、不保留的自我犧牲。
四、極嚴格的執行命令。
唯有做到這四點，才是革命的新幹部，也唯有這種新幹部，才能在這天翻地覆的時代裡，完成驚天動地的偉大事業。❷

## 推行「誠實運動」

為了救亡圖存，他在十二月三日主持全校週會時，很明確的提出要推行「誠實運動」，他說：

這個誠實運動為本校成敗的關鍵，只許成功，不許失敗。這個運動要從哪裡做起呢？為了培養同學們的榮譽感，今後本校對將要受到處分的同學，可以設立一個違紀報到處，要做到：違犯紀律，自動報到；心中有事，和盤托出。違犯紀律的可向訓導處報到，內心的痛苦隱衷也可以向訓導員說出。訓導人員必須負責解決，務必使每一個人的內心全部乾淨，人格全部完滿。把這個自發自動的風氣養成了，才算是一個理想的學校。幾千年來說謊不誠的惡習，

❷ 同❶，頁三—五。

要從我們自己改革做起。❸

「誠實運動」可以說是一種「心靈改造」運動，正如天主教徒的「告解」，基督徒的禱告與見證一樣，必須坦白真誠，發自內心深處，不為外物所惑所動，一切事物都要靠自己內心深處的真誠。所謂「精誠所至，金石為開」，只有真心誠意，才能成就一切事功。

訓導處長王昇為了貫徹蔣經國的指示，特於民國四十一年元月三日的師生大會中，提經全校師生熱烈討論，決議響應蔣經國的號召，以誠實為本校校風，共同一致遵行。

訓導處並根據師生大會的決議，訂頒「誠實校風實施辦法」，要求「人人誠實、事事誠實、時時誠實、處處誠實」，做到「不說謊、不欺騙、不舞弊、不變節」。以往不論做了什麼不誠不實或違犯紀律的事情，只要誠實的向各隊訓導員「和盤托出」、「自動報到」，都可以免除或減輕處分，並絕對代為保密。各中隊並設立誠實信箱，誠實商店，希望以各種方式培養誠實風氣。尤其對於各種考試，更要求從心理上摒除作弊的心理，不得有任何違犯誠實校風的事情，如有舞弊的情事發生，一經查出，即予以開除，決不寬容。

在我們入伍教育期間，蔣經國每週都來給我們上課或訓話，分科教育開始後，亦常來主持週會，他有時講一小時，有時兩小時，唯不論時間長短，都是有備而來。每次講話都有主題，有重點，將國家的處境、人民的痛苦、革命的形勢、青年的責任，以滿腔的熱忱，作條

❸〈誠實與榮譽〉，同❶，頁四六。

理的分析，他那略帶沙啞的聲音，就像一座時代的警鐘，不疾不徐鏗鏘有力的敲在我們的心上。我們坐著小板凳，腿上放著圖板，聚精會神的一面聽講，一面作筆記，希望能將他所講的每一句話都記下來。

他每次講話，都能很精準的把握時間，下課號音一響，他的講演正好結束，乾淨俐落，決不拖泥帶水，就像經過多次彩排一樣，讓人覺得意猶未盡，期待他下一次再來。

## 「訓導報告」感動人心

筆者第一次聽訓導處長王昇講話，也是在入伍教育的第一天。他作「訓導報告」的時候，從建校的理念、建校的計畫、校址的選定、課程的設計、人員的調配、教授的聘請、教學的設備、訓導的目標與重點，特別是講到立案的挫折與經費的困難情形，大家都深受感動。最後他說：

> 學校是大家的，大家要愛護學校，學校絕對一切為學生，希望大家要全心全力為國家，每一個人都要「抱青天白日的心胸，立萬載千秋的大志」，負起反共抗俄的歷史使命。

王處長的講話，雖然只有一〇〇分鐘，但他每一句話，都深深打動我們的心。因為他每一句話，都發自內心深處，帶著期勉與濃濃的感情。

入伍教育當然主要是在操場，由個別基本教練到伍、班、排、連教練，每天六個小時。

早、晚和下午第三、四節課，則是勞動服務。大家都捲起袖子，拿著圓鍬、十字鎬，努力「克難建校」，修道路，平操場，除雜草，搬磚頭。其中最大的工程是築圍牆，挖水溝。因此有同學戲稱是「挖運河」、「築萬里長城」，甚至有同學開玩笑說：「咦！為什麼未看到孟姜女來哭『萬里長城』呀？」

入伍教育分兩個階段，第一階段兩個月，在學校實施；第二階段兩個月，則是到部隊「當兵實習」。在第一階段結束時，學校特於四十一年一月三日舉行師生大會，會期三天，師生一千餘人共聚一堂，集思廣益，以求統一教學觀念，促進教育成功。蔣經國在主持開幕典禮時說：

本校成立於此時此地，每一師生，均須以繼承黃埔精神與復國建國自勉。本校的教育宗旨，在掃除奴化、洋化、赤化教育的毒素，重建二十世紀的中國文化……本校不是知識販賣部，而是民族文化傳習所。

大會最後對四大中心議題，作成以下結論：

一、以「絕對性信仰主義，無條件服從領袖，不保留自我犧牲，極嚴格執行命令」為本校特性。

二、以「誠實運動」為本校校風。

三、以「到最基層去做最實際的工作，到最多的群眾中去謀取最多人的幸福，到最危險的地方去克服最大的困難」為奮鬥的路線。

四、以「樹立共同的信心，建立真摯的情感，發揚無我無私的精神，激發愛國救國的苦心」，作為完成本校使命的保證。❹

同時一致決議將學校的校址跑馬場改名為「復興崗」，並行文臺灣省政府備案，從此復興崗的名字享譽中外。

## 總統蒞校主持開學典禮

民國四十一年一月六日，總統蔣中正親蒞復興崗，主持第一期學生的開學典禮。在致訓詞時，他非常懇切的說：

> 我們革命軍自從民國十三年成立以來，政工在軍隊裡面，一直是一個基本單位和基本力量。所以政治工作在軍隊裡如果做得好，有效力，則士氣必趨旺盛，必打勝仗。否則，這個軍隊就會慢慢變質，甚至消滅，革命就要隨之遭到失敗。因此，政治工作不只是一個軍隊的靈魂，也可以說是軍隊的基礎，沒有政工的軍隊，好似一個沒有靈魂的人，只剩軀殼，那就無異行屍走肉，毫無作用。一個軍隊的政工，如果不努力去求其進步和健全，那不特不能打勝仗，而且一定要由腐敗而被消滅。……
>
> 政工人員不僅是軍隊的教師，士兵的媬姆，並且是軍民的橋樑，黨政軍的核心，如此重要的

❹《政治作戰學校校史》第一冊，頁三六—三九。

地位，決不是普通學者所能擔任和做成的。

你們大家都是二十多歲的青年學生，須知你們今後要負起國家已往五千年和未來世世代代榮辱的歷史使命，這個責任是如何的偉大，如何的重要。現在剛剛落在你們肩頭上，須知這亦是你們前無古人，後無來者，一個千載難得的創業立功的良機。大家千萬要珍重這個時間，不要錯過這一個良機。須知這個良機，就是存在於今日反共抗俄的大革命大時代軍隊政治工作之中。希望大家切實負起這種責任來努力奮鬥，完成你們偉大的使命。❺

總統在典禮完成後，即與前來參加典禮的高級將領及全校師生在大操場合影，然後巡視全校，對學校教育、訓導、行政、管理等各方面，均有周詳的指示，學校即以這一深具意義的一天，即每年的一月六日為校慶日。

## 到部隊當兵實習

當兵實習是軍事教育的一項創舉，它是總政治部主任蔣經國先生親自提出來的。經國先生說：

為要解決戰士的痛苦問題，必先知道戰士的痛癢之所在。亦只有與戰士共同生活，才能真正了解戰士們真正的需要。政工人員的生活與戰士脫節，這是政工不能發生效力的主要原因。政工

❺ 同❹，頁四〇—四二。

人員不是做慈善事業，而是培養革命力量，亦只有將自己的血汗與軍中官兵的血汗流在一起，才能完成此一任務。因為自己的痛癢，只有自己知道。所以我要你們到部隊實習兩個月，完全無條件的過士兵的生活。唯有如此，才能真正了解士兵的痛苦，才能下決心為戰士服務。❻

訓導處長王昇深怕我們到部隊以後，不能與士兵打成一片，帶給部隊麻煩與困擾。同時亦擔心同學們不能承受勞苦，作出違犯紀律的事，讓官兵看不起，影響學校的聲譽。因為我們這些學生當中，有些是當過營長、副團長的校級軍官，有些是在政府機關、學校與私人企業，擔任過重要職務的官員、教師、與企業人才。現在要到基層的連隊去與士兵一起生活操作，是否真能適應，實在值得顧慮。因此王昇特別親自擬定一份「當兵須知」，發給每一位同學，並為我們講解。他要大家在心理上先要有所準備，一到部隊，即要成為真正的一名士兵，不要有絲毫特殊的表現。在行軍時應特別注重軍紀，不得擅離部隊或爭先恐後；編組以後，在會議中發言要有分寸，多建議，少批評；對於勤務的派遣要樂於接受，認真執行，盡最大的努力，為群眾服務；發現部隊缺點，應深入了解其發生的原因，求得最佳的答案。實習期滿後，對部隊長官的教導與士兵弟兄的協助，應衷心表示感激；營內如有餽贈，應婉言謝絕；若有請求，則應慨然答允。如舉行集會歡送，則應派代表致詞答謝。王昇完全以一種「嫁女

❻〈向「今日聖人」學習〉，同❶，頁六八。

兒」的心情，在我們踏出校門之前，苦口婆心，一再叮嚀。

我們前往當兵實習的部隊，是當時頗負盛名的陸軍第六軍與第五十二軍。元月十日清晨，我們離開學校前往實習部隊報到。我們研究班的同學先到負責臺灣北部海岸防衛作戰的第六軍三三九師一〇一五團，團部設在淡水忠烈祠，團長為于豪章上校（後任陸軍總司令，因直升機墜毀而受重傷，實為國家之不幸）。他身材魁梧，氣宇軒昂，態度誠懇，親切自然，同隊的陳典熹學長在入伍前是該團的副團長。他說于團長本是少將，原為蔣總統的侍衛官，曾隨蔣總統回溪口，學識豐富，才能卓越，行事為人極得蔣總統和夫人的賞識，為了歷練部隊主官，才讓他出來當團長。他對我們講話後，即由各營連將我們分別帶到駐地。

筆者這一班分配第一營的機一連，駐在海邊的港子坪，我們揹著背包，步行到駐地，受到戰士們的熱烈歡迎。午餐後即與戰士混合編隊，每班至少都有一位同學，吃飯、睡覺、操作、出任務，完全和士兵在一起，大家相處極為融洽愉快。操作之餘，和戰士們聊天，彼此也都能推心置腹，無話不談。當時連上有好幾位「新生兵」，他們是在「古寧頭戰役」中被俘的中共士兵，亦樂於和我們交談，我們從而知道一些中共基層連隊的實際情況。

陳典熹學長兩個月前是這個團的副團長，現在回到團裡來當兵實習，營連排長原來都是他的部屬，對他敬愛有加。因此連長要讓出自己的寢室給他住，班長要替他出任務站衛兵，他都一概拒絕，就是規規矩矩要做一個兵。於是吃喝拉撒和睡覺，都和士兵在一起，更贏得官兵的尊敬。

陰曆除夕的夜晚，大家正在酣睡，忽然哨聲響起，值星官宣布立即起床著裝，各就戰鬥位置。原來接到上級指示，近海有情況，需要嚴加戒備。我們在黑夜中，扛著重機槍和子彈，沿著海岸，走過沙灘，迅速進入碉堡，聚精會神，盯住漆黑的海面。直到天亮以後狀況解除，才回到連上吃早飯，並互道恭喜，過了一個難忘的除夕之夜。

訓導處長王昇對我們學生到部隊當兵實習，始終不放心，他特別利用農曆新年時，坐著師長馬滌心將軍的吉普車（那時訓導處長沒有專車），和馬師長一起，前往各地探望。那時一千多名學生，分派兩個軍，有的在海濱，有的在高山，他都希望能看到，並和學生與連排長們談談，藉以了解我們在部隊生活與學習的實況。

一個月期滿後，在戰士們依依不捨的情形下，我們奉命轉到駐於中壢的三六三師一〇八八團，該團正實施基地訓練。我們加入編隊以後，每天都在操場上操作，和在學校接受入伍教育一樣，倒是駕輕就熟。

兩個月的當兵實習，留下極為深刻的印象。戰士們刻苦耐勞，流血流汗，對反共戰爭充滿信心。只是感覺到不受社會重視，得不到應有的尊嚴，心理上難免有些不平衡，尤其生活設施極為簡陋。那時的營舍，多是官兵自己用茅草搭建的「克難營房」，遇到下雨時，外面下大雨，室內下小雨。夜間睡覺，雖在棉被上搭蓋雨衣，仍會被雨水淋濕。沒有飯廳，晴天在室外蹲著吃，雨天則在寢室，洗臉、刷牙、洗澡，都在小溪邊解決。冬天寒風吹襲，亦只能用冷水洗澡，棉軍裝每人只有一套，打濕了只有靠太陽曬乾。廁所則是戰士們自己挖掘的大糞坑，周圍用稻草圍起來，不論官兵，大家都在裡面「方便」，真是袒裎相見，毫無隱私。由於衛生條件太差，身上都生跳蚤，床上並有臭蟲，夜晚根本無法睡眠。我們兩個月都靠撒 BHC 藥粉才能勉強入睡，現在說出來，可能令人難以置信。

三月十一日實習期滿返校，十二日學校即舉行檢討會，這時我們才發現校長已經換人了。原任校長胡偉克上校已調回總政治部仍任副主任，新任校長為王永樹少將，原為總政治部第一處處長。他來後更加重視勞動服務，希望在全校師生的努力下，使復興崗很快能煥然一新。

檢討會經過各隊的報告與熱烈討論，作成結論，並推出兩位代表，向蔣經國先生提出報告。他聽完後說：「剛才聽到兩位同學關於部隊實習的經驗報告，把部隊的優點與缺點說得很多，尤其注意到基層組織，我感覺很高興。因為這種學問，不是平常所能學得到的。」

接著他又說：「我常說士兵是今日社會上最光明最坦白的聖人，最近想寫一篇叫『今日聖人』的文章，雖已著手，但尚未寫完，希望各位多多供給我資料，共同來完成這篇時代的文章——今日的聖人。其作用是在寫明他們的光明、熱情、坦白、與誠摯。為什麼說士兵是光明坦白的呢？因為在他們的心裡，只有坦白光明，他們不曉得『耍花頭』，他們多半是農民出身，知識水準並不高，同士兵們相處，沒有什麼顧慮，有什麼就說什麼。其故安在？因為他們一塵不染，充分代表著我們民族文化的真正精神之所在。」❼

王昇在蔣經國先生要我們提出寫作「今日聖人」的材料後，即規定我們每人寫一篇〈今

❼ 同❹，第二冊，頁二二五〇。

日的聖人〉，並經逐級評審，最後由訓導處選出五篇，送呈蔣經國核閱。蔣經國逐篇看完後，批示將筆者寫的那一篇，送交當時臺灣發行量最大的《中央日報》發表，並親自召見，垂詢筆者生活與讀書情形，給予很多鼓勵。這是筆者第一次獲得蔣經國先生單獨召見，迄今記憶猶新。

## 分科教育師資優良

四十一年三月十一日起，我們第一期學生開始分科教育。每天上課七小時，第八節課和早、晚都是勞動服務時間。不論天寒、天暖，甚至風雨，都照常進行，因此第一期學生贏得「不怕苦」的讚譽。第二期同學入伍教育時，前往金門當兵實習，隨部隊參加東山戰役，有七位同學戰死沙場，被稱譽為「不怕死」。第三期同學因在入伍教育時，奉命到「反共義士村」輔導自韓戰中歷經苦難歸來的反共義士，備極辛苦，政府在他們完成任務時特發給慰勞金，他們全部捐獻給學校，建造「我們的家」，被譽為「不要錢」。

分科教育時，由於各課程所請老師，都是望重士林的名家，聽他們講課，真是一大享受，所以大家都奮勉努力，極為珍惜。在訓導方面，亦是多采多姿，設計極為周詳，計分思想教育、精神教育、生活教育、與組織教育等四大類。思想教育（智）計有研讀領袖訓詞、專題研究（小組討論）、政工應用文寫作、時事講座、時事座談會、制機作業、應變作業、智力測驗、演講比賽、辯論比賽、工作經驗報告、標語寫作等。精神教育（德）計有週會、專書選讀、專題講座、精神講話、訓導講話、校況介紹、歷史人物評介、仁愛、忠勇故事講述、自我長期奮鬥計畫、受訓心得寫作、自我決心諾言、性向測驗、師生大會、始業訓練、實踐誠實校風簽約大會、研讀〈復興崗講詞〉等。生活教育（體、美）計有生活教育講話、生活規範講話、生活示範、生活幻燈影片、交誼會、自傳寫作、軍歌比賽、戰鬥文藝寫作比賽、漫畫比賽、笑話比賽、簽訂生活公約、自我介紹、休閒活動、日記比賽、壁報比賽、晚會、爬山（越野）比賽、訪問觀摩旅行等。組織教育（群）計有榮譽團結會、榮譽大會、肝膽相照會、社團活動（分學術性與文康性兩種）、學用座談會、工作講習、認人比賽、工作經驗寫作、政戰實習、自治制度、輔導制度、懇親會、訓導調查、授業訓練、以及各種節令活動等。訓導處並編印了許多「輔導進修」叢書，針對學生的個性，分別發給學生閱讀，希望藉著那些感人的好故事好文章，來啟發學生起而效尤。

這些訓導項目，看起來似乎繁瑣枯燥，但在實行時，由於計畫周詳，領導有方，使每一項活動都顯得非常有意義有朝氣。尤其王昇對每一項活動，幾乎都親自參與，例如爬山比賽，從學校大操場跑到小坪頂，他也參加，並在小坪頂山上對大家講話，給人印象深刻。他雖然工作繁忙，但好多時候還未吹起床號，他已來到學生寢室巡視，熄燈號以後，他又來到學生寢室，看看是不是有人未蓋好被子。而在開學未久，他即召集各隊的伙食委員開會，了解大家的生活情形，在飲食方面有沒有什麼問題。政工幹部學校如果說和其他大專院校乃至軍官學校有何不同，我想恐怕就是因為它特別重視訓導工作，以及對學生的啟發與愛護，這可以說是一大特點。

## 成為一所完整大學

民國四十二年元月一日，王昇奉命升任教育長，次年元月一日晉升少將。民國四十四年十二月一日，榮升政工幹部學校第三任校長，時年四十歲。

王昇這些年來，竭盡心力，不辭辛勞，一心要使復興崗成為一所完整的大學。因為他深感要學生為革命而犧牲奮鬥，這是學校成立的目的與使命。但革命需要知識和學問，而且從長遠來看，唯有真知灼見才能支持革命。隨著時代的進步，知識日新月異，三軍官校都已成為四年制的大學，唯獨政工幹部學校只肄業一年半，看起來只是一個訓練班，在立足點上就矮人一截。爾後在工作上難免受人輕視，如何能做「軍隊的教師，士兵的娘姆」（蔣總統在第一期學生開學典禮時的訓詞）。因此他想盡方法，先說服蔣經國，獲得他的允准後，再協調國防部和教育部的各主管部門，自第六期起改為專科，自第八期起再改為大學。七期以前畢業的學生，並可返校補讀學分，獲得學士學位。這對無論在軍中或在教育界乃至各行各業服務的畢業學生，都是一大鼓勵，一大幫助。

當改制大學部時，王昇為求教育成功，曾對各學系提出充滿詩意的宗旨與構想，實際上即是他對各學系的殷切期望。當時只有政治、新聞、影劇、藝術、音樂、體育等六個學系，後來又增加了五個學系，他都一一將他對各學系的構想與期望親筆寫出來，並剴切加以講解，語重心長，令人感動。後來各學系都將這些構想當作他們的系訓：

政治學系：背起人本政治的十字架，邁向倫理民主科學政治的天堂。

新聞學系：秉《春秋》之筆，明善惡之辨。

音樂學系：唱出人性聖潔的心聲，激起自由正義的共鳴。

藝術學系：蘸起眼淚和血汗，繪畫出完美大同的世界。

體育學系：鍛鍊鋼鐵般的臂膀，拯救水深火熱中的人群。

影劇學系：將仁愛做成舞臺的麵包，去餵飽人類飢餓的靈魂。

法律學系：拿起正義公理的利劍，斬除危害民主法治的妖魔。

社會工作學系：把困難一肩承擔，將愛心奉獻大眾。

心理學系：明心理之動靜，握制勝之先機。

外文學系：融中西文化之力，竟三民主義之功。

中文學系：拿起中華文化的寶劍，收拾共產邪說的妖魔。

民國五十七年又奉准成立政治研究所，下轄三民主義研究組、國際共黨研究組及政治作戰研究組。其後又增設大陸問題研究組，並增設外國語文研究所，分別授予碩士、博士學位。

此外在基礎教育方面，尚有專科部、專修學生班、預備軍官訓練班、以及三軍官校與政戰學校應屆畢業學生的反共復國革命教育等。

## 「六大戰」與「四大技能」

至於對現職政工幹部的訓練，則設有初級班、正規班（高級班）、及政治作戰研究班。政治作戰研究班為深造教育，比照三軍大學的指參學資，國軍政工幹部必須讀完政治作戰研究班，才有資格晉升少將。該班第一期學員四十人（以後增為六十人）於民國四十六年四月十五日舉行開學典禮，總統蔣中正親臨主持，除一般課程外，主要在聘請專家講授思想、組織、情報、謀略、心理、群眾等六大戰，期末並舉行演習。

由於政治作戰研究班辦理非常成功，總統蔣中正深感滿意。同時認為政治作戰在今後防衛作戰及反攻作戰中均非常重要，乃指示各級軍事首長都要接受政治作戰的訓練。學校遵照指示，同時考慮到各級部隊長責任重大，不能離開部隊太久，因此決定辦理政治作戰講習班，以四個星期為一期，經簽奉核准後，第一期即於民國五十二年二月四日開學，三月二日結業。總統蔣中正都親臨主持，並參與餐會，政府各高級首長亦均應邀參與盛會。該班共辦了六期，至七月廿七日結束。另奉准成立政治作戰召訓班及政治作戰函授班，極力幫助政工人員進修，追求新的知識與技能。

校長王昇將軍當時對深造教育與分科教育各班次的學員，都極力倡導政治作戰，即「思想、組織、謀略、情報、心理、群眾」等「六大戰」。對基礎教育學生班次則要求「四大技能」，即「能想、能講、能寫、能查」。因為要能想，必須要懂得思想方法。因此特建立理則學教室，另外還建立演講教室與調查教室等，希望能引起學生的學習興趣，增加教學的功能。

政工幹部學校真是班隊繁多，除前述各班隊外，尚有屬於專長教育的國防語文訓練中心、心戰班、反情報班、監察班、政治教官講習班、政治教官訓練班、軍樂班、政戰士官班等。在專業教育方面，計有游擊幹部訓練班、儲訓幹部訓練班、政工業務訓練班、戰地政務班、戰地政務講習班、戰地政務研究班、遠朋班等。另外還有代訓教育如輔導幹部講習班、出國人員講習班、女青年工作訓練班、國防醫學院女生入伍訓練班、軍訓教官班、女軍訓教官訓練班、安全幹部訓練班、電務士官班、教導大隊以及其他短期班隊。由於班隊眾多，訓練時間長短不一，幾乎每星期都有開訓和結業的。因此不僅校長任務繁重，全校教職員和隊職幹部以及士官兵等，亦都忙得十分辛勞。

民國四十九年五月十六日，王昇奉調國防部總政治部副主任，當時他因正應越南政府的邀請，在越南各地訪問，直至八月七日返國，第二天即離開他整整十年費盡心血所開創的復興崗，全校師生列隊歡送，大家都依依不捨，熱淚盈眶。

# 第十一章　石牌訓練班

## 情報局與調查局的淵源

石牌訓練班，是為訓練高級情報人員而設立的，其正式的名稱為「國防部人事訓練班」，目的在使情報人事的整合與重建。由於班址設在士林與北投之間的石牌，所以稱為石牌訓練班。該班每期訓練四週，一共辦了八期。

《孫子兵法・用間篇第十三》說：

故明君賢將，所以動而勝人，成功出於眾者，先知也。先知者，不可取於鬼神，不可象於事，不可驗於度，必取於人，知敵之情者也。……故三軍之親，莫親於間，賞莫厚於間，事莫密於間。非聖賢不能用間，非仁不能使間，非微妙不能得間之實。微哉！微哉！無所不用間也。

孫武子在二千五百多年前，即如此重視「用間」（情報戰），現在世界各國無論民主或極權，無不重視情報戰。我國政府在民國十六年「清黨」之後，亦深感情報工作極為重要，蔣中正總司令乃在他兼任部長的國民黨中央黨部組織部內，設立調查科，指定陳立夫先生擔任科長，當時主要的任務在對共產黨的活動予以制裁。

調查科設調查與統計兩組，工作進行甚為順利，破獲了許多共產黨的祕密機關，青年共產黨員來歸的有一萬六千多人。

一年半後，陳立夫調升中央黨部的祕書長，科長一職由張道藩祕書兼代，後來由徐恩曾接任。

而當陳立夫奉命成立調查科之同時，在蔣總司令侍從室工作的戴笠（字雨農）上尉，奉派為情報員，負責調查特種事件。唯當時尚無組織，所以陳立夫先生稱其為「有實無名」。民國二十四年，蔣中正又命陳立夫主持「調統會報」，內分三組，徐恩曾為第一組主任，負責調查共黨在社會之活動。戴笠為第二組主任，負責調查共黨在軍中之活動。丁默邨為第三組主任，掌理會報的總務工作。至民國二十七年元月，陳立夫因奉命出任教育部長，不能再兼顧「調統會報」，因而該會報便取消了。將第一組改稱為中央黨部調查統計局，簡稱「中統」，爾後改隸內政部。民國三十八年又改隸司法行政部，即現在的調查局。第二組改稱國民政府軍事委員會調查統計局，簡稱「軍統」，即現在的國防部情報局。

由這兩個單位，分別掌理對社會與軍事兩方面之情報及共黨活動之調查工作。在國民政府統治大陸的二十多年歲月中，兩統並立，幾經分合改組，從事情報之蒐集、掌握與運用。持平而論，它對內部整肅，外患排除，鞏固領導中心，維護政局安定，實有助益。而於安內攘外，抗戰建國國策的推行，亦有不可磨滅的貢獻❶。

據曾任中統局局長的徐恩曾手著《國共地下戰》中說，他在國立交通大學電機工程系畢業後，前往美國考取卡尼基工程學院，攻讀工廠管理及有關學科，一九二九年回國，第二年，南京國民黨中央黨部即派他負責調查工作。至一九四四年春季離職，歷時十四年。他說：「在這時期可分為兩個階段：中日戰爭爆發前為一個階段，爆發後為另一個階段。第一階段是中共的黑暗時期，當然也意味著我和同事們的成功。第二個階段是中共的勝利時期，也是我們的困難時期。」❷

至於「軍統」，由於局長戴笠將軍，智慧超群，才華縱橫，且勇於冒險犯難，不捨晝夜，因此常獲得極有價值的情報，深獲蔣委員長中正的賞識與重視。他一面積極工作，一面大量訓練幹部，相繼在南京洪公祠辦特務警察訓練班，在江西省警察學校附設特訓班，在湖南臨澧成立軍委會特別訓練班，在中央警官學校設立特種警察訓練班等，訓練出許多傑出的人才，成為他此後輝煌事業的基本幹部。其後又在杭州雄鎮樓成立電訓班，設立無線電機製造廠，建立全面性無線電通信網，先後協助政府敉平閩變，遏阻日諜詭謀，化解兩廣事變，粉碎「內蒙分離」陰謀等等。抗日戰爭爆發後，他更協助空軍，發揮防空情報效能；組織「忠義軍」，發動民眾參與抗戰；誘捕韓復榘，將賣國漢奸公審處決；嚴懲漢奸王克敏，瓦解「皇協軍」；擴建游擊部隊，發展敵後工作；主持「中美合作所」，與美國協同一致，打擊共同敵人；訓練

❶ 陳立夫著，《成敗之鑑》，頁一〇五—一〇八，正中書局。

❷ 徐恩曾著，〈國共地下戰〉，《展望》二七七期，頁八四。

特種技術人員，加強情報部署。親往越南、泰國、緬甸、新加坡、菲律賓、馬來西亞及印度等國，粉碎敵軍陰謀。並協助美軍，從海上擊潰日軍。同時並深入中共高層，蒐集機密情報。復因應國家需要，成立別動軍、緝私署、貨運局、運輸統制局監察處、稽查處、交警總隊等等，領導十餘萬忠義鬥士，為國家犧牲奉獻。

可惜天不假年，對日抗戰勝利後的第二年，戴笠與隨員十餘人於民國三十五年三月十七日上午，自青島飛往南京，飛機起飛前淒風苦雨，如煙如霧，機場報告「氣候惡劣，不宜飛行」。但另有一人說「南京氣候好」，戴笠立即與隨員上機，不幸於飛行中途失事墜毀。當軍統局正向各地緊急連繫了解情況時，三月十九日天津《大公報》卻刊載「戴笠飛機失事，毛澤東在延安舉行同樂大會」的頭條新聞。數日後，戴笠與隨員等的遺體，始在岱山的困雨溝被發現，然後運回南京。戴笠的逝世，對「軍統」的工作自是一大打擊，對整個國家亦是一不可彌補的損失。蔣主席中正在公祭時，所賜送的輓聯，充分表達出他哀傷不捨的心情。

雄才冠群英，山河澄清仗汝績，
奇禍從天降，風雲變化痛于心。❸

大陸剿共戰爭的失敗，其他的因素固然很多，但情報戰的失敗，實亦是一極為重大的因素。讀張執一所寫：《在敵人心臟裡》一書❹，真令人不寒而慄，原來在我政府各機構乃至

❸《戴雨農先生全集》上冊，頁二七九－二八五，國防部情報局編印，上海印刷廠印刷。

各軍事單位，都早已布滿了「匪諜」，試問這場戰爭如何能不敗？

## 石牌訓練班的基本任務

政府遷臺以後，一切從頭做起，蔣總統在總統府內成立資料室，指定蔣經國兼任，負責重整情報機構和工作。蔣經國即於三十九年七月，在石牌成立訓練班，自任主任，指派王昇兼任副主任，負責訓練班的一切實務工作。王昇當時正奉命籌建政工幹部學校，已經十分忙碌，蔣經國為何還要將此一重任交給他呢？揣其用意，第一是蔣經國對王昇的信任；第二是王昇從未涉及過情報工作，且和情報單位也沒有任何淵源，這樣他可以客觀公正的對待每一個前來受訓的情報人員，也可以客觀公正的對待每一個情報單位。

石牌訓練班的基本任務，是要改變情報人員的認知與氣質，要求情報人員認清國家當前的處境與危機，以及自己所負責任的重大，一切要以國家利益為第一，要以民族生存發展為第一，要以確保復興基地反攻大陸為無可旁貸的職責。因此，每個情報人員在執行任務時，都要能出生入死，冒險犯難，打破生死關頭，正如戴笠先生所說，要做「無名英雄」，「就是死了連相片都不能掛出來，這種精神，不是做出來的，而是黃帝子孫正氣的凝結，革命兒女精誠的表現。同時，也是我們工作勝利的象徵。」❺至於情報技術方面，由於調訓的對象都

❹ 張執一曾任中共「中央統戰部」副部長，「全國政協」常委，文中記述他過去在上海負責對我黨、政、軍、社會各界的「滲透、策反」經過情形。

是情治單位及憲兵、警察的重要幹部，他們對情報技術早已各有所長，僅藉觀摩討論交換經驗，並不列為課程重點。

石牌訓練班設立三個中隊，每期調訓一百二十人。王昇特遴聘與情報單位素無淵源的趙作棟、王樹權、曾松友等三人擔任輔導員，不分晝夜與學員們在一起，為他們提供服務。每隊四十人，不分「中統」「軍統」或警察、憲兵，都混合編隊。由於「中統」「軍統」這兩個單位以往不相往來，現在要在一起受訓，難免在心理上有些緊張和排斥，甚至對送訓的人，據說先要在局內辦理講習，研究如何應付這一訓練。週末放假時，兩局負責人並親自與受訓人員舉行檢討會，了解他們在受訓期間有無失言、失態，或洩密的情事。但兩期以後，他們這種顧慮即已完全消除了。因為訓練班所著重的是思想、品德、與匪情教育。至於各單位的工作情形，特別是在失敗後如何重整發展，則根本未提，因為那是各單位自己的事情。

不過在訓練中，副主任王昇在對學員講話時，也提出一些看法。他說情報工作，就是對資訊的蒐集、整理、分析、存儲與運用。因此西方國家有國際情報、社會情報、商業情報、科技情報等等多種名詞與多種範圍。他們的外交官、傳教士、商人、記者、教授、留學生等等，都可以參加其情報工作。而實際從事情報工作的人員，都是學識水準很高的，例如美國多是哈佛的博士，在中央情報局服務多年後再轉往國務院，布希總統即曾擔任過中央情報局的局長。英國的情報人員，亦很多都是牛津、劍橋畢業的高材生。所以他們的情報人員和情

❺ 同❷，頁三一〇。

報工作都相當受尊重，都以能作情報工作為榮。

我國傳統的說法，將蒐集敵人情報的人稱為「諜」或「間諜」，又因為那是一種特殊任務，所以一般人簡稱之為「特務」。甚至有一段時期，我們軍事情報單位，曾自稱為「特務處」。而從事情報工作又十分艱難危險，所以很多時候必須偽裝、隱藏、潛伏；必要時還需竊取、誤導、破壞。因此，一般人提到「特務」，不是心存敬畏，便是不屑與詆毀。至於中共情報工作的特點，則是與思想、組織、謀略、心理、群眾相結合，可以說每一個中國共產黨員，即是它的一個情報員。而其從事蒐集情報的方法與手段，更是無所不用其極，這也是我們在大陸遭受失敗的根源。所以我們不能不提高警覺，防止中共對我們的滲透、分化、挑撥，並竊取我們的機密文件與訊息。

為了辦好這個班，王昇起初每天都在淡水和石牌之間奔波，後來政工幹部學校選在北投跑馬場，雖然與石牌距離較近，但因兩者都是草創，一切都要精心策劃，力求完善。尤其在幹校招生、放榜，學生入校之後，每天不但有做不完的工作，而且還要儘量與學生接近，了解其生活與學習情形。因此，王昇早上在幹校主持或參加升旗後，立即趕到石牌參加早餐，與教務及輔導人員研討與分配工作，然後趕回幹校參加午餐會報。下午在幹校開會及講課，在幹校忙完了，再趕往石牌。晚上輪流到各桌與學員們共進晚餐，增進情感。有時早上到石牌主持或參加升旗後，再趕回幹校上課。晚上再去石牌與學員們共進晚餐，進行個別談話。有時下午在幹校參加學生課外活動或講課，學生晚自習時，才是他草擬計畫及處理公務的時間。有時還去巡視學生們的自習情形，一直到熄燈號響以後，他還騎著腳踏車到學生寢室去巡視，看看學生就寢的情形。他從沒有午睡及餐後休息的時間，真是「一根蠟燭兩頭燒」，備極辛勞。當時他才三十六歲，頭頂卻已出現脫髮！

## 「我絕不適合幹情報」

有一天，王昇和蔣經國同坐一部車，蔣經國很親切的看著他，並問他：「你為什麼這樣瘦？」

王昇當時無言以對，因為他不好當面向蔣經國訴苦。其實蔣經國當然也知道他的這個學生在工作上的忙碌辛苦。為了怕他因營養不夠而影響健康，蔣經國就每月送他一點錢，作為補助或慰勞。王昇知道學校的教職員和隊職幹部，有好多比他更窮更苦，因那時大家待遇都很微薄，生活都十分窮苦，有的甚至連飯都吃不飽。於是他便將蔣經國每月給他的錢，分文不留，全部分送給比他更窮更苦的同事！這件事他從未向蔣經國稟報，而接受王昇幫助的人，也不知這一點錢是從那裡來的。

石牌訓練班在召訓了八期以後，照預定計畫結束了。有一天，蔣經國在青年救國團總團部約見他，蔣經國對他說：「總統認為石牌訓練班辦得非常成功。」

王昇在卸下重擔後，聽到如此嘉勉的話，心裡自然感到很欣愉。但蔣經國卻接著說：「我看，你應該從情報工作方面培養起來！」

王昇一聽說要他去從事情報工作，那分欣愉之情便立刻消失，而且甚為緊張著急。他便毫不考慮的脫口而出：「我絕不適合幹情報。」王昇自一九四〇年追隨蔣經國，十餘年來，凡是蔣經國派給他的工作，他都奉命唯謹，全力以赴，從沒有如此莽撞過。

蔣經國雖然只比王昇大六歲，但他是長官，也是老師。他當時並沒有因而生氣，只是想要弄明白，他再問：「為什麼？」

王昇很坦誠的說：「我認為情報人員要具備兩個基本條件：一是『忠』，一是『狠』。我自信忠有餘而狠不足，所以根本不適合作情報。我最大的心願，一直是希望從事教育工作。」

王昇說出他的心願，蔣經國亦不再勉強，對於他的莽撞，似也未放在心上。同時對他所說情報人員所要具備的條件，雖不十分周延，也不再追究，事情就這樣過去了。可是數年後，當他擔任總政戰部副主任執行官時，蔣經國仍希望借重他的才能智慧去擔任情報工作，但仍被王昇以委婉坦誠的態度推脫。可是數十年來，由於他曾兼任過石牌訓練班的副主任，詆毀他的人，便說他是「特務」，甚至說他是「特務頭子」，這倒是他從未曾想到過的❻。

❻ 尼洛著，《王昇——險夷原不滯心中》，頁一八九—二〇三，世界文物出版社。

# 第十二章 迎接、輔導反共義士

## 震驚國際的「韓戰」

民國三十九（一九五〇）年六月廿五日，北韓共軍突然越過北緯三十八度線，向南韓進犯，造成震驚國際的「韓戰」。聯合國安全理事會立即舉行緊急會議，一致通過決議，命令北韓共軍停止攻擊，退回三十八度線以北。美國總統杜魯門並下令第七艦隊協防臺灣，以防止中共對臺灣攻擊。三天後，南韓首都漢城（Seoul，現多譯為首爾）即告陷落，情勢非常危急。聯合國三十一個會員國一致決議，支持安全理事會的援韓決議案，並授權美國總統任命麥克阿瑟將軍為聯合國派赴韓國作戰的各國部隊的最高統帥。麥帥奉命後即揮軍從仁川港登陸，切斷北韓共軍的後援，並於九月廿八日光復南韓首都漢城。

十一月一日，中共突宣布派軍援助北韓，並在大陸各地發起「抗美援朝」運動，驅使三十二萬軍隊越過鴨綠江，參加韓國戰爭。十二月十六日越過三十八度線，迫使聯合國軍隊再次撤出漢城。雙方經過三個多月的激烈戰鬥，南韓軍隊於翌（一九五一）年三月廿八日越過三十八度線，向北韓發動猛烈攻勢。四月廿三日，中共再以七十萬大軍，大舉向美軍進攻，迫使聯合國軍隊往後撤，雙方你來我往，形成拉鋸戰。直至一九五三年五月下旬，由於美軍使用新式武器，使中、韓共軍五天內死亡六萬餘人，被俘或投降的有五萬餘人，俘虜中北韓和中共各有兩萬餘人，其中絕大部分是要投奔自由的。聯合國軍隊由於語言不通，根本不了解這種在戰場上投奔自由的意義，而將他們與其他的戰俘關在一起，也和對待其他戰俘一樣對待他們。因而這些決心奔向自由的人，就與戰俘營中的共產黨人展開了鬥爭。而這一群人亦就被共產黨人稱為是「國民黨的特務」，於是竟在南韓的戰俘營中展開了「國、共之爭」。

聯合國軍隊係來自多個國家，他們從未經歷過這種事情，甚至連想也未想到過這種事情的發生。他們對戰俘營所能做到的，就是維持戰俘營中的安全與秩序，並依照「日內瓦協定」，每個戰俘發給衣服、皮鞋、及充足的食物與日用品。但在戰俘營中，卻不停的發生打架、殺人等情事，甚至連負責管理戰俘的一位美軍准將亦被打傷。由於絕大多數的戰俘，都要尋求自由，深怕被遣返大陸，乃拼命設法逃亡。而負責監管戰俘的，多是印度軍隊。他們對逃出戰俘營的中共戰俘，動輒即予以殺害，使許多中華男兒都不幸葬身異域，令人痛惜憤慨。

在戰俘營中，戰俘們想盡辦法要投奔自由，北韓的戰俘誓死不願回北韓。大韓民國總統李承晚因不滿聯軍與共方所訂「換俘協定」，冒著與聯軍決裂的危險（後被放逐海外），下令將北韓所有兩萬多名戰俘，全部予以釋放。而中共的戰俘為了達成其「一顆心到臺灣，一條命滅共匪」的目的，堅決拒絕中共的一切威脅利誘。並用他們自己的鮮血，染成青天白日滿地紅的國旗，冒著生命的危險，在戰俘營中升起，強烈要求聯合國軍隊在遣俘談判時，能讓他們「自由選擇」，不要強迫遣返大陸。經過艱苦慘烈的奮鬥，不知死了多少人，聯合國軍隊為保障人權，最後乃請求我國政府接納這些選擇自由的戰俘，並要求我國政府派專人前往南韓去迎接這些戰俘前來臺灣！

## 奉命前往韓國迎接反共義士

政府將迎接反共義士歸來與輔導就業的任務，交給蔣經國。蔣經國就將這一工作的實務，交給時任政工幹部學校教育長的王昇，要他率領八十名軍官，二十名憲兵，前往韓國去接回一萬四千三百四十名反共義士。時間是民國四十三年元月七日，預定出發的時間是元月十五日，從受命到出發前的準備時間只有一個星期。當時王昇是第一次出國，他所選派的軍官和憲兵也都是第一次出國。他要在一個星期之內，完成人員編組、辦理出國護照、量製軍服、皮鞋、申請旅費、接洽專機等等。而最重要的是辦理出國講習，尤其所要去的地方是戰地，大家對所負的任務、當地的情勢、國際的禮節等，每個人都要十分清楚。王昇由於平時工作繁忙，對韓戰中戰俘營的情形，並不十分了解。由於時間緊迫，從有關單位提供的資料中，發現反共義士在獲自由以前，對聯合國軍隊究竟將對他們如何處置，心裡非常疑慮。因為聯合國軍隊既表示將尊重他們的意願和選擇，以人道原則與中共談判。但對他們所強烈要求的「一顆心到臺灣，一條命滅共匪」的訴願，卻又完全避開不提。反共義士最怕的是聯合國軍隊欺騙他們，將他們送交中共手中。而政府既應聯合國軍隊的要求，接納選擇自由的戰俘，而且要派專人到韓國去迎接。但卻在換俘的行動中，不得有任何形式的接觸，只能在反共義士走出戰俘營後，才能對他們表示歡迎。因此，王昇想到在無法與反共義士直接對話溝通時，最好是先使反共義士能接觸到代表我中華民國的標誌，讓他們心理獲得安穩，樂意接受聯軍和我方的一切安排。於是在出發前便準備了大量的國旗、標語、與蔣總統的大幅畫像。

民國四十三年元月十五日凌晨四時，王昇率領一百名官兵，分乘四架專機從松山機場起飛，十一點抵達日本鹿兒島加油，並接受當地美軍以隆重的軍禮歡迎。當晚飛抵南韓，住在離漢城二十公里的美軍基地，立即與韓軍及美軍各有關單位展開連繫，設法解決一切有關的問題。

廿日清晨，王昇在美軍的暗中協助下，指揮所有的人員，在自由區A點進入「自由門」的地區，布置了一個盛大的歡迎反共義士的場面。即在A點附近的山坡上，插滿了青天白日滿地紅的國旗，豎立了許多標語，並在「自由門」內，豎立起一幅蔣總統的巨幅畫像。

歡迎場面布置完成，成為全球媒體記者們採訪的焦點。因而韓國的參謀總長及許多軍政要員，一一前來致意。聯合國軍隊統帥亦前來致謝，並派出陸戰隊的鼓號樂隊，在蔣總統巨像前吹奏表演，更增加了中華民國的聲威。

換俘是在印度人的主持下進行的，戰俘們走出戰俘營以後，是選擇自由？還是返回大陸？完全由他們個人的意志作出自由的選擇。當時，王昇站立在「自由門」的前面，親見一萬四千多名反共義士，手持血染的國旗、血染的標語，走進「自由門」，在蔣總統的畫像前肅立致敬、流淚、號哭及高呼，工作同仁再將小國旗分發給他們。因而當反共義士走進「自由門」

以後，再向前行進時，便是反共的隊伍，更是青天白日旗的隊伍了❶。

反共義士們經過五天的海上航行，於元月廿八日抵達基隆港。下船時，鞭炮聲響徹雲霄。從基隆到臺北，到處都是人山人海，鑼鼓聲與歡呼聲，交織成人性與同胞愛的感人場面。好多反共義士與歡迎人群都掉下眼淚，自由世界的新聞媒體，都以他們為採訪與報導的焦點。

反共義士們抵達基隆港前，王昇在船上已患感冒，勉力支撐在基隆港的隆重歡迎裡，最後一條船，最後一個人踏上碼頭，體力已完全不支。但在一月卅日，卻又接到調派反共義士總隊副總隊長的命令，要他前往林口「義士村」報到。

為了歡迎這些反共義士，政府特成立反共義士輔導處，由蔣經國擔任處長，下設反共義士總隊，任命九十六軍軍長高魁元中將為總隊長，王昇為副總隊長，負責一切補給、管理與輔導等工作。並於林口、大湖、下湖、楊梅等地設立義士村，直接負責接待義士的工作。當反共義士們進住義士村後，雖然陰雨連綿，道路泥濘，而且氣候十分寒冷，但每天都有從四面八方湧來慰問的人潮，其中包括各大、中、小學校的老師與同學，中央各院、部、會的首長與官員，國大代表與立、監委員，各縣市長、鄉鎮長，省、縣市議長、議員，大陸旅臺各省、縣市同鄉會，歸國僑團，民間社團，以及影劇界的演藝明星等等，都紛紛組團前往慰勞慰問，熱情洋溢，義士們均深為感動。

❶ 尼洛著，《王昇——險夷原不滯胸中》，頁三〇四，世界文物出版社。

## 費盡心力完成輔導任務

但在熱情歡欣的背後，卻有一些不為人知的鬥爭，正在義士村內暗中進行。原來若干共產黨人竟隨著投奔自由的反共義士，一起進入了義士村，並在義士村內搞「被俘後的鬥爭」。他們在表面上是不守營規、不假外出、外出時調戲婦女、變賣美軍發給他們的東西等等，而暗地裡卻是製造謠言、寫恐嚇信、寫匿名信、製造紛爭，並於夜間互相鬥毆、殺人，乃至自殺。當時國際間有近百名記者，前來臺灣觀察中華民國如何處理反共義士。美國更加派了心理學家、社會學家、歷史學家、法學家，專門前來研究反共義士的動向，並看看中華民國對這些反共義士的作法。這種情景，除了添加那些在義士村進行鬥爭者告洋狀的機會以外，同時也有一些西方人存著看中華民國笑話的心態。這對身為副總隊長的王昇造成很大的壓力。

蔣經國對這一萬四千多名反共義士的歸來，非常重視。他幾乎每天都到各營區了解狀況，並冒著寒風細雨在爛泥中逐一點名，又曾多次對他們講話。他在主持會議時，有人鑒於義士村內的紛亂相當嚴重，必須迅速解決，因此建議採取化整為零的方法，將這一萬四千多人分發到各部隊，以免出亂子，影響國家的聲譽。王昇認為這樣作有問題，第一是違反國際規定，不能強迫他們去當兵。其次，是將問題帶給各部隊，影響整個部隊的安全。蔣經國當場沒有裁示，陰曆年時，蔣經國到義士村聽取簡報，王昇在簡報中指出：

在這場鬥爭中，不能讓共產黨人一直藏匿於暗處，必須使他們站立在明處，而具體的作法，分三個步驟進行：第一個步驟是「自新運動」，凡屬於共產黨員或共青團團員自動表白的，政府同情他們過去的被迫被騙，一律准予自新；第二個步驟是「自首運動」，凡未自新者必然是有任務的共幹，在一週內自首者，可以不加追究；第三個步驟是「檢舉運動」，務將頑強分子澈底清除。❷

蔣經國、高魁元當時都接納了這個意見，於是很快即發起「自新運動」。先由各隊輔導員全面進行宣導，在舉行共產黨員、共青團員隆重的「脫黨、脫團宣誓」中，參加宣誓的竟有六千多人，在他們宣誓以後，林口、大湖、下湖、楊梅四個營區，竟然在一夕之間就安定下來了。接下來再發動「自首運動」，結果又有兩百多人自首。為了澈底清除殘餘的共產分子，再進行「檢舉」，先在每一中隊掛一檢舉箱，但每天打開看都是空的，於是改變作法，全總隊舉辦「個別談話」，在個別談話中，絕對保密，絕無任何人知道，使他們敢於檢舉，樂於檢舉，結果竟又找出九十幾名極為頑固的中共幹部，他們自己也承認幹了許多活動。於是將他們交由當時的臺灣保安司令部處理，建議將他們設法送回大陸去。

義士村內雖因潛伏的共產黨員與共青團員，製造了一些問題，但畢竟是極少數，所以在義士們回國後的第十天，也就是二月八日開始，即按義士們的教育程度，分為甲、乙、丙三

❷ 同❶，頁三〇六。

級，為他們上課。教育的內容分為七大項，一是精神教育：幫助他們認識我民族的固有道德，了解漢奸必亡與侵略必敗的道理，以期建立革命信念。二是政治教育：旨在明夷夏、辨忠奸，使能了解中華民族的立國精神與光榮傳統，並灌輸革命理論，以樹立中心思想。三是希望教育：幫助他們認識時代趨勢，堅定滅共復國的信念，以啟發其希望，堅定其革命情操。四是軍事教育：在使他們認識國軍體制，了解國軍進步實況，從而體會國軍實踐克難的精神，以培養軍人氣魄。五是訓導活動：使他們熟悉組織生活，發揮互助合作的精神，以養成組織意識，樹立自覺紀律。六是康樂活動：希望養成蓬勃奮發的朝氣，培育健康的身心，提高生活的情趣。七是生產教育：幫助他們養成勤勞的習慣，培植克難精神，以迎接艱鉅的反攻任務，完成復國使命。

整個輔導教育工作，均由王昇親自規劃，並獲得蔣經國的允准。經過兩個多月的輔導教育，除極少數病患及不堪服役的義士，為其成立醫療中心，繼續給予治療調養，又成立義士技藝訓練中心，使其習得一技之長，以俾爾後就業外，絕大多數的反共義士都參加他們自己所發起的簽名從軍運動，志願從軍報國，並由參謀總長主持「從軍報國宣誓典禮」，依照他們的志願分發陸、海、空軍各部隊。轟轟烈烈舉世關注的一萬四千多名反共義士，就這樣堅強果決的融入我們反共抗俄的國軍部隊。

王昇從韓國回來時，在海上航行五天，由於暈船且受寒，體力大受影響。接著在義士村又要負責規劃督導，解決各種困難問題，真是宵衣旰食，心力交瘁。當反共義士完成簽名從軍時，他的體力實已無法再支持下去，尤其加上感冒，高燒到三十九度，不得不回家就醫。

蔣經國親蒞王昇北投文化街家中慰問，他不能起床。蔣經國第一次踏進王昇的臥室，看到他躺臥在一張竹床上，蓋著一床舊棉被和一條軍氈，不禁黯然神傷。

# 第十三章　悲痛中應邀訪美

## 經克拉克至舊金山

民國四十四年八月，王昇接到美國政府邀請，要他與時任政工幹部學校校長的王永樹將軍，聯袂前往美國訪問。當他正準備辦理出國前的各項手續，並採購旅行時用的一些行裝時，不料有一天，他的夫人胡香棣女士騎著單車前往北投菜市場買菜，因為巷窄人多，不幸被迎面而來的一輛自行車撞倒，她因懷孕在身，流血不止。校內許多男女軍官聞訊，即趕往臺大醫院輸血，但還是無法挽救其寶貴的生命，時年方三十三歲。王昇親眼看到他的愛妻就這樣痛苦的捨他和孩子們而去，當場哭倒在地，並一度暈厥，被人扶起後仍大聲痛哭，傷痛不已。因為他們伉儷情深，恩愛逾恆。而胡香棣女士一直是慈悲為懷，充滿愛心，不論對同事、對學生，都非常親切熱忱。尤其是文化街的幾百戶鄰居眷戶，對她更是感念特深，對她的猝然大去，都萬分悲痛難捨！

王昇在料理愛妻的喪事後，懷著悲痛的心情，於十月十一日與王永樹將軍一同啟程。出國的前夜，正是中秋的次夕，星斗滿天，月明如晝，王昇點燃了香燭，站在亡妻的靈前，含著滿眶熱淚，低首訴說離情，月圓人不圓，飛渡萬里一心酸。

由於當時美軍所有的飛機都是螺旋槳的，他們從臺北松山機場起飛，三個小時後，到達菲律賓馬尼拉鄰近的克拉克基地 (Clark Air Port)。第二天休息一天，負責接待的湯姆生 (Thomson) 少校陪他們逛馬尼拉市區。王昇舊地重遊，倍感親切，因為半年前，他應僑領們的邀請前往講學，深受歡迎，現在再度相見，受到熱烈的歡迎，看到僑胞們對祖國的殷切關懷，他在心理上和情感上更增加一分負擔。

十三日上午九時自克拉克基地起飛，經關島 (Guam I.)、加其林島 (Kwajalein I.)、檀香山 (Honolulu)，而到達舊金山的麥新堡基地 (Port Mesion)，共飛了三十八個小時，終於越過了太平洋，到達美國本土。然後再經洛杉磯、堪薩斯城，抵達華盛頓、紐約、芝加哥、底特律等地。他們此次主要是參觀軍事學校和部隊，但每到一地，基地指揮官都熱情款待，並安排人員陪同參觀，如在檀香山雖屬夜晚，仍陪他們到市區參觀，並登上險峻的山頂，俯覽檀香山，遙望珍珠港。在舊金山，除在市區巡禮觀光外，並參觀了博物館、科學館、水族館、與動物園等。

他們在舊金山還參觀了一所小學，王昇發現美國學校教育的一個最大特點，是注重做的教育，也就是教、學、做聯繫一體的教育。從幼稚園、小學起，就要孩子們做這樣做那樣，教他們怎樣去做，實地去做，使每個人在成長的過程中，憑著他的感覺、直觀、和學習，即可獲得整套的應有的一切知識和技能。而尤其重要的，每個禮拜天，教堂中的精神靈性教育，更使孩子們具有高尚的靈性修養。而在家庭裡，孩子們從小便浸潤在優良的生活習慣和待人接物的禮節教育中。譬如孩子拿件東西給母親，美國的母親們總會對孩子說聲：「謝謝你！」也許我們認為這是多餘的，可是美國的孩子們就在這些我們認為多餘的事情中，接受了禮節的訓練。由於每個人有禮貌，就造成美國整個社會的和諧，同時孩子們在家裡，整天玩科學玩具，撫弄各種機器，小小的頭腦和一雙小手，從小就鑽入科學勞動的領域。許多娛樂場所布滿了含有國防意義的教育設備，使護國保家的思想，在幼小的心靈裡便奠定了基礎。

## 華盛頓十足代表美國文化

華盛頓是美國的首都，亦是一個完美的文化城，他們似乎非常注意去製造光榮的史蹟和發揚自己的文化。整個城市就籠罩在華盛頓紀念碑、林肯紀念碑、傑弗遜紀念堂、無名英雄墓等所發出的光輝下。那種光輝，一面在尊崇先哲，一面在啟迪後人，另外再加上圖書館、博物館、美術館等等，使華盛頓十足代表美國的文化。

華盛頓是一個有規劃的城市，原設計者為法國人印方 (Piere L. Emfamt)。他是華盛頓的朋友，對於整個設計花費了很多心血，所以華盛頓無論從那一個角度看，都是一座有條有理而又大方美麗的城市。加之綠蔭夾道，碧草如茵，簡直就是一座大公園。唯令人感到意外的，任何人享譽全球影響全球的「白宮」，竟只是一幢極為普通的房屋。它每週至少有兩天開放，任何人都可以進去參觀，且不需要辦理什麼手續，裡面除了歷任總統與夫人的畫像外，也沒有什麼特殊的陳設。在開放參觀時，總統艾森豪和他的家屬只得蹋促在三樓以上了。尤其前面的草坪十分寬敞，可以放眼眺望。國會也可自由進出參觀，而且在布置和陳設方面，特別強調各州的特點，使得每一州前來參觀的人，都很自然的興起一種親切愛護之感。

王昇特別被安排參觀美國國防部，俗稱「五角大廈」(The Pentagon)，它佔地五八三英畝，原為沼澤地，填了五百五十萬立方碼地，用波托馬克河 (Potomac River) 中的六十八萬噸石子，混成四十三萬五千立方碼水泥。它於一九四一年八月十一日開工，到一九四三年一月十五日落成，共花八千三百萬元。因為形狀是五角形，被稱做「五角大廈」，比紐約的「帝國大廈」底層還大三倍。

當時在「五角大廈」內工作的有二萬七千餘人，都是來自華府附近的郊區。有三個停車場（北、南、西），可停車約萬輛，另有九百輛公用汽車往來於大廈和各地間。大廈內有長十七英里半的走廊，由一角走到另一角的走廊，要花六分鐘。在每一層每一角的走廊上，可容納兩千人集會。而且每一層每一角的形式都大致相同，走進以後，就像陷入八卦圖一樣，稍一不慎就會迷失方向。走廊懸掛著各戰役名畫，放置海軍軍艦、空軍飛機模型和戰利品。除了辦公室，還有書店、銀行、醫療所、牙醫室、藥房、糖果店、珠寶店、電報局、郵政局、理髮店、服裝店、洗衣店、鐵路、飛機和地方汽車的車票販賣所、軍中電臺、及皮鞋修補店等。

圖書館藏書三十多萬卷，世界各國期刊一千七百種。每年平均用電一億一千萬度；每日處理廢物三百二十萬加侖；供應員工的咖啡三萬餘杯，牛奶二、二五五夸爾，飲料五萬餘杯。它有兩個餐廳，六個咖啡店，九個飲料店等，共用工人六百餘名。每天有十七萬五千多通電話，十二萬九千六百多封信件。因此，王昇在參觀後，感覺五角大廈實際上就是一個大城市。

## 對聯合國的觀感

紐約是美國最大的都市，也是最富的港都，當時人口已超過一千多萬，是聯合國的所在地。

王昇首先參觀聯合國大廈，其中最高的建築是祕書處，右邊較低的一座才是聯合國會場。會場很多，有大有小，參觀的人要買票入場，擔任參觀說明的是當時所屬六十幾個會員國中不同國籍的小姐。參觀的座位極為舒適，每一個座位都設有譯意風，坐在那裡，不論那一國的會員發言，都立即被翻成中國話，從譯意風送進耳朵裡。

在紐約，王昇也曾參觀當時號稱世界最高的帝國大廈(Empire State Building)與世界最大的戲院無線電城(Radio City)，還特地去了一次中國街，參觀兩個規模頗大的博物館。其中一個博物館裡，收藏最豐的是碧玉、翡翠、珍珠、瑪瑙，全是奇珍異品。古代的雕塑繪畫，更是巧奪天工，在國內很少能看到這許多代表中國歷史文化的國寶。以前在北平的故宮，也未曾見過這樣名貴的東西，想不到卻在海外看到這麼多，想必是八國聯軍時被掠走，或是被不肖子孫所盜賣。王昇在海外看到這些祖宗的遺物，不勝感慨。

華爾街是紐約的經濟重心，也是美國和世界的經濟重心，據說財力大部分操在猶太人手裡。過去猶太人因為太有錢而又自私吝嗇，到處令人討厭，受人排斥。但在美國卻被優容，將他們融入美國的經濟體系中，讓他們在美國作生意，讓他們在美國發大財。然後一方面嚴格的徵收直接稅，同時有計畫地運用他們的資本和財富，來發展美國的經濟，繁榮美國社會。不僅對猶太人如此，對美國的資本家亦是如此。這種辦法，很接近我們民生主義的節制資本，它一方面可以繁榮社會經濟，同時又可以平均社會財富，使人人的經濟能逐漸趨於平等，這和共產主義要打倒資本家的暴戾作法完全不同，所以美國的辦法，實在也是一種反共產主義的辦法。

## 參加民防參謀學院受訓

十月卅日，王昇回到華盛頓，他和王永樹將軍參加了美國聯邦民防參謀學院（Civil Defense Staff College）一週的訓練。這一民防訓練，乃是美國領導階層精心設計的一個全面反共運動的新形態，目的是希望從思想和組織上，將美國建立成一個堅強的反共抗俄的戰鬥體。儘管只有短短的一週，但從不同的教授及不同的教學方式中，截然劃分了敵我的界線，從國際現勢的分析裡，更為學員清楚地指明誰是他們共同的敵人。他們所講的民防戰略，主要是從積極方面認清敵我基本理論的異同，從而建立全面的反共思想體系。因此在教學上，也就不僅是限於技術方面的探討，而更主要的是在研究群眾的運動和有效的組織。他們從可能而必然的趨勢，推算美國一旦遭受攻擊，可能死亡的人數，需要醫療和遷移的人數，以及異地準備收容救濟的人數，甚至醫藥、交通、房屋、食品、財產、工業、文化教育等損害的數字。從這些具有科學根據的數字中，描繪出未來遭受攻擊的慘狀，指出國家戰爭勝敗與個人生死存亡的關係，從而祛除僥倖逃避戰爭的苟安心理，更進而領悟防止侵略備戰的重要。

王昇參加的這一期已是該校第九十八期的訓練了，這一訓練的實際效果，就是用民防的口號，從群眾中逐漸建立思想，發展組織，打擊敵人。因為他們的手法是溫和的，他們的口號，是為美國生存而防禦，所以在作法上，就減少了許多直接的破壞與反對。而且參加這一工作的，都是些博學愛國之士，如民防參謀學院的教官，都是極其優異的大學教授，他們反共理論之正確，反共態度之堅決，頗令人敬佩。

## 參觀七所軍事學校

前面說過，王昇此次訪美，最主要的是參觀軍事學校和部隊。五十多天時間，大部分都住在美國的軍事基地，他們首先參觀的是心戰學校（The Psychological Warfare School）。這個學校是韓戰以後才創設的，雖然成立不久，但出人意料的，它的教育計畫、心戰手冊、教材教案以及教學方法等等，都具有相當的規模。心戰學校的校址，是設在北卡洛里那州的一個佔地五萬畝的軍事基地伯勒茲格堡（Fort Brazg）。在這個基地裡有一個心戰中心（The Psychological Warfare Center），管理這個心戰中心的是一個心戰中心司令部，心戰學校校長由司令兼任，心戰中心除管轄心戰學校外，還有特種部隊、電臺、傳單大隊以及其他所有臨時配備，從研究訓練到準備實施，將心戰工作構成了一個完整的體系。

心戰學校在教育實施上，分設心戰班、函授班及特種部隊班三種，其最大優點，就是能切實掌握實際。雖然在研究訓練上，也注意理論探討與國家計畫，但他們都認為心戰實施最具體的是廣播（包括喊話）和傳單。因此他們就抓住這兩個重點展開一切計畫和設施，如研究傳單應如何編寫，如何印刷，如何包紮和放送，廣播和喊話詞應如何編擬，活動電臺如何運用，對敵又該如何廣播等等，就成為他們教育的中心要求，因而在這方面的機械，也就相當複雜與繁多了。當他們第二天去參觀時，學生們正在野外展開全面而逼真的演習，這種情況逼真，即說即做的訓練方式，確是非常良好，值得效法。

接著參觀新聞學校 (Army Information School)，校址設在司落耕堡 (Fort Slocum)，那是距離紐約不遠的一個小島。這個學校在組織設施上，甚為完備，它有職員三十四人，五十三位教官，四十四名士兵。教官在施教上，也是依適才適所力求專一的原則，加以妥當分配，如行政組九人，演講組十一人，新聞組六人，公民組八人，普通教育組十二人，無線電組七人。全校分為新聞 (Information) 和部隊教育 (Troop Education) 兩班，在國策與新聞及部隊三者相互關聯的最高指導原則下，分別展開各項教育。

在國策方面：他們注重公民、歷史、政府組織及外交政策之研究，其中尤值得提及者，就是外交政策的講解，是按世界地理形勢，分門別類地加以分析，明確地劃清了敵友，更從國際關係中說明共黨陰謀，及民主與共產的根本不同之處。

在新聞方面：他們著重於演講、新聞報導、無線電廣播等實際工作的訓練。

在部隊教育方面：他們是以政策、行政、士氣、領導學、及心防等為其主要的課程。

從這些課程，可以很明顯的看出這個學校的主要使命，是在推展軍中文教工作，提高官兵知識水準，建立官兵正確認識，以保持部隊中旺盛的士氣。他們在教育方式上特別著重實習，例如新聞班政策課程，講解僅十九小時，討論卻為二十八小時，另外實習十五小時，表演三小時。演講課程，講解只四小時，實習卻佔三十八小時，表演五小時。同時在設備上也配合得極為完備，如無線電教育就有無線電教室，不但可以當場表演，且每個人都可親自實習。再如演講，每個人都可利用電視，利用錄音機，去練習改進自己演講的聲音姿態及表情。從課程時數分配及教育器材的設備上，已可想見其教育實施的方式了。

在司落耕堡，王昇還參觀了一所很小的牧師學校（The Chaplain School），它的教育是在專門訓練軍中牧師。美國部隊裡的牧師，對於美軍官兵具有極大的精神影響力，軍中牧師之所以能有此宏效，這一牧師學校當然有極大的作用。

牧師學校設有各種不同宗教的教堂，當王昇步入每個教堂時，一進門就看到裡面懸掛著美國國旗，而且在數量上，似乎比普通禮堂一般所懸掛的，還要大，還要多，這正是他們信教與愛國打成一片的最好說明。西點軍校的教堂，成為西點學生精神教育的課堂，勒文維斯堡的教堂，將他們過去為國成仁的官兵，刻成紀念碑，懸掛在教堂的四壁，這都充分說明他們信教與愛國是完全一致的。

美軍軍中任何大集會和大典禮，程序中的第一個節目就是牧師的禱告，同時軍中牧師在任何一個部隊中，都深深地得到部隊長的尊敬和官兵的愛護。所以牧師學校的教育，特別注重個人人格與服務精神的培養，同時亦很注重演講及談話技術的訓練。他們是要使每一個牧師都能以感人的演講，去說服每一個官兵，發揮犧牲的精神，為國家盡其心力，流其血汗。

西點軍校是一所舉世聞名的軍事學校，它有一百五十三年的歷史，校址是當年華盛頓對英作戰時的大本營，形勢險要，風景秀麗，美國很多名將都出自這一學府，就在他們校長辦公室裡，所懸掛的西點歷屆校長的照片中，就有不少顯赫一世的人物。

這所學校有幾個極為顯著的特點：第一是教育的著眼點遠大，對學生選拔極其嚴格而慎重。第二是注重人格教育，國家、責任、榮譽是西點人格教育和精神教育的三大德目。他們用各種不同的方式和設施，來培養學生的愛國心、責任心及榮譽感。西點的每一個學生都必須詳細研讀《拿破崙傳》，希望藉此培養學生的雄偉氣魄。考試時如果發現學生有舞弊的情事，學校一律予以開除。第三是選訓的嚴格。西點考選學生時甚為嚴格，大多數學生是由國會議員負責在每一州青年學生中遴選優秀者送來應試的。入學後，訓練更為嚴格，一年級的學生，好像是上山修心的和尚，不准放假外出，生活區也不讓人參觀或訪問，其目的是要去除一切雜亂的煩擾，使學生步入專心致學的情境。在團體要求方面，也是非常嚴格，尤以班期年級的服從更為顯著，如二年級須服從三年級，三年級須服從四年級。一年級的學生走路有時須用跑步，走路的姿態特別緊張。因此在校內的馬路上，只要稍一留意，即不難辨別出每位學生所屬的年級了。其次在生活禮節，服裝儀容，甚至交際應酬，如跳舞、玩橋牌等等，都有其嚴格的要求。此外對於體格鍛鍊，尤其特別重視。所以西點足球，遠近馳名。

陸軍參謀指揮大學，是美國陸軍極重要的一個學校。在三天整的參觀中，發現這個學校，有一種不斷研究，不斷發展的精神，他們教育不僅有整個的計畫，而且與現實密切配合，每年的教育，都是前一年的年底，由校長到陸軍部請示明年度教育發展方針後而擬訂。其作法，是由校長依上級所賦予的使命，作成具體要求的重點，交付給教育長，再由教育長轉達給教育處和研究室，然後教育處領導教官，研究室領導研究員，展開積極的研究並迅速拿出具體的教材和教案，再逐級精密審查充實，直至送呈核定後，再開始該計畫所須先行準備的一切工作。待準備完成，正是年度開始的七月，該項年度教育計畫就確實地付諸實施了。

任何一門功課，每一位教官對他們所負責的部分，事先都要有充分的準備，無論資格再老的教官，教任何一門功課，都需要事先試講，試講必須根據核定的講授計畫，做到絲毫不差。王昇曾參觀他們教官試講，那天試講的是三位上校和兩位中校，雖然時間不長，但對他們認真和謙虛的態度，卻留下深刻的印象。

砲兵學校 (The Artillery School) 在奧克拉荷馬 (Oklahoma) 的佛西爾堡 (Fosill)。這是一個極大的軍事基地，也是一個著名的砲兵中心。在這裡，除了砲兵學校外，還駐紮了許多砲兵部隊。

砲兵學校對於教育輔助器材的製作，可謂極有成就。他們利用電影，告訴你從迫擊砲到原子砲的性能；利用活動模型，告訴你火砲構造的原理；利用活動圖表和燈光來幫助課堂的教學。甚至還有許多別出心裁的設施，圍繞在學習者的周圍，使他們感覺官能所接觸到的都是這種材料，因而使學生在無形中全部傾注於他們的所學了。

砲校除召集教育外，另有養成教育，在管教要求上，也是極端嚴格的。學生們走路，有時亦要用跑步，隊上官兵雖然很少，但內務卻特別整齊清潔。他們也是採用高年級管理低年級的自治辦法，效果甚為良好。

王昇並到奧得堡 (Fort Ord) 的附近，去參觀陸軍外語學校 (Army Language School)，這所外語學校規模相當宏大，設有三十多個國家語言的班次。王昇特別去參觀中國班。由於每個班人數少，教學方法好，一般說來，他們的成績都相當好。中國班有四十多位中國學生，很難得的與他們見面了，萬里關山見故人，他們都抱著興奮愉快的心情，將自由祖國的進步情形，向他們作了簡要的敘述。

總括說來，王昇所看到的幾個軍事學校，雖然在形式上和教育重點上，各有不同，然而卻感到他們有幾個共同的特點，這幾個特點，也許就是他們今天教育進步的有力因素。第一是教育著重實際。他們每一個學校的設立，甚至於課程的編排，時間的分配，都有一個共同的目標，就是「要做什麼，就學什麼；學什麼，就要會什麼。」在教學實施上，也是力求實際，力求教學做合一，說到哪裡，就做到哪裡，而且每一門功課，都儘量使它說得少而做得多。第二是教學準備充分。學校當局對於教育計畫，力求審慎正確，對每一節講義，每一張圖表，每一句話，每一個問答，甚至每一個動作，每一個表情，都須在事先有充分的準備。因此在教學上，就能使得每一個受教者都有如坐春風之感。第三是注重研究發展。美國是一個工業發達的國家，整個社會都充滿了一種研究發展的風氣。在那個自由競爭環境中，誰要不研究，誰就要落伍；誰不求發展，誰就要被淘汰。在臺灣有許多美國東西，到美國去往往就買不到了，因為它已經被新的發明所代替，它本身早就落伍了。尤其在軍事上，他們更認為研究發展是求生存打勝仗的最高原則。同時美國軍隊的研究發展，有許多地方仰賴於美國的軍事學校。因此每個學校除負責訓練外，幾乎都同時負有研究發展的責任，主管部門對於有關的學校，也都取得密切的配合，對於學校的研究發展工作，亦非常重視和信賴。而且這種工作，有些地方不僅是研究人員做，教育幕僚做，教官做，甚至讓學生也一起參與。群眾的智慧是可貴的，美國社會和軍隊，就在這種集腋成裘的研究發展中而日新又新了。

## 美軍的政戰工作

王昇在參觀過美國七所軍事學校、陸軍部隊（第六師）、空軍十幾個基地後，他駭然發現在美國軍隊中，雖無政治部的設置，也沒有政工人員這一官科，但它卻有許多工作和業務，與我國國軍政工（民國五十三年改為政戰）的旨趣與功能完全相同，有許多工作甚至比我們做得更認真，更澈底，那就是美國軍隊發揮精神意志的動力。他在手著的《訪美散記》中，曾作重點敘述：

一、心戰工作 (Psychological Warfare Activities)：當美國沒有直接對共產極權國家作戰之前，他們對心戰並不十分重視，到了韓戰爆發，他們在戰場上才感到這件工作的重要，就立即設立心戰機構，制訂心戰手冊，研究並製作心戰器材，編配心戰部隊，成立心戰中心，開辦心戰學校，選訓優秀軍官，從事心戰工作。雖然這些工作展開的時間並不長，但全國上下都非常重視，全力支持，從未有人輕蔑歧視或批評反對。

二、新聞與教育 (Information And Education)：美國任何一個部隊，都有新聞工作與教育工作。美軍新聞與教育工作的內容很廣，包括了國家宣傳、時事分析、公民教育、軍人精神教育、以及歷史文化教育等。他們是用這些工作來提高官兵的知識水準，來建立官兵意識中的愛與恨，這是一種非常正確的作法。由於他們的作法力求平穩與切實，更能適合官兵「求真」與「向上」的兩大需要，因此美國軍中的新聞與教育，已成為一般官兵精神上的享受，更是每個官兵精神生活上不可缺少的糧食。

三、特勤工作 (Special Services)：他們的所謂特勤，大致可分為三大部分，就是服務、康樂、與工藝。他們的服務工作，力求實際，在美國許多重要交通站裡，總有一位特勤人員為你解決交通上許多困難問題。尤其是士兵有什麼困難，特勤人員格外留心，總會設法來為他們服務和解決。美軍中的康樂活動，大致可分為幾個要點：一個是民間的慰勞，例如歷次美國明星來臺的勞軍表演，就都是由特勤部門連繫辦理的。一個是以基地為目標，建立康樂中心，如圖書館、健身房、游泳池、運動場、士兵俱樂部、軍官俱樂部等。俱樂部更是康樂活動的中心，經常舉行電影、音樂、賓果晚會等。如果士兵俱樂部舉行舞會，特勤部門還為他們準備舞伴。另外一個要點，是官兵自己表演，特勤亦予以協助指導。其中最有意思而又對我們比較生疏的就是工藝，工藝在他們看來含有兩種意義，一是使在營士兵能學習到一種工業手藝，退役後謀生有術；另一是使每個士兵能在操作之餘，做點自己所喜愛的事，增加他對軍中生活的興趣，以減少其思家與厭戰的情緒。在作法上，是設置許多小型工藝廠，包括電機、印刷、土木、製革等等，每一部門都有專門的教師。在部隊規定的時間內，各人可按自己的興趣，自由學習。

四、監察工作(Inspection)：主要任務在協助主管明瞭實情，防止錯誤，遠自華盛頓時期，軍中即已設立監察制度，當時負責的為司丟登將軍。此一制度，成效甚為良好，故目前美軍師級以上司令部，均設有監察人員。這些人員直接隸屬於司令官，監察的具體工作，為調查、審查、及接納官兵意見。其調查重點則包括命令貫徹、士兵訓練、軍官能力、以及武器保養，武器數量和使用情形等。在方式上是採逐級調查制，除同階不調查外，上級對下級的調查乃經常的工作，每一部隊每年都訂有全年的詳細計畫進行調查工作。審查工作的目的，主要在求省、求快、求合法。在美國國內，國防部的督察總監(I. G.)，派出五個組，分駐在紐約、費城、芝加哥、阿蘭查、舊金山等地，負責審查所有軍隊向民間定貨的合同，其方法是採取抽樣調查。由於其監察人員的認真，其效果甚為顯著。在阿古倫，曾經參觀過一個由華盛頓派出的審查組，有一位上校組長，七位監察官，監察官都是專家，有電機專家，有交通專家，有法律專家等，還有一位專管審查報告的女專家，以及幾位能幹的女祕書。他們去年審查出有四百多件合同有錯誤或漏洞，換言之，這一個審查組所做的工作，就是他們國防部本身的監察工作。監察第三個工作是接納官兵意見，他們做得亦很有成效，他們叫做Inspection。每年有四次由監察人員到各部隊去，接受士兵們陳述意見，同時這些人員對陳述人一律予以保障，必要時更得保守其祕密。當然，如有揑造誣陷等情事，則陳訴人亦要受法律的處分。由於接納官兵意見的監察人員態度公正，及其建議的愼重，並取得各級部隊長的信賴，認為監察是幫助他的領導與統御的，故進行甚有成效。每一個部隊有什麼問題，高級長官至少每季可以得到一個總了解。美軍監察人員的徽章，是一把刀一把斧頭，當伯利帝上校送給王昇做紀念時，王昇說：這就意味著監察人員的精神是「大刀闊斧」。

五、反情報（Counter Intelligence）：美軍對於反情報工作極其重視。他們有整套的參謀作業，有完整的工作系統，而且在某些層級裡，還擁有組織頗大的反情報隊。反情報隊的官兵，都是經過專門的訓練，認識正確，技術嫻熟。而且不論在國內或在國外，都運用許多外圍人士，來幫助他們達成任務，建立奇功。

六、軍政府（Military Government）：他們所研究的軍政府，是甲國戰勝乙國後，在軍事佔領地區的一種施為，這種施為不一定完全適合我們光復大陸後的戰地需要，但在軍管區內一切民事作業的程序與範式，仍值得我們參考與研究。

七、軍中牧師（Chaplain）：在美國軍中，牧師是官兵的媬姆，是心靈的依靠。雖然美軍官兵並不完全信奉基督教，但絕大部分都接受牧師的證道和禱告，特別是在戰場上，牧師的禱告給予官兵極大的鼓舞與信心。

綜合以上各種工作，雖然中、美兩國在名稱、主管單位、及作業方式上，容有不同之處。但實際上，他們的心戰、新聞與教育，就是我們的心戰、宣傳和政訓；他們的特勤，就是我們的康樂與福利；他們的I. G.，就是我們的監察。他們的反情報，就是我們的保防；他們的軍政府，就是我們的民事工作。只是他們有軍中牧師，我們沒有而已。實質既屬相同，在工作原理與工作技術上，中、美兩國都可以而且應該相互研究與效法。

王昇花了五十多天的時間，在美國軍方熱情的安排接待下，參觀了如前所述的軍事學校、陸軍部隊、空軍基地、各重要城市的名勝古蹟與文化及工業設施，還特別被安排從堪薩斯(Kansas)，經芝加哥(Chicago)到底特律(Detroit)，參觀了三個汽車工廠，卡特列汽車公司，通用汽車公司及福特汽車公司。又在各地參觀了幾處牧場、農場及農村，並到幾家工人和農民家裡訪問，和工人、農民們聊天，了解其日常生活的實際情形。王昇說他對美國人豪華的物質生活，甚少欣羨之意，而對美國人愛國與合作的精神，則是衷心敬佩。❶

## 建立新家庭

王昇返國後，就在這年（民國四十四）的十二月一日，奉命升任校長，他的責任更為加重，事務更為繁多，而與他相依為命的愛妻胡香棣卻已離他而去，留在他身邊的四個可愛的兒女，長公子公天十一歲，次公子步天九歲，三公子曉天六歲，尤其最小的女兒小棣才一歲多，都是最需要父母關懷照顧的時候，而他一天忙到晚，實在抽不出多少時間，雖然他的侄子王蘊伉儷和許多朋友以及校內師生都樂意幫忙，但終究不是辦法。於是便有很多朋友為他

❶ 本章參閱王昇著，《訪美散記》，青年戰士報社。

介紹女朋友，希望王昇能儘快找到一位心愛的內助，很快成立新的家庭。在情勢所迫無可奈何的情勢下，經過一年多後，王昇終於選擇了由沈亦珍教授所介紹的熊慧英女士。

熊女士江蘇六和人，封翁早年曾在江西擔任軍醫院院長，熊慧英也曾在江西住過五年，來臺後讀師範大學教育學系，因對幼教特有興趣，畢業後即擔任臺灣銀行幼稚院的院長，且因其實施教育革新而聲名遠播，獲得各方讚譽，為人又熱心誠懇。由於兩人都喜歡教育，且都從事教育，很多理念相同，看法一致，於是兩人由互相欣賞，而互相吸引，很快即情投意合，心心相印，乃於民國四十五年（一九五六）十一月十七日在臺北舉行婚禮。當時筆者正在復興崗革命理論系擔任教官，全校教職員都為他們的喜事而歡欣，大家一起在中正堂設宴為他們喜結良緣而慶賀，恭喜校長有了新的夫人與家庭。而王夫人熊慧英為了貫徹她的教育理想，不久即在石牌創辦奎山中學，由於教法新穎，疼愛學生，甚得一般家長和學生的敬佩。四十九年九月一日，她產下一名聰明活潑的麟兒取名立天，後來和他的哥哥姐姐們一樣，前往美國留學，獲得博士學位，並亦從事教育工作，甚獲學生們的歡迎。而王夫人熊慧英女士曾一度受聘為文化大學幼教系主任，且一直在師範大學任教，即使在王昇奉派為駐巴拉圭大使後，她每年仍回到師範大學授課，未曾間斷！

# 第十四章　建立政治作戰理論體系

## 政治作戰的性質與範圍

「政治作戰」這個名詞，是蔣中正總統於民國四十二年提出的。當時正是「反共抗俄」最高潮的時期，海峽兩岸劍拔弩張，隨時都可能爆出火花。蔣總統積數十年的反共經驗，以前曾提出「三分軍事，七分政治」、「三分敵前，七分敵後」、「三分物理，七分心理」的作戰指導原則，現又針對敵情，提出「政治作戰」的新戰法，當然更具有時代的意義與價值。

王昇認為此一戰法，對今後反共作戰至關重要。因此在工作極為繁重的情況下，仍積極潛心研究，並立即將政工幹部學校成立之初，為教學需要所設立的政工業務組，改為政治作戰組，且自兼組長。不久，陸軍指揮參謀學校與國防大學，都相繼奉命開設政治作戰課程，兩校都請王昇前往講授此一課程。

民國四十三年，政工幹部學校在開設初級班和高級班後，即積極籌辦政治作戰研究班，使政治作戰的構想成為有系統的理論，並編纂切合實際需要的教材教案，經過兩年多的努力，於民國四十六年四月正式開班。蔣中正總統親蒞主持開學典禮，每期開學之初，王昇都親自講授「政治作戰概論」，其後又開設「政治作戰召訓班」與「政治作戰講習班」，其中「政治作戰概論」一課，亦多由王昇親自講授。後來該校又成立政治研究所，開設碩士班與博士班，進一步研究政治作戰。

國父曾說：「政治是管理眾人之事」，而「政治作戰」乃是在眾人之事發生病態，人民遭受迫害時所形成的一種鬥爭。也就是極權主義者，為了要毀滅我們的文化，奴役我們的人民，除了使用武力，更運用思想痲醉、組織滲透、群眾煽惑等手段，來製造我們內部的分裂，造成政治的混亂。我們為了抵抗侵略，消弭紛亂，確保國家和人民的生存幸福而與之作戰，作戰的方式除了以武力對武力外，更要以思想對思想、以組織對組織，這就形成了政治作戰。

本來戰爭在本質上是一種暴力行為，雙方為了要打倒對方，使對方屈從其意志，必須使用一切力量，讓對方無法抵抗。在這種戰爭過程中，雙方除了用暴力和武器來決勝外，更運用其他一切可用的手段，使暴力能發生最高和最大的效能，甚至希望不使用暴力亦可以獲得勝利，政治作戰就是這種性質的戰爭。

至於政治作戰的範圍，根據蔣中正總統所發表的五篇有關政治作戰的訓詞，計有思想戰、組織戰、心理戰、謀略戰、情報戰、群眾戰等六大戰。王昇經過詳盡深入研究的結果，認為當我們對敵進行作戰時，這六大戰乃相互關連，不容分割，實有其完整的結構與體系，其結構有如下表：

政治作戰的決策——謀略戰

政治作戰的根源——思想戰
政治作戰的布局——組織戰
政治作戰的直接作戰——心理戰
政治作戰的祕密作戰——情報戰
政治作戰的基礎——群眾戰

政治作戰的中心——武力戰

## 政治作戰的具體內容

確定了政治作戰的意義與範圍以後，王昇更進一步探討其具體的內容。他對思想、謀略、組織、心理、情報、群眾等六大戰，均曾分別加以闡釋：

一、思想戰：思想戰乃是哲學對哲學，主義對主義，影響極為深遠的戰爭。其進行的方式，有時是舌戰，有時是筆戰。其目的在破壞敵人的思想，動搖敵人的信仰，爭取為敵人思想所影響的廣大軍民群眾，如果在思想戰方面獲得了勝利，即是從根本上擊潰了敵人。本來政治作戰的起因，可以說是由於思想的不同，戰爭原本是大家所不歡迎的，但為什麼要戰爭？其根源就在民主自由和共產極權，乃是兩個對立而極不相容的思想。由於思想不同就造成思想戰爭，思想戰不僅是政治作戰的根源，而且亦是武力戰的根源。

二、謀略戰：謀略戰乃是用出奇的策略活動，造成敵人的錯誤，俾有助於我方計畫的實現，贏得戰爭的最後勝利。具體的說，謀略戰乃是一種高度的智慧戰爭，從政略、戰略到戰術，每一階段，無不為其運用的範圍。謀略戰與其他五大戰有其密切的關係，但謀略戰亦有其獨立的含義與體系，尤其在政治作戰中，有其極重要的地位。它能表現於五大戰之中，對五大戰的實施，如能具體而有效地運用謀略，則其所收的效果必大，所以謀略戰在政治作戰中，實處於決策的地位。

三、組織戰：組織的意義，乃是有計畫、有目的、有條理、有系統、有規律的將人、事、時、地、物加以嚴密配合，使其發揮最高的力量。蔣中正總統說：「不論科學怎麼發達進步，思想怎麼正確合理，如果沒有健全的組織來予以有效的運用，那科學與思想本身，都要成為無用的死體。」組織戰便是運用組織的力量，打擊敵人的組織，進而達成瓦解敵人的目的。軍事作戰必須講求兵力和工事的配置部署，兵力配備所在，就是打擊敵人之所在；政治作戰則需運用組織來達成布局的使命，組織發展到哪裡，哪裡就是政治作戰的據點。但這種組織，絕對不是草率從事的，必須以思想作前提，以謀略作指導，以群眾作基礎來進行。

四、心理戰：心理戰是從精神意志上去制勝敵人的一種軍事以外的手段，從而使敵人的精神意志崩潰而導致其組織的瓦解，這實在就是政治作戰的最高要求。不過心理戰的實施，雖然應該在不同的時空，對不同的對象，策定不同的心戰主題，施行各種不同的心戰活動，但最好的心戰作為，必須根據戰略的指導，並以思想為基準，情報作依據，運用組織和掌握群眾種種方法，使敵人發生心理轉變的作用，這是政治作戰直接用傳單、用廣播、用黑函、用耳語進行對敵作戰的一種有效的手段。韓戰以前，美軍似乎是不太重視心理作戰的，故每為共匪所利用，美軍當局發現了這一缺失，立即加以改進，美國國防部曾聘請了許多專家學者，從事心理作戰的研究工作，並且成立了心戰中心，心戰學校和心戰部隊，並認為心理戰在現代戰爭中是極重要的工作。

五、情報戰：《孫子兵法》云：「知己知彼，百戰不殆」。又云：「故明君賢將，能以上智為間者，必成大功，此兵之要，三軍之所恃而動也。」不明瞭敵情的戰爭，是沒有制勝的把握的，情報戰就是蒐集敵情達成知己知彼要求的戰鬥。中國人有一種錯誤的觀念，一向鄙視情報二字，瞧不起作情報的人，因此我們在大陸的剿匪戰爭，往往就因為不明敵情而遭到慘痛的失敗。所以蔣中正總統特別提出「組織第一，情報為先」的指示。今日世界上沒有一個國家不重視情報，情報在今天，已形成了一種專門的科學和高度的藝術。情報戰的效用可以用兩句很簡單的話來說明，那就是「我方祕密，敵人知道得越少越好；敵人的祕密，我方知道得越多越好」。前者屬反情報，後者屬攻勢情報。反情報在保持我方祕密，攻勢情報在獲得敵方祕密，二者都是為了祕密，所以情報戰稱之為政治作戰的祕密作戰。

六、群眾戰：群眾戰是支持戰爭贏取勝利的一個基本因素，群眾的向背，形勢的消長，是戰爭成敗關鍵之所繫。群眾戰的主要任務在號召群眾、結合群眾、領導群眾，共同在一個戰爭的總目標之下，發揮群眾偉大的力量，瓦解敵人，消滅敵人。陸軍的戰場在陸地，空軍的戰場在天空，海軍的戰場在海洋，而政治作戰的戰場，就在群眾。政治作戰，就是發生在群眾之中，以敵方的群眾為作戰的對象，群眾戰的勝利，亦即是政治作戰的勝利，所以政治作戰乃是以群眾戰為基礎。

上面所述的六大戰，便是政治作戰的具體內容。至於說政治作戰為什麼僅講六大戰？例如說經濟戰不亦很重要嗎？是否應再加一個經濟戰？是的，經濟戰的確是很重要，亦很實際，而且對政治有其重大的影響力，經濟戰亦應包括在政治作戰的範圍之內，我們之所以沒有把經濟戰列進去的原因，是因為經濟、外交、文化是政治作戰的實務、是政治作戰的領域，六大戰則是政治作戰的要領，這亦就是蔣中正總統所指示範圍與範疇的區別，我們不是說經濟不重要，而是因為經濟是一般行政範圍內的東西，太實際太廣泛了，倘使一般行政範圍內的東西都要列進去，那麼經濟戰重要，外交戰亦很重要，甚至內政方面的選舉戰、交通方面的電訊戰、科學方面的核子戰不都很重要嗎？那就太廣泛了。根據邏輯學：「外延越大，內涵越淺」的原理，如果我們談政治作戰什麼都談，就等於什麼都沒有談，所以我們必須少談政戰的「實務」，多談政戰的「要領」。我們認為，六大戰就是政治作戰的要領，只要精通了六大戰，就可以運用六大戰的原理，從事於經濟戰、外交戰，六大戰既可以在有政權的時空內作公開的合法鬥爭，亦可以在無政權的時空內作地下的非法鬥爭。如有人認為六大戰名目太多，應該簡化，主張思想戰與心理戰合併，組織戰與群眾戰合併，謀略戰與情報戰合併，當然亦未嘗不可，不過站在學術研究的立場，經過仔細研究的結果，我們發現六大戰都有它獨立存在的體系與價值，所以我們仍講六大戰。

## 政治作戰與武力戰的關係

現在我們再看政治作戰與武力戰的關係，王昇認為政治作戰的中心乃是武力戰，其關係非常密切。因為武力戰之所以形成、持久、勝利，絕不是單純的武力戰本身所能決定的，而是要綜合政治作戰為其重要的決定因素。這也就是克勞塞維茨所說：「戰爭是政治的延長」的道理。如果說武力戰好比是一個軀殼，政治作戰便是這一軀殼的靈魂。蔣中正總統認為「今日戰爭乃是以武力為中心的思想總體戰」，就是最好的說明。所謂思想總體戰，便是指上述的六大戰。因此，政治作戰運用到最高的境界時，即可決定整體戰爭的全盤勝利。由此可見政治作戰是與武力戰無法分離的。但是政治作戰卻不等於武力戰，因為兩者之間，有下列幾點極為顯著的區別：

第一，就空間觀念來說，武力戰有一定的戰場，有前方後方之分；而政治作戰則不受空間的限制，無所謂前方後方的分別。

第二，就時間觀念來說，武力戰的動員時期、實戰時期以及復員時期，甚至D加一日、D減一日，劃分得極其明顯；而政治作戰，則隨時都可以發生，隨時都可以進行，隨時都可以結束。

第三，就戰鬥的成員來說，武力戰的戰鬥成員，前方戰鬥人員和後方生產者，都有一定的年齡、性別和體位，前方的戰鬥人員，更有一定的制服和裝備。而政治作戰的戰士，則是無分男女老幼和體位的。

第四，就戰鬥的形態來說，武力戰一定要經過有形的殺傷和流血，政治作戰雖然也有殺傷和流血的時候，但絕大部分是進行於無形，可能不流一滴血即贏得了一場戰爭。

政治作戰雖然與武力戰不同，可是在總體戰爭中是要密切配合的。政治作戰是以發揮精神的力量為主，武力戰則是以發揮物質的效用為主，只有兩者密切配合，始能取得戰爭的勝利。

由於戰爭必須具備精神和物質兩種要素，所以其表現的形態也就不同。精神是無質量無形體而為吾人所不易看到的東西，故其表現在戰鬥行為上，可以不受時間和空間的限制；物質是有質量有形體而為吾人所可感覺的東西，故其用之於戰鬥行為上，就要受時間和空間的限制。隨著人類文明的進步，遂行戰爭的手段和方法，也就由簡單而趨於複雜，戰爭的範圍，也就無限的擴大，由使用物質的器械而演變成運用精神的力量，也就是由單純的軍事戰爭而演變成複雜的政治鬥爭，這是自然發展的趨勢。

自第一次世界大戰以後，德國魯登道夫將軍，便曾根據實戰的經驗，首先提出總體戰的主張，認為全體國民必須一致努力支持戰爭，並直接滲入軍隊內部，彼此結為一體，始有獲勝的希望。一方面在廣大戰場和遼闊的海洋以武力作戰，同時並在另一方面從事破壞敵國國民的精神力和生活力。這就是說，在戰爭時期，不僅是遂行直接作戰的軍隊須要進行其戰鬥行為，就是全國上下，也都要被捲入戰爭漩渦而成為戰爭中的一股力量。戰爭既超越了時空的限制，而每個人從其精神思想以至生活行為，就無不屬於戰爭的範圍了。

克勞塞維茨在其所著《戰爭論》一書中，早就說過：「共同社會的戰爭，亦即全國民的戰爭，尤其是文明國家間的戰爭，必胚胎於政治狀態，而由政治的動機所喚起，所以戰爭是一種政治的行為。」他更進一步地說：「戰爭不僅是一種政治的行為，實亦為一種政治的手段，不過是以其他手段，繼續政治的對外關係而已」。並且他主張「以政治誘導戰爭，戰爭僅為手段」。克氏這種「戰爭不過是以其他手段保持政治的繼續」的論斷和「以政治誘導戰爭，戰爭僅為手段」的主張，正是政治作戰的觀點。自從他的《戰爭論》在一八二七年出版以來，即受世界各國的人士所重視，而對於布爾雪維克黨人，更具有極大的影響。

布爾雪維克主義者，本來就是具有顯明的政治背景的集團，視鬥爭為一種正常的形態，自認是一切被壓迫者的前鋒，要求不斷與資本帝國主義壓迫者作全面的殊死戰，把馬克斯階級鬥爭的理論和行動，推廣到整個的世界。由「永恆的鬥爭」和「以殲滅為目的」的基本思想形成一種「非我即敵」和「不是毀滅就是被毀滅」的殘酷意識與錯誤觀念。因此對於戰爭的看法，自然極為推崇克勞塞維茨的理論和主張。馬克斯、恩格斯、列寧以及其他許許多多共黨政軍首腦人物，莫不是熱心研究戰爭論者。恩格斯稱克勞塞維茨為「天上的明星」，列寧更荒謬的不顧歷史事實的先後，視克勞塞維茨為一個馬克斯主義者，他說克勞塞維茨「在他的著作中已經認清了馬克斯的理論，知道戰爭與政治具有直接的關係，換言之，政治產生戰爭，而戰爭就是用暴力的手段，來當作政治的延長」。但在事實上，他們的思想和政策，已完全不是《戰爭論》的原意，並越出了克勞塞維茨的觀念和範圍之外，進入了一種全然不同的國際政治思想的領域，這是他們赤化世界的陰謀。

民國三十八年我們在大陸的失敗，不是完全失敗在中共的軍事暴力之下，而是失敗在他們的政治鬥爭陰謀之下，因此我們今後要反共復國，要轉敗為勝，便要特別重視政治作戰，以爭取絕對性的勝利❶。

## 完成國家政治作戰體系

王昇自民國四十二年應陸軍參謀大學汪貫一將軍之邀請，前往講授「政治作戰概論」開始，後來由於邀請的單位多，一年要講好多遍，他便一面講授，一面蒐集資料，不斷精心研究，直到四十七年底終將稿件整理完成。初版於四十八年五月出版，印行一萬冊，各方反應甚為良好。同年十一月十七日修正再版，此後又出了好多版，發行十餘萬冊，當出英文版時，又修改一次，目前此書已有中文版、英文版、越文版、韓文版、法文版、泰文版、及棉文版。

由於政治作戰在現代戰爭中極為重要，國防部特將此一課程推廣到各級軍事學校，再推廣到各級部隊。總政治部並制訂國軍政治作戰綱領、政治作戰典則，各級部隊並實施政治作戰訓練、政治作戰兵棋推演，並拍製單兵政戰訓練與小部隊政戰訓練電影，以作教學之補助。從此，軍中政工乃由政工業務走向了政治作戰，官兵在政治教育之外，更增加了政治作戰訓練。民國五十三年，蔣中正總統決定將總政治部改為總政治作戰部，各級政治部一律改為政

❶ 參閱王昇著，《政治作戰概論》，黎明文化公司。

治作戰部，政工幹部學校亦改為政治作戰學校，並成立政治作戰部隊。國家安全會議成立後，復通過了國家階層的政治作戰指導綱領、及總體戰中政治作戰實施綱要。於是下至士兵政治作戰的戰場四要，上至國家階層的基本法案，整個系統乃燦然大備。

王昇自民國三十九年在淡水創辦「政工訓練班」開始，旋奉命負責創辦「政工幹部學校」，歷任訓導處長、教育長、校長。十年後，奉調總政治部副主任、執行官、主任，直至民國七十二年五月十六日調離總政戰部。前後三十餘年，他都是全心全力在為建立政治作戰理論，培養政治作戰幹部，推行政治作戰工作而犧牲奉獻，所以有人尊他為「政戰教父」，亦是實至名歸。

# 第十五章　九次訪問越南

## 前往各階層參觀座談

一九六〇年元月，前越南共和國總統吳廷琰前來我國訪問，在參觀國軍作戰演習時，目睹官兵戰技精良，士氣高昂，感到非常高興。當他獲悉國軍官兵的待遇，還不及越軍薪餉的一半時，更感到十分驚異。因此他在與先總統蔣公中正會談時，特別要求派遣一位將軍前往越南，協助其加強軍隊的整建工作。其後在與蔣經國先生晤談時又提出此一要求。吳氏回國後，復循外交途徑來電催促，國防部乃簽奉總統核定，派時任政工幹部學校校長的王昇擔任此一艱鉅的任務。

王昇奉命後，即於四月一日下午兩點半，在他辦公室召見筆者（時在政工幹校革命理論系當教官）和時任軍官外語學校教官的陳褆上尉，囑我們隨他去越南，並叫我們儘快蒐集國軍、越軍、美軍、越共、中共及俄共有關政治作戰的資料，又叫我們準備到國防部、各軍種總部、安全局、婦聯總會、救國團等單位訪問，了解各單位的實際作法。

經過一個多月的準備，我們於五月三日搭乘國泰航空的班機，經香港轉抵西貢新山一機場，受到越南國防部、外交部及僑胞們的熱烈歡迎。在我們抵越後的第二天，越南國防部副部長陳中庸（部長為吳廷琰兼任）代表吳總統接見王將軍，除表示熱烈歡迎外，並提出具體的項目，請王將軍幫忙研究：一、如何鞏固部隊團結。二、如何提高部隊士氣。三、如何防止越共滲透。四、如何加強敵後工作。同時並安排先到國防部所屬各單位訪問，然後再到三軍部隊、學校、工廠以及各省、市、郡等地方行政單位參觀訪問，以便對越南軍隊及社會作全面的體檢工作。於是由西貢到南部的湄公河三角洲，再由南向北，直到與北越分界線的北緯十七度濱海河，足足花了一個半月的時間，深入越南軍隊的各階層，及偏遠的各級地方政府，除聽簡報外，並舉行座談，及應邀演講，均獲得熱烈的歡迎。尤其王將軍在演講時，常常為如雷的掌聲所中斷。其中印象最深的是五月廿七日，訪問駐在邊和的步兵第七師，師長黃文高中校（後來升為中將，歷任軍區司令及政戰總局長）在他辦公室內，掛有一幅岳飛的墨寶：「還我河山」，黃師長說他已讀了三遍蔣總統手著的《蘇俄在中國》，認為實在是一部反共的寶典。黃師長在向王將軍簡報後，又親自駕車載我們前往附近山區去看由該師所辦的「保衛鄉村青年訓練中心」。一進入山區，只聽到滿山的吶喊聲，下車後，但見山頭山腰都是打著赤膊穿著短褲的青年，手拿著木槍木棍，在作各種操練和演習，竟連一支步槍也沒有，甚至整個訓練中心沒有一間房子，全部都是露天上課，寢室則是由學員們自己用竹子和野草所搭起來的草棚，每個草棚住一班人，每人除了一張草蓆和竹枕之外，看不到其他的寢具，甚至連蚊帳也沒有一頂，完全是一種極為原始的生活。在濃密的叢林中，滿山都是營地和坑道，每期訓練一千五百人，那種艱苦勇毅生動活潑的情景，至今印象深刻，無法忘懷。

## 「如果我有這樣一位將軍就好了！」

由於越南地處熱帶，我們去時又正值夏天，每天坐車、坐船、坐飛機，都感覺很熱，尤其陳禔學長怕熱，每天汗流浹背，連西裝都濕透了，但對我們來說，工作的重點還是在夜晚，每天不論在何處，晚上一回到住處，就要根據當天參觀所得，研究建議案，並撰寫「人位主義」。因為吳廷琰回國主政之後，積極倡導人位主義，他的基本理念是主張以「人」為本位的人位主義，來對抗以「物」為本位的共產主義，但他並未寫成一套有系統的著作，只是少許片斷的演講詞。王昇認為與共產黨作戰，理論至為重要，因為共產黨一向極為重視意識形態的鬥爭，為了協助越南共和國建立反共理論體系，他在召見筆者的第二天，打電話給筆者，要筆者為吳廷琰寫人位主義。當接到這一指示時，心裡真是惶恐萬分，不知如何是好，因為像筆者這樣一個孤陋淺薄的上尉，如何能為外國總統寫主義，這責任實在太大了，筆者承受不起，但反覆思想，又不便啟齒。只得硬著頭皮，針對越南的歷史背景、政治情勢、社會需要，並參照我國的人本哲學與人本政治，試著擬出大綱，送呈王昇核奪，經過核定後的大綱計分七章，先談越南民族的成長與發展，肯定其優越與貢獻，接著談人位哲學、人位政治、人位經濟、人位教育、人位社會，最後談越南的命運與世界的前途。每天晚上便根據這個綱要撰寫，每寫完一章，即呈王昇核閱，王昇並花費很多心血和時間，逐字逐句修改，他很謙虛的對筆者說：「我修改的，如果你有意見，可以再改！」那時由於時間極為緊迫，只有兩個月，又缺乏參考資料，本來在離開臺北前，也選購了一些參考書籍，看目錄是具有參考價值的，孰知到寫作時細看內容卻根本用不上，堤岸雖然也有幾家僑胞所開的書店，但賣的都是一些愛情偵探武俠小說，在那種孤立無援的情況下，我才深深的體會到什麼叫作「書到用時方恨少」了。就這樣每夜在那裡搜索枯腸，弄到兩三點才睡，可是躺在床上，腦海裡五花八門，仍然無法入睡，而天亮之後又要準備新的一天的工作，王昇看筆者神色不對，怕無法長期支持下去，乃拿安眠藥給筆者吃，這是筆者生平第一次吃安眠藥。從而筆者才知道，長期以來，王昇由於工作忙、責任重、壓力大，早已在吃安眠藥了，且不論到什麼地方，他都隨身帶著，幾十年來都未曾斷過。

七月六日下午，也就是我們抵越的兩個月之後，吳廷琰總統正式接見王昇。當時由於越南政府頒布法令，要求所有旅越的華僑都要入越南籍，都要按規定服兵役，婦女並要穿越南裝，引起僑胞們的普遍反對，中越關係一時弄得很不愉快，因此吳廷琰一見到王將軍，就問他對越南華僑問題有什麼意見。王昇答說華僑問題應由駐越大使袁子健先生處理，他本人是軍人，且來越不久，對此問題缺乏研究，沒有什麼意見，不過王昇也說，中越兩國乃兄弟之邦，又同是堅強的反共友邦，他相信越南政府一定會善待華僑，妥為處理。吳廷琰聽後似甚為滿意，然後才轉入正題，詢問王昇兩個月來參觀訪問的觀感與意見。王昇除報告一般觀感外，即將在參觀訪問時所發現的七個重大問題，一一向吳總統陳述，吳總統都點頭表示同意，而王昇每陳述一個問題，即隨手將所研擬如何解決問題的方案，連同附件一共十九個文件，逐一遞給吳廷琰，最後，王昇拿出厚厚一本書給他，封面寫著：「吳廷琰著：人位主義」。吳廷琰本熟諳漢文，讀過四書五經，且能作漢詩，只是不會講中國話。他十分驚訝的把《人位主義》拿在手上仔細翻閱，然後他對王昇說：「所有這些文件和方案，我都要仔細研閱，並付諸實施。不過要實施這些方案，要先溝通官兵的思想和觀念，因此要請將軍巡迴各地演講。」

王昇說：「我兩個月的時間已屆滿，且因職務異動，國內正等我回去辦移交，特向總統辭行。」

吳總統說：「你不能走！」

王昇說：「我是軍人，必須聽國防部的命令。」

吳總統說：「我會給蔣總統打電報！」原訂兩個小時的談話，竟談了三個半小時。

當天晚上，我們照例仍到中南飯店去吃飯（第一次訪越時，我們在西貢不論住 Hotel Caravelle 或住 Hotel Majesty，都到中南吃晚飯，因較旅館便宜很多），當時王昇因已達成任務，心情顯得十分愉快，他以很輕鬆的口吻對筆者說：「陳祖耀，吳總統應該頒給你一座勳章！」

聽到王將軍喜悅的聲音，感覺如釋重負。猶記在松山機場上飛機時，陳禔學長看筆者心思重重，滿面愁容，要筆者 "Relax! Don't worry!" 可是筆者一直無法放鬆，直到這時方知未辱師命，心中的一塊石頭才算落了下來。第二天一早，心戰署長阮文珠到旅社來見王昇，他說昨晚吳總統對他和身邊的人說：「這個王將軍只帶了兩個上尉，才來兩個月，而且每天都在各地參觀，竟能針對我們的需要完成這許多文件，真令人感動，如果我有這樣一位將軍就好了！」

## 破除越軍將校對我國的心結

吳廷琰總統真的很快即致電我國政府，要求准許王昇繼續停留三個月，國防部因王昇已奉調總政戰部副主任，必須回國辦理移交，答覆同意一個月。吳廷琰首先即請王將軍對全國將校演講「政治作戰」，並由總參謀長黎文己上將正式來函邀請，時間訂於七月廿六日上午八時，地點在總參謀部。是日上午七點五十分，王將軍率領我們到達總參謀部，先拜會黎總參謀長。八點正，由黎上將與參謀長范春昭少將（後曾任駐我國大使）陪同蒞臨大禮堂，在檢閱儀隊後，並由樂隊演奏中越兩國國歌，旋由范參謀長致介紹詞，八點十分，王昇開始演講，他首先說明共產黨的本質，及我國在大陸與共軍作戰血的經驗與教訓，接著闡述政治作戰的意義、戰法，及當前世界各國實施政治作戰的現況，然後介紹政治作戰在我國軍中的作法，最後講到越南反共的前途。十點十分，演講在熱烈的掌聲中結束，休息十分鐘後進行討論，聽眾提出許多問題，王昇均一一為之作答。後來有位上校提出了一個出人意料的問題，他問王昇說：「中華民國政府在一九四五年代表盟軍到越南來接收日軍的投降，如果當時不把越南的主權交給越盟，恐怕今天的越南不是這個局面，請問將軍對此問題有何高見？」

這個問題提出以後，全場為之啞然，大家都凝神望著臺上，看王昇究將如何答覆。因為對一個由政府請來的外國將軍，在這樣正式的場合，提出這樣尷尬的問題，實在令人有些難堪，當時筆者心裡就感到十分不快。王昇事後對筆者說，他當時曾有兩種考慮，一是這個問題超出今天的講題，不予答覆；一是轉問該上校，依他的看法該交給誰，因為那時的越南只有一個「越南革命同盟」（簡稱越盟）的政府。但他覺得這兩種答覆不但對兩國的邦交沒有裨益，而且可能更增加越南軍民對我國的反感。因為越南人民一直認為中國在歷史上是侵略越南的，越南歷史上的民族英雄，幾乎都是以反抗中國而著名的。再加上法國殖民主義者故意歪曲歷史事實，藉以離間中越關係。而抗戰勝利後，盧漢的部隊奉令接收越南，由於軍紀敗壞，給越南人民留下極為惡劣的印象，同時越共又極力挑撥越南人民與華僑的關係，由於許多因素，使得中越兩國的關係當時並不太融洽，因此，王昇乃決定把握此一機會，消除中越兩大民族之間的隔閡，特別是軍中將校對我國的心結。於是他以極沉穩的態度與極誠懇的語氣回答。他說：「我覺得這位上校的問題提得很坦率，我亦願意很坦率的回答這個問題。」繼而說出他對這個問題的看法。他說：

我們中國自國父孫中山先生領導革命以來，其目的在求中華民族之自由平等，同時也極力幫助各受壓迫的民族獲得自由平等。故民國成立以後，對於越南和韓國的愛國志士在中國境內所組織的復國運動，無不予以支持援助，那怕是開罪各有關的強國，亦在所不惜。開羅會議時，蔣中正委員長更堅決主張越南和韓國在戰後必須予以獨立，中國政府和人民對越南民族的獨立運動始終是同情和支持的，這是有歷史的事實可以證明的。第二次世界大戰結束時，依照盟軍的協議，越南以北緯十六度為界，將日軍劃分為兩個受降區，十六度以南由英軍負責接收，十六度以北由國軍負責接收。但英軍在接收之後，立即將主權交給法國，致使法國殖民勢力重返越南，佔領越南半壁山河，以致後來演變成為「法越戰爭」。我們中國對越南沒有任何領土野心，只希望越南能獲得獨立自由，而當時的「越南革命同盟」是由越南各愛國志士，各革命團體所聯合組成的，並且得到各同盟國的支持，所以中國軍隊在接收北緯十六度以北之後，即遵守我政府指示，迅速將主權交給越盟。在中國政府的本意，乃是誠心幫助越南人民早日獲得獨立，成為一個民主自由的國家。孰知越盟後來竟為共產黨所把持，所有參加越盟的愛國志士與革命團體，都被胡志明相繼排除或殺害，這不但是我們中國政府所未曾想到，恐怕也是越南的許多愛國志士所未曾想到，否則他們便不會因參加越盟而遭受殺身之禍了。

接著，王昇又以很沉痛的語氣說：

說來我們也很痛心。對第二次世界大戰，我們中國抗戰時間最長，犧牲最大，貢獻最多，但勝利後，我們不僅未能幫助友邦完成獨立，甚至連我們自己的國土亦不能確保，就在抗戰末期勝利業已在望時，與我們併肩作戰的盟邦，竟在雅爾達會議中將我國祕密出賣了，不但強迫我國要允許外蒙獨立，並讓蘇俄軍隊進入我國東北，將接收日軍的武器用來裝備共軍，使共軍擴大叛亂，其後並強迫我中央政府與中共和談，阻礙國軍進攻，斲喪民心士氣，致使中共因之坐大猖獗，導致整個大陸河山為之變色！

最後，王昇以勉勵與期待的口吻說：

我覺得今天人與人之間，國與國之間，可能都有或多或少的誤會或不愉快的事情，但我們中越兩國是兄弟之邦，我們都是被壓迫的民族，以往我們同遭帝國主義的凌辱，今天我們又同受國際共黨的侵略，我們應該清除過去的誤會，加強當前反共大業的合作，從今以後，我們要增進了解，要同心協力，來消滅我們共同的敵人共產黨，這才是我們當前應該走的一條正道。

王昇講到這裡，全場掌聲雷動，這時已是十二點三十分了。總參謀長黎文己上將站起來趨前與王昇握手，又是一陣熱烈的掌聲。黎總長說：

今天非常感謝王將軍的光臨，他的精闢的講演，使我們獲益良多，正如王將軍所說，我們今後要團結合作，協力抗共。現在因時間已過，討論停止，各位如還有問題向王將軍請教，可以書面送請王將軍解答。我們非常感謝王將軍。

聽眾又報以如雷的掌聲。黎總長並送王昇榮譽狀一方及指揮棒一支，王將軍亦以「中國之友」紀念牌及「政工紀念徽」各一座贈送黎總長。然後黎總長、范參謀長等在全場的掌聲中，親送王昇到大禮堂門口，始殷殷握別，晚上並有許多越南軍官前來寓所向王昇道賀，讚譽演講成功。

其後又有數場講演，亦都非常精彩。心戰署長阮文珠特於王昇離越前三天，即八月二日下午在心戰署舉行一次盛大的「惜別座談會」，讓心戰幹部向王昇請教反共的經驗與意見。阮署長在致詞時，一再對王昇的協助表示感激與敬佩，各與會人員亦均熱烈發言，提出許多問題和意見，王昇均為之解答。其中有位少校說：「在將軍未來之前，我們曾聽說中華民國的軍隊訓練精良，但仍將信將疑，因為在第二次世界大戰結束時，貴國盧漢的部隊到越南來接收日軍投降，軍紀很壞，姦淫、擄掠、吸鴉片，給我們極惡劣的印象。這幾次聽到將軍的講演，對將軍的學識見解和風範，內心非常敬佩。我們相信貴國的軍隊一定能完成反攻大陸消滅共黨的任務。」

由於每次參加講演或座談的都是越南三軍的重要幹部，如後來主宰越南政局的阮慶、陳善謙、阮文紹、阮高奇、杜茂等等，都對王昇協助越南的真誠與解決問題的卓見，極為認同與支持，因而與王昇建立深厚的友誼，所以即使在吳廷琰被推翻以後，每一個時期的每一個掌握政權的人，都對王昇極為信賴與尊敬，並都希望能獲得王昇的協助與指教。

## 經國先生祕密訪越

王昇率領我們於八月五日返國後不久，越南政府又循外交途徑來電邀請，希望王昇能再率員前往越南協助工作。國防部正簽辦時，不意越南傘兵司令阮正詩上校，在若干失意政客的煽惑下，突於是年（一九六〇）十一月十一日發動政變、包圍總統府，企圖迫使吳廷琰總統改組政府；雖然為效忠吳廷琰的阮慶師長和黃文高師長，星夜率部前來解圍，阮正詩見寡不敵眾，逃往金邊，使這場未經流血的政變很快平息，但越南的民心士氣與國際聲譽都受到很大的影響。

蔣中正總統為同情吳廷琰總統的處境及協助其加強反共措施，乃於高雄西子灣召見王昇，囑其前往西貢，一方面代表政府慰問吳廷琰，同時並和越南政府各部門研究如何加強反共措施。王昇奉命後，即於十一月廿日離開臺北，獨自前往西貢。王昇抵達西貢後，仍住白籐街五號越南政府賓館。次日上午九時，吳廷琰總統即予接見，「風雨故人來」，吳廷琰看到王昇到來，似特別感到親切，兩人整整談了一個上午。吳廷琰經過這次政變，更下定決心，一定要建立軍中政治作戰制度，使官兵知道為誰而戰、為何而戰，將官兵的思想意志和國家人民的利益前途相結合，不再讓少數的野心政客和不肖軍人所煽惑利用。他對王昇說：「你們中華民國能夠這樣做，我們越南也要這樣做！」

因此，他決定請我國政府派遣一個軍官團，請王昇親自領導，長期住在西貢，協助越南政府建立軍中政治作戰制度，訓練政治作戰幹部。

王昇即針對派遣軍官團赴越所應負責的工作項目與具體作法，經過詳細研究，向吳總統提送備忘錄後，於十二月四日下午返抵臺北；即將越方的要求，向政府簽報，很快即獲得批准，同意派遣一個七人軍官團，由王昇率領前往越南，時間暫訂為一年。王昇在確定人選，分配工作後，又於十二月十日趕赴西貢。

王昇這次匆忙赴越，有一個很重要的任務，就是要安排蔣經國先生前往越南訪問。

蔣經國先生當時是中國國民黨中央常務委員、行政院政務委員、國防會議副祕書長、及青年救國團主任；而且眾所周知，他是蔣總統的長子。他在這個敏感時刻前往越南，當然是代表蔣總統對吳廷琰的支持與慰問，同時並與吳廷琰交換一些反共的經驗與意見，以加強中越兩國的合作關係。

由於經國先生的身分特殊，不能對外公開，所以只能祕密進行。他的專機於十二月十四日上午八時三十分，在西貢新山一軍用機場降落，僅有兩名隨員。下機後，即在停機坪乘越南政府的禮車，在嚴密的戒護下進住政府賓館；連他們所乘的座車兩邊車窗，都掛上深色的窗簾。吳廷琰並派他的總統府警衛旅司令阮玉魁中校為經國先生的侍衛長，以示對經國先生的隆遇；而專機則在軍用機場加油後立即飛返臺北。

經國先生在吳廷琰總統元月份訪華時，曾與之單獨會談；現在再度相見，當然更為親切，所以他們的會談也就非常融洽而愉快。

經國先生在西貢停留期間，並由王昇與阮玉魁司令陪同參觀越南民族英雄陳興道祠、與悅王廟等名勝古蹟、以及國家博物館等文化事業。經國先生抵越的第二天，恰好是王昇的生日；經國先生除在行館為王將軍慶生外，特為王昇畫蘭花一幅，以作紀念。

經國先生在西貢僅停留兩日，即趕返臺北，結束了這一次祕密外交之旅。

## 奎山軍官團

吳廷琰總統所要求的七人軍官團，國防部經簽奉核定後，即於十二月七日下午四時，在總政治部集合；王昇即席宣布赴越任務，並分配工作及指示所應準備的事項。團長由王昇親自擔任，副團長為時任憲兵司令部政治部主任阮成章少將，襄助團長領導策劃全團工作；參謀長為劉戈崙上校，在團長副團長領導下，督導團內全盤工作、並負責團內經費之領取與保管。團員楊浩然中校負責團內事務與出納工作；陳玉麟中校負責團內會計與膳食管理；陳祖耀上尉負責團內祕書；陳禔上尉負責團內公共關係。

軍官團成立後的第二天，即在臺北市長沙街國軍英雄館集中辦公，積極展開出發前的各項準備工作。參謀總長彭孟緝上將、和總政治部主任蔣堅忍中將，均曾分別召見全體軍官，並點名訓話。國防會議副祕書長蔣經國先生，在國防部會議室召見全體軍官時，特別勉勵大家要盡心盡力幫助越南反共，並要注意生活言行，表現中華民國軍官的風度。

令人遺憾的是參謀本部一位主管長官，他不相信一個七人組成的軍官團，會有什麼作為，每月全團的辦公費、通訊費、與交際費只核發二十美元；王昇一言不發，一文不爭，並對團員們說：「我們既然奉了領袖的命令，有錢要幹，沒有錢也要幹。」

十二月卅一日，軍官團全體軍官在副團長阮成章將軍的率領下，於下午三時四十分，乘日航公司班機前往香港。由於駕駛員罷工，第三天，也就是民國五十年元月二日，才改乘越航公司班機，於下午三時飛抵西貢。在越方的熱烈歡迎下，住進白籐街五號越南政府賓館。

軍官團抵達西貢的第二天，適為吳廷琰總統的六秩華誕，越南各界多有慶祝活動。王將軍為介紹本團軍官與各有關人員見面，早已發出邀請，訂於元月三日晚間七時，在駐地舉行酒會，為吳總統祝壽；所以軍官團到達西貢以後，即全體動員開始布置壽堂、及進行各項準備工作。元月三日這天，「白宮」內外張燈結綵、喜氣洋洋，尤其在那美麗的西貢河畔，晚風輕送、柳影婆娑，更令人心曠神怡。來賓二百餘人，無不同聲讚美，有些人甚至留戀忘返，直至深夜始相繼離去；袁子健大使等都一致認為，以這種方式宣布軍官團的成立，實是別開生面。

我們自抵西貢的次日起，每天都舉行早餐會報。王昇規定每天要報告前一天的工作情形與當日的工作計畫。他並要求全體軍官：「一定要謙虛、誠懇、親切、周到，不僅工作要成功，做人更要成功，不能讓任何一個人說我們不好，不能因為很小的事情惹出一些麻煩，我們一定要以主動熱情的精神，誠懇謙虛的態度，來完成我們共同的使命！」

王將軍在第一次會報中提出他親自擬定的「奎山軍官團工作預訂計畫」，在這個計畫中分為兩大部分，一是建立制度，一是訓練幹部，由於越南國情複雜，建立制度實非一蹴可幾，而要制度實施成功，尤需要有健全的幹部，因此王將軍指示我們積極準備創辦政治作戰研究班。

元月十五日下午二時三十分，奎山軍官團全體軍官在王將軍率領下，前往越南總統府向吳總統作簡報。越方參加的人員計有總統府特別軍事顧問、防衛旅司令、國防部各廳署長以上重要主管。簡報前王昇向吳總統介紹奎山軍官團的軍官，吳總統一一與之握手，接著王昇說明簡報的項目與程序，先由參謀長劉戈崙上校報告「軍中保防工作」，然後由副團長阮成章少將報告「政治作戰研究班教育計畫」，簡報完畢後，王昇再作補充報告，他並提出一個具體的建議，請吳總統准予成立一個臨時性的政治作戰研究委員會，由有關部門的主管及必要人員參加，並請指定一位將級人員為召集人，慎重進行研究有關建立政治作戰制度的問題，定期向吳總統報告研究結果。吳總統聽後非常高興，他說：「越南和中國好像兄弟，又好像親戚，關係特別密切。因為我們是一家人，所以你們來越以後，我們並未特別招待你們，希望能夠原諒。今天的簡報很好，教育計畫很完善，可以就按這計畫實施；保防工作很重要，希望將軍在這方面多予協助。關於成立政治作戰研究委員會的問題，我現在即指定總參謀部的參謀長阮慶少將為負責人，要他在最短期間內即成立，請將軍多予協助。」

阮慶將軍奉命後十分熱心積極，很快即成立政治作戰研究委員會，並於元月廿日舉行第一次會議，就吳總統交議的「建立越南共和軍政治作戰制度方案」，作概略性的研討，這個方案實際上即是王將軍第一次訪越時向吳廷琰提出的，會中雖然與會人員均認為構想很好，越軍也確實有建立此一制度的需要，但因牽涉因素太多，以後雖又討論了幾次，卻始終未能正式付諸實施。

建立制度需要花很多時間溝通協調，訓練幹部則比較單純易行，因此王昇在我們抵越之初，即分配我們每人所擔任的課程，且每一門課程講授什麼內容，他都擬定好了，並規定每一小時的課程必須寫三千字的教材，他還要親自審定，所以每個人都在不分晝夜的趕寫教材。

王昇自己擔任人位主義（三十小時），副團長阮成章少將擔任政治作戰研究（三十小時），參謀長劉戈崙上校擔任反共戰略研究（十小時）、政戰參謀業務（二十小時）及保防工作（四十小時），團員楊浩然中校擔任政訓工作（四十小時）及監察工作（二十小時），陳玉麟中校擔任心理學（四十小時）及心戰工作（四十小時），陳禔上尉擔任民運工作（二十小時）、福利工作（二十小時）及演講技術（二十小時），筆者擔任哲學概論（四十小時）、理則學（四十小時）及共產主義批判（三十小時），合計四百四十個小時。另有越南憲法、越南近代史、吳總統行誼、國家建設、北越實況、越盟陰謀策略研究等課程，則由越方擔任。筆者與楊浩然學長還奉命分別擔任教務工作與訓導工作，那時不僅我們每一個軍官均夜以繼日的趕寫教材，即負責翻譯的朋友們亦是不分晝夜，他們都是我國中央軍校畢業的旅越僑胞，熱心協助，亦非常難得。

越南政府為了減少內部和外在的阻力，決定先成立心戰訓練中心，在心戰訓練中心內辦理政治作戰研究班，於是王將軍乃與越方人員冒著遭越共伏擊的危險，乘車到大叻、芽莊等地尋找班址，結果還是選在西貢黎聖宗街十五號前法軍的營舍。為求辦班成功，在研究班開訓之前，先辦兩天幹部講習。當時的越軍真是充滿了求新求變的精神，除了心戰訓練中心臨時調來的幹部之外，政治作戰研究委員會的相關人員與心理作戰署的重要幹部，亦都來參加講習；接著又對翻譯人員實施兩星期的訓練，並讓他們彼此觀摩討論，以增進其技能與信心。

## 政治作戰研究班

政治作戰研究班於五月廿四日上午九點舉行開訓典禮，由總統府部部長兼國防部副部長阮廷淳主持，總參謀長黎文己上將、兼班主任阮慶少將、越南各高級將領、各國駐越武官及本團全體軍官，均應邀觀禮。本期招訓對象為陸軍團級以上與海、空軍、機關、學校、醫院、工廠同等政治作戰機構之正副主官，共計一百二十人，訓練期限為十六週，當天下午由筆者與楊浩然學長分別報告教育與訓導工作，另由越南軍官報告行政與管理工作。第二天上午八點開始，王昇即為他們講授人位主義，阮慶將軍並親自陪王昇到教室向學員們詳為介紹，王昇每講授告一段落，即讓學員們發問討論，越南軍官多受過法國軍官養成教育，善於表達，喜歡辯論，對此理論課程，尤感新鮮，討論到最後，學員們都說：「我們贊成將軍的意見。」王昇則說：「這是吳總統的意見，我們都贊成吳總統的意見。」

該班於十月十四日訓練期滿，舉行畢業典禮，吳廷琰總統親臨主持，越南政府自阮玉書副總統以下各文武官員、各國駐越使節，均應邀參加。吳總統親頒畢業證書，他在致詞時，特別強調政治作戰在現代戰爭中的重要，期勉學員們畢業後要努力完成反共保民的偉大使命。對本班教育的成功，他極為嘉許，對本團的精心策劃與全力協助，尤深為感謝。下午兩點，全體學員與教職員又前往總統府，接受吳總統點名訓話。他再次訓勉畢業學員要認清自己的責任，努力拯救自己苦難的國家與同胞，語重心長，聽者無不動容。吳總統並與本團軍官一一握手，再三表示感謝，他說：「你們對越南共和國作了極大的貢獻，這種貢獻不是任何金錢財物可以買得到的！」

由於政治作戰研究班的反應極為良好，越方又要我們辦理初級班，人數仍為一百二十人，因我們在越工作的時間只剩兩個月，所以教育期限縮短為八週，教育對象則為陸軍營連及海、空軍同等單位之政戰人員與各級重要幕僚。於是我們一面為研究班上課，一面為初級班編教材，該班十一月一日開訓，五十一年元月二日畢業，時間雖較短，但訓練成果一樣圓滿。

我們在越工作一年結束時，越南政府鑒於我們僅僅七位軍官，團長且因國內工作繁忙，兩度回國，但為他們辦理政治作戰研究班、初級班，又為他們研究建立制度、擬計畫、寫教材、辦行政，每天除上課外，還指導各種活動，學員們也反應熱烈，乃由國防部與總統府部開會通過，並報請吳總統批准，頒贈每人榮譽星座勳章一座。據越方告知，這是越南共和國成立以來第二次對外國軍官頒贈勳章，在此之前，只有美國前駐越軍事顧問團團長威廉中將曾獲得此項榮譽。此外，越方並曾簽奉核定致贈本團軍官每人路費美金一千元，但為全體軍官婉拒，尤為越方所欽佩。當時本團每月的辦公費為美金二十元，僅是過陰曆年時，犒賞越方派來的憲兵、警察、安全人員、駕駛及廚師等，就超過了全年的費用，所以平常一切的費用，完全由我們自己捐獻。我們每個月的生活補助費為美金一百八十元，除去每月捐助辦公費五十元，分攤伙食費三十元，賸餘一百元作為交通、郵電等零用金。

我們回國後不久，吳廷琰總統又來函，邀請王昇前往協助，實在當時的吳廷琰，處境極為艱困，因他早年被法國殖民主義者逼迫，長期流亡海外，直到一九五四年日內瓦協定，法國因戰敗被迫退出越南，吳廷琰在美國的支持下返回越南，宣布成立越南共和國，並在大選中當選總統，但國際共產黨早已滲入越南各階層，而越軍所有的將領幹部，都是法國培植訓練的，而且派系眾多，無法團結成一個整體力量。

吳廷琰非常欣賞並贊同王昇所提出的方案與作法，但又恐遭到美國方面的阻撓，所以當王昇率領我們在越南工作時，只得以「奎山軍官團」的化名，每天都穿著便服，現在他又要王昇前往幫忙，王昇因本身工作繁重，無法長期離開，乃簽派劉戈崙上校前往，因劉上校才能卓越，經驗豐富，且已在越南工作一年，對越南各有關機構和人員已非常熟悉，劉上校奉命後，即於民國五十一年（一九六二）八月前往西貢，積極協助越南各有關單位工作，直到次年十月奉召回國，接任總政治部第四處處長，翌年元月一日榮升少將。民國六十二（一九七三）年四月，奉派「中華民國駐越建設團」團長，率領參謀長、各組組長及團員共三十五人，前往越南工作。民國六十四年四月在西貢淪陷前奉命返國，調任聯勤總部政戰部主任，次年一月晉升中將，其後榮任總政戰部副主任及警備總部副總司令，對國家貢獻卓著。

## 向魏茂蘭上將簡報

越南自一九六三年十一月一日發生流血政變，殺害吳廷琰總統並推翻他所建立的第一共和後，內部鬥爭激烈，國家元氣大傷，給予越共擴大叛亂的大好機會。阮慶中將於次年三月二日取得政權，自任總理，總攬國家行政大權，同時任命陳善謙中將為國防部長兼三軍總司令，阮文紹少將為三軍參謀長，形成所謂鐵三角，而這三人都與王昇具有深厚的友誼，所以在阮慶取得政權的第三天，我國政府即派王昇前往西貢，表示對他的堅決支持，並研商有關越南與共軍作戰的問題。同年八月，越南政府為對抗越共的擴大叛亂，決心建立全面有效的政治作戰制度，王昇再一次應邀訪越，這已是他第七次訪越了（以後又去過兩次）。八月廿三日，越南政府為國防部長兼三軍總司令陳善謙晉升上將，舉行盛大的酒會，越南政府文武官員、各國駐越使節以及美國駐越軍援司令魏茂蘭上將等眾多將領均參與盛會。王昇身穿便服，擠在人群中，阮慶總理進入會場時，全場響起熱烈的掌聲，當他一眼看到王昇時，立即快步趨前與王昇熱烈擁抱，所有的鎂光燈都集中在他們兩人身上，引起全場的注意。美國駐越軍援司令魏茂蘭上將 (Gen. William C. Westmorland) 知道他是王昇後，即主動請一位越南將領為之介紹，他劈頭就對王昇說：「我知道你到了西貢！」於是兩人由越戰的現況，談到如何贏得越戰，越談越投機，因酒會時間有限，雙方均意有未竟，王昇乃表示願意為他作一次政治作戰的簡報，魏茂蘭上將極表歡迎，因為當時他統帥五十餘萬最精銳的美國大軍，擁有世界上最現代化的各種新式武器，再加上六十餘萬越南政府軍，以及韓、泰、菲、澳、紐等國軍隊，共達一百二十萬人，但在越南戰場上，卻像一個巨人掉入廣袤的泥淖之中，一籌莫展，且曠日持久，各方對他壓力越來越大，現在有人願為他提供贏取越戰的方策，自是求之不得。

這個簡報是由王昇親自撰寫的，並譯成英文與越文。首先說明共產黨是自由世界的公敵，其目的在赤化整個自由世界。它「以欺騙對付對方的靈魂，以暴力對付對方的肉體」，其殘忍陰險，實非世人以常情所能想像。致使許多純潔的學者、正直的軍人、善良的民眾，受盡愚弄而不自知。一旦淪入鐵幕，則被迫過慘絕人寰的牛馬不如的生活。

共產黨的作戰方式，在武力戰方面，除與一般軍事家一樣，重視兵員、裝備、戰略、戰術外，並特別講求從無到有，以少勝多。尤其為了支持有形戰爭之勝利，乃開闢無形戰場，努力從事於看不見的戰鬥。對方若僅以純武力戰應付，縱使能一時一地獲得勝利，但久而久之無不陷於困頓迷惘之境。王昇接著即簡報政治作戰「六大戰」的內容與戰法，並指出，「我們必須認清，反共戰爭是一種爭取民眾，爭取民心的戰爭；而如何能爭取民眾，爭取民心，一方面我們自己要做些什麼，一方面還要不讓敵人做些什麼。」

王昇又在「戰略指導」、「軍隊制度」、「兵力運用」、「行政技術」等方面，提出具體可行的方案。簡報最後說：

「在越南戰場上，我們可以看得很清楚，唯有美國是真心而且是有力的支持者。為了爭取這一戰爭的勝利，在政治作戰方面，我們希望美國：

一、支持越南軍隊足夠的員額，建立政治作戰制度。

二、支持越南政府成立武裝的政治作戰部隊，進行面的戰鬥。

三、支持越南軍隊建立電視臺，分發每連一部電視機，俾能用康樂藝術形態，向三軍官兵進行有效的反共宣傳教育。

四、分發每連若干小型電子喊話器，加強敵前心戰喊話。
五、建立強有力的心戰電臺，進行對敵心戰。
以上所報，完全是基於共同敵人共同利害的立場，坦誠提出若干意見，吾人所見容或未能盡符貴國的觀點，但其中不無反共之經驗，是否可行，謹供參考。」

魏茂蘭上將聽完簡報以後，感到非常欣愉，認為政治作戰制度對於越南反共作戰，確實有極大的幫助。因此，當即同意越南政府儘速建立此一制度，並希望我國政府能從速派遣一個顧問團，長期駐留西貢，以協助越南政府。美國並願依照第三國援助越南之規定，給予我國顧問團行政支援。二人相談極為愉快，最後並與王昇合影留念。

八月廿八日，王昇在西貢學生示威遊行極為劇烈中，仍與越方繼續研究建立軍中政治作戰制度及政治作戰部隊等問題。下午，阮文紹將軍在極度繁忙中，親到王昇所住的張明講街政府賓館，舉行最重要的一次會議。決定越南共和軍建立政戰制度，中華民國派遣顧問團，並由阮文紹將軍與王昇當場共同簽訂一份協議。晚上阮文紹將軍宴請王昇，暢談至深夜。

接下來連續兩天，王昇率同隨員，繼續與越方研究政治作戰學校的編制、設施、及訓練計畫。並與越、美雙方進一步研究我國派遣軍事顧問團協助越南建立軍中政治作戰制度的有關問題。

八月卅一日上午，王昇再度與美軍援越司令部作戰處長德彼將軍討論關於政治作戰部隊如何建立如何運用的問題，以及我國顧問團赴越後行政支援的細節問題。王昇並代表中華民國政府與美國軍援司令部簽訂第三國援越的支援協定。

九月一日，越南共和國國防部部長兼三軍總司令陳善謙上將，以國心文字第〇一六四號函致送我國國防部參謀總長彭孟緝上將，正式邀請我國派遣軍事顧問團赴越。

## 成立駐越軍事顧問團

王昇一九六四年九月四日返國後，即將在途中所寫報告及在西貢所簽協定，一併呈報國防部，並面報參謀總長彭孟緝上將與國防部副部長蔣經國先生。國防部很快即簽呈蔣總統核定，同意越美的邀請，成立「中華民國駐越軍事顧問團」，並發布命令，以鄧定遠中將為團長、韓守湜少將為副團長、毛政上校為參謀長，團員為孫守唐、周樹模、諶敬文、李宗盛等上校，陳祖耀、祝振華、趙中和、陳慶熇等中校，趙琦彬、駱明道、陳貴、范純道等少校，合計十五人（此後人數增加為三十一人），赴越工作時間暫訂為一年。此為中華民國成立以來所派出的第一個「軍事顧問團」。並使青天白日滿地紅的國旗，與其他各派出軍隊援助越南作戰的國家的國旗，一起飄揚在「自由世界軍援委員會」前面的廣場上。

駐越軍事顧問團竭力協助越南政府，建立越軍政治作戰制度，設立各級政治作戰組織，推行政治作戰工作，創建政治作戰大學，訓練政治作戰幹部，並派遣顧問到陸軍各軍區司令部及海、空軍司令部，協助推行政戰工作。又在芹直、光中、順化等地舉行連隊政戰工作示範演習，甚為順利成功。

## 越戰為什麼失敗

當年美國為世界超級強國，以自由世界盟主的地位與聲勢，對面臨國際共黨侵略的越南共和國，提供經濟與軍事援助，其所表現的人性光輝與道德勇氣，曾獲得世人的尊敬與讚譽。

唯其後隨著戰局的擴大，美軍不斷的增加，至一九七〇年達到五十四萬三千餘人。同時還有韓國、泰國、菲律賓、澳大利亞、紐西蘭等國的部隊，亦達六萬餘人，再加上越南共和國本身的正規軍六十餘萬，地方軍義軍六十萬，總計達一百八十餘萬人。經過十年的苦戰，據美國國防部公布，美軍在越戰中陣亡官兵四萬六千三百九十七人，受傷三十萬六千六百五十三人，失蹤二千九百四十九人。另因飛機汽車等意外事件死亡的美國人約一萬零三百人。越軍陣亡官兵二十五萬四千二百五十七人，受傷七十八萬三千六百零二人。至於一般民眾死於戰火者沒有正確的統計數字，估計最少在二百五十萬人以上。美軍在越戰中投擲炸彈七百六十萬噸，為第二次世界大戰所投擲的三倍半，據五角大廈說，美國空軍共損失了三千七百餘架噴射機，五千餘架直升機。而在經濟方面，美國共耗費一千五百餘億美元，每一個越南人約合七千美元。然而這場耗費巨大，傷亡慘重的戰爭，卻在美國國內與世界各地強烈的反戰聲中，特別是尼克森競選總統時，為了爭取選票，提出所謂「越戰越南化」，屈辱的和北越簽下一紙「巴黎和平協定」。使美軍黯然退出越南，豈知墨瀋未乾，美麗富庶的越南共和國即被北越吞食，聰明善良歷盡苦難的越南人民從此被關進鐵幕，任由越共宰割蹂躪！

# 第十六章 全力推展國軍政戰工作

## 積極推行思想教育

王昇於民國四十九年八月七日，由西貢返抵臺北後，即於次日在全校師生官兵熱烈盛大的歡送下，離開他竭盡心血艱辛開創的復興崗，前往國防部總政治部膺任副主任。次年元月一日晉升中將，同年九月十六日升任執行官。五十九年七月一日，奉蔣總統手令，晉升陸軍二級上將。當人事次長室告知這一喜訊時，他還不敢相信。而執行官一職做了十六年，直到六十四年四月四日，榮升總政治作戰部主任，迄七十二年五月十六日奉調國防部聯合作戰訓練部主任，他連續在總政戰部工作了二十二年八個多月，可以說創造了歷史性的紀錄。

總政治作戰部(以下簡稱總政戰部)的工作千頭萬緒，包羅萬象，其主要工作對象是「人」，而每一個人都有思想、意志、情感，如何能使每一個人的思想、意志、情感，都能與國家的生存發展、人民的自由幸福相結合，大家都能同心同德，團結一致，為達成共同的使命與目標而奮鬥，實在是一件非常艱鉅繁重的工作。尤其當年正值「反共抗俄」最高潮的時期，海峽兩岸的情勢極為緊張，中共一再揚言要「血洗臺灣」，而且曾多次在海峽挑起戰火，我們則要「誓死保衛臺灣」、「堅決反攻大陸」。而當時的臺灣不久前才脫離日本的長期統治，連語言都有隔閡。由於大陸紅禍滔天，戰火瀰漫，從四面八方投奔到臺灣來的人，不論是國軍官兵，還是一般老百姓，不是戰火餘生的殘兵敗將，就是家破人亡的孤兒難民。而臺灣在第二次世界大戰末期，又曾遭受美國飛機的轟炸和戰艦的圍困，以致物資缺乏，民生凋敝，再加上中共早已潛伏在臺的「匪諜」與野心政客的陰謀破壞，實在是危機四伏，險象環生。記得當我們武漢區各大專院校第一期青年軍復員的兩百多位同學抵達臺灣，在鳳山營區受訓時，夜間聽到槍砲聲，就耽心會不會是共匪來襲，那真是一段驚濤駭浪危疑震撼的日子。直到蔣中正總統於三十九年三月一日宣布復職後，情勢才穩定下來。

記得蔣經國先生曾講過一個故事，他說在金門大擔島戰役勝利之後不久，他與一位派在總政戰部當顧問的美軍軍官前往金門視察，並一同到醫院去看受傷的戰士。他對那位美軍軍官說，這些受傷的戰士中，有我們的戰士，但更多的是中共的戰士，請他分辨出來。因為傷兵在醫院裡都已穿上醫院的服裝，且住同樣的病房，那位美軍顧問一遍又一遍非常認真的仔細辨認，眼前看到的都是一樣的膚色，聽到的都是一樣的語音，最後他搖搖頭說實在分辨不出來。經國先生告訴他說：「誰是敵人，誰是同志，不在外表，而在他腦子裡面的思想！」

中共在竊據大陸後，曾編印了三本書，第一本書是《怎樣搞亂了國民黨的思想？》，第二本書是《怎樣拖垮了國民黨的經濟？》，第三本書是《怎樣破壞了國民黨的軍隊？》。這三本書可以說是中共在民國三十八年以前，一切陰謀詭計的總結。從這三本書的書名，就可以看出在大陸上失敗的原因，一個是思想、一個是經濟、一個是軍隊。中共在這三本書裡，指出了這是三個戰場。在這三個戰場中間，它的主戰場不是軍隊，也不是經濟，而是思想。中共在把思想「搞亂」之後，它才進一步「拖垮」經濟，「破壞」軍隊。這裡值得特別注意的，中共並不說它「怎樣『打垮』了國民黨的軍隊」，而是說「怎樣『破壞』了國民黨的軍隊」，這就是說，它在打之前，先就想盡方法來「破壞」，這是非常值得警惕的一個血的教訓！

就因為有了這種血的經驗教訓，所以王昇特別重視思想教育。他認為思想教育是一切政戰工作的起點，也是一切政戰工作的總和。可是思想這東西是抽象的，看不見，也摸不著。然而世界上最偉大的力量不是原子彈，也不是氫彈，而是思想。因為原子彈和氫彈的攻擊和摧毀，有時間和空間的限制，唯有思想的影響是無窮大、無限長，它完全不受時間和空間的限制。王昇曾舉例說：

耶穌被釘在十字架上，他有什麼力量？他的信徒們，有的被人燒死，有的被人活埋，有的被獅子咬死，他們有什麼力量呢？但耶穌的精神，領導了西方文化，歷千餘年而不朽，今後還要與人類文明共久長。為什麼呢？因為他有十二信徒對耶穌的信仰，因為他們有由信仰所形成的力量。思想、信仰的力量是永恆的、普遍的，這世界上沒有一種武器力量能夠與之相比。❶

王昇又說：

❶〈談知識分子的責任〉，《王昇講演集》，頁九七，黎明文化公司。

思想為一切力量的根本，一個人為什麼忠貞不二，犧牲奮鬥，是思想。一個人為什麼處變不驚，莊敬自強，是思想。一個人為什麼誤入歧途，背叛國家，是思想。政戰工作的範圍雖然很廣，但思想工作是最根本的工作。思想工作做得好，其他如組織、安全、服務等工作，也就能落實生根。❷

國軍思想教育所一貫堅持的目標，是「主義、領袖、國家、責任、榮譽」，即是在培養篤信三民主義、服從國家元首、忠愛國家、並富有責任心與榮譽感的國軍官兵，以造成戰無不勝，攻無不克的國民革命軍。

為了達成上述目標，王昇一直是從兩方面努力。

在「立」的方面：

建立三民主義真理必勝的信念。

培養官兵奮戰到底的革命意志。

深植仇共恨共勝共滅共的決心。

激勵全軍全民自立自強的精神。

在「破」的方面：

戳穿共產主義的荒謬。

❷ 吳子俊主編，《國軍政戰史稿》上冊，頁三〇八－三〇九，國防部總政治作戰部。

粉碎中共的統戰陰謀。

破除臺獨的荒謬言論。

消除狹隘的地域觀念。

同時針對不同的教育對象，採取一切有效的具體作為：

一、新兵教育：由國防部統一規劃，以「國民的基本義務」、「軍人代表國家」、「軍服代表榮譽」、「發揚黃埔精神」、「為何而戰」、「為誰而戰」等為主題，製作錄影帶，以錄放機實施電視教學，並輔以精神教育、溯祖教育等，以加強教育效果。特別是溯祖教育，讓新兵報告自己的家世，如果他弄不清自己的來源，可以回去詢問父母乃至祖父母，也可以到祠堂或祖塋的墓碑上去查考，務必弄清自己的根源，不要數典忘祖。

二、預官教育：預備軍官為國軍部隊的基層幹部，由於素質較高，其教學方法特重啟發，如主義課程、敵情課程、時事課程等，均以比較研究的方法，使其能於比較分析中，產生正確的判斷與認識。

三、學員生教育：基礎教育的軍官學校學生，為國民革命繼起的新血，永恆的骨幹。除了品德（精神）教育外，更特別重視其思想（政治）教育，利用各種課程及方法，使所有的學生都能對三民主義有深刻的認識，從而確立其革命的人生觀，並進而能明確比較三民主義與共產主義的是非對錯，確信三民主義必能戰勝共產主義的道理，以堅定反共必勝復國必成的信念。

四、官兵教育：為貫徹思想教育要求，擴大思想教育效果，民國五十九年定為「思想教育年」，統一制訂每週四為「莒光日」，自國防部以下所有各機關、部隊、學校、工廠、醫院等，都由各級主官親自領導，以精神講話、課堂講授、分組討論、輔教活動等方式，實施思想教育。輔教活動包括政治問答、時事報告、故事講述、人物評介、演講比賽、電影放映、照片展覽、軍歌教唱、小型康樂等，以多采多姿的方式，務必達到實質的效果。莒光日這一天，除有時間性的重要公差勤務，與臨時疾病和住院傷患外，對於一般公差勤務及公休、事假、會客等，均須絕對避免，務求做到全員訓練。（民國六十三年起，並進而實施「莒光週」教育。）

王昇因鑒於國軍部隊場地分散，有的在高山，有的在海濱，有的一個連，有的一個排，有的甚至是一個班、一個伍，為了澈底解決莒光日的師資問題，乃決心籌建電視臺。經過千辛萬苦，終於突破層層難關，最後獲得教育部閻振興部長的同意，運用教育電視臺的頻道，擴大為中華電視臺，於民國六十年十月卅一日正式開播，一方面可支持教育部的空中教學，同時也澈底解決了莒光日電視教學的師資問題。

為了補助年度計畫教育的不足，還針對階段性的需要，實施專案教育，如自立自強巡迴講習，聘請一些專家學者到軍中各部隊講演，並討論一些重要課題；三民主義巡迴教育，每年從政戰預官中挑選五十名特別優秀的同志，經短期的講習後，前往各營連對官兵作專題講演。還有「知匪」座談：運用反共義士，及女青年工作大隊的隊員，到軍中講演、座談，使官兵從「知匪」、「仇匪」，進而達到「勝匪」、「滅匪」的目的。

在教材方面，除了編印思想教育的基本教材外，並發給士官兵人手一冊《革命軍》，不斷革新其內容，希望能引起士官兵的閱讀興趣。五十九年四月起，又創辦《奮鬥》月刊，每期發給軍官人手一冊，其主要內容為重要訓詞、文告，及文宣主題專文、軍紀、軍法、保防、愛民專文、以及語文進修、反共文選、幽默小品、漫畫、科學新知、醫藥保健常識等，文字力求通俗流暢，版面力求活潑生動，希望能成為軍官最喜愛的讀物。

此外，尚免費供應《青年戰士報》（後改為《青年日報》）、《勝利之光》、《國魂》、《新文藝》等報刊，以及各種影片、掛圖、錄音帶、錄影帶等，總是竭盡一切力量和方法，希望能以新穎活潑的方式，提高官兵學習興趣，增進教育效果。

自民國六十七年起，並設置「連隊書箱」，每年根據文宣主題，精選富有教育性、啟發性、可讀性的書刊，不斷的予以充實。儘量把好的書刊，送到官兵的眼前，送進官兵的手中，使部隊充滿三民主義文化的氣息和活力，培養官兵旺盛的戰鬥意志與精神！

## 加強對敵心戰

中共竊據大陸以後，毛澤東打著無產階級專政的旗號，以中國共產黨做他獨裁統治的工具，推行一系列恐怖血腥的暴政，從「土改」（土改分田）、「鎮反」（鎮壓反革命）、「三反」（反貪汙、反浪費、反官僚）、「五反」（反行賄、反偷稅漏稅、反盜竊國家財物、反偷工減料、反盜竊經濟情報）、「思想改造」、「抗美援朝」（參加韓戰）、「新婚姻法」、「宗教改革」、「三面紅旗」（人民公社、大躍進、社會主義建設總路線）、「鎮壓黑五類」（地、富、反、右、壞）、「四清運動」（清思想、清組織、清政治、清經濟），一直鬥爭不停，造成骨嶽血淵。一九六六年（民國五十五年）毛澤東更瘋狂的發動「文化大革命」，利用青少年鬥爭父母、鬥爭老師、鬥爭老幹部、鬥爭早已死去的老祖宗。在十六年內，毛澤東對大陸同胞與中共幹部，肆無忌憚的凌遲拷打，濫施屠殺。據中外專家估計，慘遭毒手的共幹和善良同胞，死亡人數至少在六千六百萬人以上。這比毛澤東畢生最崇拜的歷史上最著名的殺人魔王黃巢、李闖，都超過十倍以上。毛澤東那雙魔手所沾滿的中國人的血跡，即使傾黃河長江之水，亦永遠無法洗清。

面對毛共如此惡毒殘暴，大陸同胞如此慘痛悲戚，在隔著海峽，一時無法以武力反攻大陸解救同胞苦難之際，王昇深感唯有對敵加強心戰，擴大政治號召，報導復興基地的建設進步，揭發匪偽的種種罪惡，加強對敵的分化打擊，使痛苦無告的大陸同胞，能獲得深切的關懷慰藉，以增強其求生的意志與希望。

同時王昇也深深的了解，中國問題的真正解決，在於反共理論人才的培育。因此，他在民國五十八年，正值毛共大搞「文化大革命」，鬧得天翻地覆時，他卻結合了一批仁人志士如胡秋原、曹慎之（敏）、鄭學稼等學者專家，仿傚白鹿洞書院的辦學精神，創辦了「心戰研究班」，對外簡稱「心廬」，招考大學畢業的優秀青年，施以兩年六個學期的教育，且要修滿一百四十六個學分。王昇認為不論心戰工作乃至反共大業，固然要講究工作方法和戰略戰術，而更重要的是「道」。要從中華文化根本之道上來建立官兵的正確思想，從中華文化根本之道的深處來反共。所以「心盧」的學生除了研修心戰課程外，更重要的還要研修中國文化課程。

在中國文化課程方面，學生不但要修文字學、《易經》、《書經》、《詩經》等經書，諸子百家更逐家開課。其他如魏晉佛學、宋明理學等都有名師講授，而且還都要寫讀書報告和隨堂考試。他要學生跳脫國共鬥爭和兩岸對峙的現狀，從歷史的高度、文化的深度和世界的廣度來提升心戰和反共工作的境界。因為，王昇認為，君子務本，本立而道生，只要學生從人心、人性的根本處著手，共產主義必然為人們所唾棄，遲早必成為歷史灰燼。❸

由於王昇尊賢禮士，當時的許多碩學俊彥，如沈剛伯先生、鄒文海先生、崔垂言先生、羅綱先生、魯實先先生，特別是哲學大師方東美先生，都因受到他的盛情邀請，毫無條件的願為作育反共愛國的人才而貢獻他們的心力和智慧。一時之間，心盧師資陣容之堅強，無有出其右者。

王昇每週三在心盧主持「心戰主題會報」，邀請心戰專家學者與各心戰單位的主管參加，共同研討決定當前心戰工作的主題與重點，然後由總政戰部的心戰處、心戰總隊及各有關單位，按照權責詳細規劃，切實執行。不論是廣播詞、心戰喊話稿、心戰傳單、心戰口號、空飄之傳單或標語、耳語，及對敵之書信等，均要一再研討、修正，務必使其能發揮預期的效果。

一、在廣播方面，分中央、軍中與民營三種。對匪廣播，由中央廣播電臺，與軍中各臺

❸ 黃澎孝著，〈國士風範　永懷化公——心盧教育與化公志氣〉，《永遠的化公》，頁一六五—一六六，財團法人促進中國現代化學術研究基金會編印。

擔任，民營電臺只擔任部分遮蓋匪播任務（此項任務主要由復興電臺與中國廣播公司各臺擔任）。中央電臺有中波臺四座，電力最小者五十瓩，最大者一千瓩。短波十二座，電力最小者十瓩，最大者三十五瓩。均加裝定向天線，電力可增四倍。使用週率中波五個，短波十一個。一律晝夜不停的廣播。軍中臺計有光華、金門、馬祖三電臺及空軍廣播電臺，共有十三個波段，總發射電力二十八萬三千瓩，並以綏遠歸綏及四川成都，為兩大空間發射軸線，北至東北烏蘇里江，南迄海南島，均在我心戰廣播涵蓋範圍之內，每天實施二十四小時播音，主要對象為匪軍。其餘軍中廣播電臺、幼獅及正義之聲，均為部分時間對大陸廣播，除正義之聲為短波外，餘均為中波。正義之聲，電力為十瓩。軍中各廣播電臺計共十七座，週率共二十三個。在時間方面，採二十四小時不停的播音，及定向裝置，分區廣播等方式，使全大陸各地，均可於任何時間內收到我們的播音。匪偽人員因收聽我方廣播而反匪，或來信取聯，或參加我敵後工作，顯示收到很好的效果。

二、喊話為敵前心戰主要手段之一，在金門地區設有馬山、古寧頭、湖井頭及大擔四個喊話站，金門對岸蓮河到廈門一線，均在我方喊話有效控制之下，輸出總電力，已由五十五年之五千瓩，後來增為二萬四千瓩，全年喊話總時數達一萬八千六百小時。據投奔自由的反共義士及大陸漁民說，我方喊話在廈門地區可清晰聽到。

三、心戰傳單以敵方軍民為實施對象，以一種印有文字或圖片的小張印刷品，散發於目標區域，其目的在影響目標地區的民心士氣，使其發生心理上的變化，以達成某種特定的目的。由於我空飄作業不斷研究發展，進展神速，於是傳單印製數量不斷增加，由五十八年之八百萬份，六十一年已增為一億份，超過十二倍之多。六十二年則由一億份，增加到十億份。後來又增闢馬祖空飄基地，六十三年已增加到十五億份。根據敵後情報顯示：大陸廣大地區，普遍發現我空飄氣球及傳單，效果至為顯著。許多反共義士，都是由於看到我心戰傳單，而激發其投奔自由的決心和勇氣，毅然來歸。

四、心戰口號，在依據戰略、戰術的需要，針對客觀形勢，鮮明有力的提出一種主張，啟發群眾心理要求，以達成心戰之目的。其措詞力求簡短、扼要、具體、通俗、順口，且新穎而富刺激性。

五、空飄為對匪心戰最有效的手段，因我與匪一水之隔，佔以點制面的地理優勢，只要風向有利，心戰氣球即可順利飄進大陸，予匪以嚴重打擊。多年來，國軍空飄作業，經不斷研究發展，已由五千呎低空氣球，發展至十萬呎電子遙控定時、定點、定距之巨型氣球。

國軍設有金門、花蓮、韓國三個空飄基地，金門、馬祖、東引、烏坵空飄站十八個，對匪實施空飄高、中、低空氣球。攜帶傳單，蔣總統玉照章、國旗章、國旗、標語及日用品，目標地區可達東北、華北、西北、西南、華南及東南沿海地區二十一個省市。

六、耳語之推動，主要在「敵後」與「敵前」實施。前者在敵人內部，揭穿敵人之陰謀、隱私，或製造特別不利於敵領導階層之消息，使其自行暗地輾轉傳播，以擴大其暗潮及裂痕；後者則是在戰場上掌握各種有利時機，散布各種損敵利我之謠言，使敵軍內部發生暗潮，促使其戰志瓦解，精神崩潰。

七、對匪之書信作戰，分謀略心戰函、一般心戰函及誤投心戰運用函三類。內容多為報導臺灣政治自由、經濟繁榮、國軍壯大、人民生活安定及要求對方準備迎接反攻等項。謀略心戰函則以挑撥分化與中傷增疑為主；誤投心戰運用函，係對海外或國際親匪人士或團體寄匪機構或個人信件，誤投來臺者，特加謀略心戰運用處理後再退寄大陸。誤投運用函件，因係寄自親匪者，又多屬書刊之類，匪郵檢雖嚴，亦必疏忽而難以檢扣，事後縱能發現，已收心戰效果。❹

王昇為策進國際心戰合作，全面加強反共心戰，初期以與美國心戰部門合作為主，雙方派員參觀訪問，及交換匪情與心戰資料。其後復與大陸邊緣接壤地區的反共國家，如韓、越、泰、菲等國心戰部門加強聯繫，交換心戰技術與情報資料；並派員相互觀摩訪問，交流心戰經驗，增進心戰合作，以開拓對匪心戰戰場，擴大反共心戰效果。民國五十六年十一月，在臺北市召開首次中、韓、越三國心戰合作會議，通過心戰合作計畫，採取心戰聯合行動，使國際心戰合作，獲得具體實踐。六十四年四月，棉、越不幸相繼淪陷，我與越南心戰合作雖告終止，唯由於我對國際反共政戰的積極推進，使我國際心戰合作已邁向更廣大的領域。

為吸取美軍心戰經驗，除按照軍援訓練計畫，逐年選送政戰幹部，前往美國心戰軍官班受訓，及接受心戰在職訓練外，並數度派員赴美國本土及美軍太平洋總部，參觀美軍心戰設

❹ 參閱俞濱著，《心理戰》，頁二三五—二六四，政治作戰學校教育處。

施，實習美軍心戰作業。其後由於我心戰工作積極推展，獲致良好成效，逐漸為國際間各友邦所重視，如韓、泰、菲、中南美洲及南非、中東等國的心戰部門，均紛紛組團或派員前來我國參觀訪問，交流心戰經驗，促進心戰合作。

自民國五十七年四月起，按照中、韓、越三國心戰合作計畫，每三個月交換心戰資料一次，並實施對匪心戰聯播。由我心戰工作組製作「今日亞洲」廣播錄音帶，分送韓、越兩國電臺播出，每日三十分鐘。越南淪陷後，改由中、韓兩國聯播，由我製作「自由論壇」及「自由亞洲報導」節目錄音帶，提供韓國電臺播出，以收對匪分進合擊的心戰功效。

民國五十八年與韓國中央情報部合作，在漢城西南水原境內建立首座海外空飄基地，對大陸平津一帶，以及東北、華北各重要城鎮，執行空飄作業。復於六十七年與韓方協議，在韓國南部全州市西南高敞郡內，建立第二座海外空飄基地，對大陸京滬一帶，以及重慶、華中等心臟地區，遂行空飄心戰，均發揮重大功效。

由於對大陸情報靈通，研判正確，所以我們的心戰工作，都能針對敵人的要害，從國內到國際，予以致命的痛擊，使中共遭受不可抗拒的衝擊。例如中共空軍的駕駛員在受到我方心戰的激勵後，一個接一個的駕著飛機，飛來臺灣向我政府投誠，真令人歡欣鼓舞。王昇只要時間允許，總是親自到機場去歡迎，其中有一位反共義士，並希望能做王昇的乾兒子（義子），王昇雖然感到很高興，但因職務的關係，覺得不妥，乃介紹給另一位忠誠愛國的上將，當時大家對反攻復國真是充滿信心和希望。

## 關注官兵生活

總政戰部的工作雖極為繁忙沉重，但令王昇最關心的還是官兵的生活與福利。所以他總是經常要想盡辦法抽出時間，到各部隊去看看官兵的生活實況，不論是高山、海濱，特別是外島，如澎湖、琉球、金門、馬祖、東莒、西莒、東引、蘭嶼、綠島、東沙群島等。無論走到那裡，他都與當地官兵一起用餐，一起談家常。唯一要求，就是要與官兵吃的完全一樣，絕不許另外加菜。特別是陰曆新年，這個國人最為重視的傳統節日，他一定要到外島和官兵一起過年。他一直會暈船，臺灣海峽一到冬季，風浪特別大，有時他不但暈，而且吐，但他還是去外島，只有和官兵們在一起，他才感到心裡踏實歡欣。

「八二三」砲戰期間，在熾烈的砲火中，他隨蔣經國先生到達金門，他還要求去大擔島和二擔島，但因砲火好似火網一般，經國先生阻止他不准前往。

民國六十五年四月十八日，王昇邀請蔣孝武一同前往南沙群島，慰問駐守太平島的官兵。海軍總部特派建陽艦與富陽艦編成南沙特定任務支隊，並以建陽艦為王昇上將的座艦，艦長為海軍上校王鶴樓，同行的還有海軍陸戰隊副司令羅張少將、總政戰部主任辦公室參謀主任盧之學上校、以及國防部藝工總隊的隊員們。

南沙群島為我國最南端的疆土，位於馬來西亞西面，與越南南部的芽莊藩郎等城市隔海相望，從左營前往，要航行七天六夜。

建陽艦與富陽艦均為作戰艦，除設計性能裝備所用艙間外，生活空間極為有限。王昇素來暈船，要在海象多變的南海，與官兵一起生活，一起作息，而且長達七天，這對他而言，確實是件非常辛苦的事。當建陽艦在巡弋期間，一切依艦艇常規作息，照表操課。王昇有時在舵房看艦艇操作，有時到戰情室了解戰情，有時到戰鬥部位看戰備狀況，更不時到廚房了解烹調備餐的流程。當他看到滿頭大汗上衣濕透的下更官兵，總會笑著很親切的說：「機艙好熱喔！辛苦你們啦！」他還常在飛行甲板上去看夕陽，並和士兵一起話家常。他走遍全艦，對艦上的各種裝備設施和功用，均了解得非常清楚。

週一依規定要舉行國父紀念週，艦上的官兵即在飛行甲板的欄杆上綁上一面國旗，在南疆海域舉行週會，並恭請王昇在搖晃的艦上，扶著講臺，給官兵講述「領袖蔣公行誼」。數日後的黎明時分，座艦抵達太平島的錨泊地錨泊，王昇等換乘小艇，登上太平島。在官兵們熱烈激情的歡迎下，他對官兵講話，並由藝工隊表演歌舞，然後一起吃飯，一起聊天，並參觀島上的各種設施，了解官兵的困難與需要。原訂日落前返艦，不料午後海象驟然轉劣，接獲通知，要提前結束行程，即行回艦。在離開太平島時，島上的官兵們依依不捨的送到海邊，有的甚至走入水中。因為這是自國軍進駐太平島以來，第一位前來慰問他們的上將。由於海上湧大浪高，顛簸十分厲害，王昇在隨艦蛙人的協助下，乘著湧起湧落之勢，一躍而上了軍艦，真是險象環生。王昇上艦後，堅持在後甲板等候全員到齊，才肯回官廳休息，關懷部屬之情令人感動。

支隊會合後循原航線返航。翌日早上，王昇將親撰的〈建陽之歌〉，送給艦長王鶴樓上校，隨即請隨行的藝工隊譜曲，當晚並在同樂會中，由建陽合唱團獻唱，聲音雄壯激昂，獲得全場熱烈的掌聲和喝采聲。其歌詞如下：

建陽！建陽！
海上聲威壯！
飛靶每中的，
訓練最堅強。
官兵團結，
士氣高昂。
天天準備打勝仗！
天天準備打勝仗！

王昇在返回左營離艦時，艦上官兵列隊歡送，齊唱〈建陽之歌〉，歌聲激昂慷慨，官兵熱情洋溢，自此〈建陽之歌〉成為建陽艦的艦歌。後來其他各友艦亦紛紛效法，自撰艦歌，藉以團結軍心，振奮軍威。❺

❺ 孫晉鐘著，〈難忘南沙行〉，同❸，頁一四六—一四七。

## 成立福利總處

民國四十年代，臺灣經濟尚甚落後，國軍官兵待遇極為菲薄，生活至為艱苦，各級單位乃自行辦理官兵福利事業，唯都是小本經營，收效甚微，且易產生弊端，影響部隊團結。其後雖由國防部及各總部分別統籌辦理，但亦缺乏顯著績效。後來曾由聯勤總部成立「國軍福利事業總管理處」，統一辦理官兵福利事業，同時訂頒「國軍福利政策綱要」，通令全軍貫徹執行。但「國軍福利事業總管理處」在統一接管時，因受各軍種本位觀念與自身權益的考慮，難以全面有效推行。而各該單位自辦的福利事項，仍多採用「招商承辦」「委託代辦」等方式，只是靠抽取一些福利金來分配運用，致使官兵仍難獲得直接福利，且還產生若干流弊。

王昇為了切實改善官兵福利，乃於民國五十一年十月六日召開國軍福利會議，全面檢討改進國軍福利政策與作法，以貫徹統一化和制度化。復擬具「加強國軍福利工作」提案一種，提經國軍第十一屆軍事會議討論通過；並奉蔣中正總統裁示：「本案對改進軍中福利，設想周到，為爭取時效，可由國防部先行實施。」於是即據以制訂「國軍福利條例」草案，明定國軍福利範圍、享受對象、經營方式、及捐稅減免等，以保障官兵福利與合法權益。並經報請行政院核定後，即於民國五十三年十二月十六日成立「國防部福利總處」，負責貫徹執行上項作法要求，同時並釐定「國軍福利事業整理綱要」，嚴令全軍一致貫徹遵行。於是國軍福利事業，無論在政策與制度上，均有了極為重大的改進，並將以往的「間接福利」變為「直接福利」，遂使官兵及其眷屬均能普遍受得惠益。同時更澈底革除了「招商承辦」與「對外營業」的積弊，避免了「與民爭利」而影響軍譽。

到了民國六十四年元月，國軍福利事業除了加強提供原有的各項對官兵及眷屬的福利外，由於經濟景氣劇烈變動，物價飛漲，影響國民生活甚劇，又遵奉行政院命令，兼辦全國公教人員福利品的供應。為達成此項任務，特在各縣市設立二十二處福利供應中心，及五十八處鄉鎮市區福利品供應站，以可靠的品質、合理的價格、嚴密的管制和周到的服務，為數逾兩百萬的公教人員及眷屬，提供最佳的服務。

民國七十九年元月，由於社會環境急速改變，又奉命將原承辦的公教福利品供應業務，交由各地方政府自行辦理。而在此一新的階段，除了加強提供官兵及眷屬的福利品供應外，又奉命負責辦理國軍官兵副食品的供應。為了執行此一繁重的工作，除設立三十二個副食品供應站，以方便官兵採用外，並以科學化的管理、制度化的作業、標準化的規格、多樣化的包裝（品牌）、穩定化的價格、高級化的品質等六項目標，全力為官兵副食品的供應，提供最佳的服務。

綜觀國防部福利總處自成立以來，無論在改善官兵生活、服務公教人員、乃至對整個社會經濟的發展與穩定，均具有卓越的貢獻。

照顧官兵眷屬生活，亦是一項非常重要的工作。因為軍眷生活安定，官兵方可減少後顧之憂，全心全力執行任務。

民國五十三年九月以前，軍眷業務係由國防部動員局、聯勤總部與各軍種總部負責。從五十三年九月起，眷管業務改由總政戰部主管，其業務職掌劃歸政五處，負責督導各總部對眷管政策的執行。五十九年二月，總政戰部奉命成立軍眷業務管理處，專責策辦全軍眷管業務。至六十年四月，各總部眷管處及軍團眷管組，均納入各該部政戰部的幕僚編組，正式成為政戰部門的建制單位。國防部總務局及憲兵司令部，均分別成立眷管組，情報局亦將原由第七處兼辦的眷管業務，交由政戰輔導室接管。至此，眷管業務的權責單位，乃趨於一致，眷管組織的系統亦得以建立。

軍眷管理業務可說十分龐雜，如實物補給（核發眷糧、油、鹽、煤等生活必需品）、軍眷醫療與救濟、軍眷就業與生產、軍人子女就學、以及眷舍分配與管理等，其中尤以眷舍問題最為勞心費力。

## 重建軍眷住宅

國軍三十九年來臺時，眷屬人口不多，住的問題，除分配接收日軍所留下來的眷舍外，國防部及各軍種總部均分別籌款建造眷舍，分配所屬有眷無舍的官兵居住。後來由於國軍官兵在臺日久，結婚人數遞增，子女生育日多，加之配有眷舍的退除役官兵，對其原配眷舍無法遷讓，以致缺舍問題日趨嚴重。且當初所蓋眷舍，因經費困難，均係以克難方式，運用竹、木、磚、土等建造，即俗稱所謂「竹籬笆」，一戶不過十幾坪，有的且只七、八坪，臥室兼餐廳，客人來了，亦只能在床前接待。且家家戶戶沒有廁所，幾十戶乃至幾百戶，共用一公廁，入廁時需要排隊，為了爭取時間，只有在家裡以痰盂或馬桶解決，再端到公廁傾倒。由於建材太差，經過長年風吹雨打，原來那些勉強可以遮蔽風雨的房屋，已逐漸斑剝脫落，屋頂的瓦片亦多破裂或被吹落。天雨時，外面下大雨，室內下小雨；外面雨已停，室內仍在滴滴答答，衣服被褥都是濕的，那種日子很叫人難過。尤其颱風過境，更令人膽顫心驚，為了確保生命安全，必須儘快躲進附近學校的禮堂或教室。

隨著國家經濟起飛，各種建設突飛猛進，原來眷村四周都是雜草叢生，一片荒蕪，現在卻已幢幢洋樓高聳，眷村夾在其中，簡直就成了難民窟。王昇看在眼裡，苦在心裡，不論從官兵和眷屬的安全與尊嚴，以及國家和社會的觀瞻等各方面來看，眷村都必須立即改建，但國防經費卻沒有此項預算。為了解決此一迫切重大的問題，王昇曾一再仔細研究，並召集各有關單位主管商討，最後決定採行多種不同的途徑，積極謀求解決。一是輔導有眷無舍的官兵，以貸款分期償還的方式自行購宅。二是請婦聯總會及其他人民團體，幫忙興建眷舍，且以興建樓房為主，不再興建平房。三是配合都市建設計畫，協調地方政府整建老舊眷村，並爭取配購國民住宅。四是配合社區發展計畫，協調地方政府撥款支援改善眷村公共設施，輔導完成眷村社區建設。其中最主要也是最著績效的一項決策，乃是創立「軍眷住宅公用合作社」。

民國六十五年四月，總政戰部在不抵觸當時精簡三軍員額，緊縮國防預算的要求下，依據「合作社法」與「住宅公用合作社推進辦法」，經過詳細研究斟酌，並獲得內政部函准，成立「保證責任中華民國國軍軍眷住宅公用合作社」，積極展開對眷村的重建工作，分為原地重建、整村遷建、整村整建等。由於各級領導人的殫精竭慮，工程技術專家的精心規劃，以及所有軍眷的通力合作，使眷村整建工作，進行甚為順利，僅僅兩三年後，一幢一幢的高樓大廈，便如雨後春筍，矗立在原先破亂不堪的眷村土地上。雖然室內坪數並不很大（計有三十六坪、三十坪、二十六坪、二十四坪等四種），但室內設計完美，建材極為優質，各項附屬設施亦均十分完備，環境優美，景色宜人，居住其間，舒適溫馨，贏得官兵眷屬的信賴與好評。當「軍眷住宅公用合作社」成立二十週年出版特刊時，他們特請王昇惠稿，王昇以「甘苦經營、開花結果」為題，寫了一篇短文，說明當年創辦的艱辛。其文如下：

天下無易事，天下亦無難事。從軍眷住宅公用合作社成立之艱苦經營，到現在發展茁壯來看，驗證了這句話意義深遠，也突顯它成長過程中，每個階段經營者都付出了相當心血，才具有今天的規模。

記得二十三年前，承政府的德意與長官的支持，其中尤以經國先生對官兵士氣與國家安全操慮最深。當時九萬多戶破損不堪老舊眷舍的重建，十萬戶有眷無舍官兵居住問題的解決，急如星火，國防經費不能動支分文，婦聯會鼎力興建職務官舍但為數有限，經過兩年多的焦思苦慮，獲准試辦老舊眷舍重建。當年曾想以公司型態來辦理眷村重建工程，可是涉及到與民爭利，不如運用軍眷自組力量的發揮，乃籌組了這樣一個機構，為了永續經營，除定額之作業費外，一切以服務的原則，工程作業也嚴循一定的程序進行。這種模式，行之多年，倒也能獲得軍眷的認同，真是一件可喜的事。

軍眷住宅公用合作社的成就，固然是全體員工勤奮努力的結果。但眷村的合作，並承蒙關懷軍眷生活的立法委員諸公的支持，才使這項工作更臻完善。本人有幸，當年能躬逢盛事，辭心參與策劃，並與幕僚們的竭盡心力，始見今天開花結果，亦沾喜悅。時值該社廿週年社慶之際，除寄以誠摯之祝福與感謝外，特撰文誌賀。

醫療設施對國軍官兵與眷屬的保健亦至關重要，三軍總醫院由臺北市的廣州街遷到汀州路以後，雖然房舍都是新建的，但內部狹窄昏暗，且四周環境嘈雜，空氣汙染，並不是一個很適合醫療的好地方。王昇與時任國防部長的高魁元上將、參謀總長宋長志上將商量，希望能遷到一個比較理想的地方。後經有關部門勘察比較，認為內湖山明水秀，綠樹成蔭，是一個十分理想的場地。於是經過幾年的規劃興建，成為三軍總醫院的新址。正如故部長宋長志上將在駐院時對王昇所說：「三軍總醫院的環境、醫療設備、醫護人員素質，可謂全國之冠，任何醫院都無法與它媲美。回想當年，高先生煜公和我們決議將三軍總醫院由汀州街遷到內湖的政策是正確的。」

還有，「臺北高爾夫球俱樂部，原址在臺北市青年公園，後被臺北市政府要求遷至臺北縣五指山。在完成前九洞後，卻因山高霧大擊球困難，容易 OB 而不適用。當時會長何敬公（應欽一級上將）再次請王昇協助另遷他處。王昇面報經國先生說：軍人保國衛民，雖收入微薄，亦應具有一定的尊榮，希能像社會上一般人一樣，活著可有場地打高爾夫球健身，死後亦應有處葬身之地安息。經國先生同意了王昇建議，由聯勤留守業務署買下五指山作為國軍示範公墓，球場才籌得資金購買桃園縣蘆竹鄉土地，興建今日最賺錢的臺北高爾夫球場。而今，我們軍人，確實亦像社會一般人士一樣：『活著可以打球，死了也有一塊葬身之地。』❻

七十二年元月，王昇接到一封求助的信，謂祖母病逝於三軍總醫院，無錢埋葬，請求給點錢辦理善後。王昇循例批交政五處，參謀依規定簽發救助金貳萬元。王昇看後，囑第五處處長胡中華少將了解實情後再面報。胡處長即帶領承辦參謀前往三總，適陳情人已回家，胡處長即到他家裡去看他，據告：「他乃軍人世家，祖父係軍人，在他未出生前去世。父親王文政中校，在他六歲時駕空軍 U2 飛機，在大陸新疆上空被中共擊落殉難，母親不久改嫁移往美國，他由祖母撫養成人，現就讀高工一年級，空軍總部逢年過節寄點慰問金外，平時無人過問。」

在他家客廳牆壁上，還掛著他父親在出任務前，和老總統蔣公、蔣夫人抱著他照的全家福照片。另和經國先生也照了全家福相片，胡處長要他把這些照片取下，借他帶回呈閱長官後再退還。

胡處長說他面報王昇，王昇聽了上述情節後，兩眼流出淚水說：「空軍總部對不起這些

❻ 王耀華著，〈思念化公恩師〉，同❸，頁一四九－一五〇。

為國捐軀的烈士啊！」遂交代他本案破格辦理救助，至少要五十萬元，以十萬元治喪，四十萬元作這個孩子的教育基金，並下令空軍總部成立治喪委員會，和糾正該部對為國捐軀烈士遺族疏於照顧，副本抄送三軍總部，今後對烈士遺族要加強照顧，否則追究責任。胡處長說：由此觀之，王昇對我三軍官兵眷屬熱愛之情，猶如父母愛護自己子女一樣的深，他老人家之仁心與大愛，確有人飢己飢、人溺己溺，大慈大悲之胸懷。❼

## 大力推行愛民助民工作

國軍的任務在保國衛民，而每一個官兵都是來自民間，「在鄉為良民，在營為良兵」，軍民本是一家，軍民本是一體，唯有軍民一心，團結一致，才能確實鞏固國防，保護人民，達到國泰民安，民生樂利的理想美景。

王昇出身農村，他深知愛民助民工作非常重要，所以將它視為頭等大事，早已指示策訂「國軍愛民助民工作計畫」，呈奉核定後頒布實施。根據這個計畫，首先即是要實施愛民教育，利用專題教材、電視教學、分組討論、及機會教育等各種方法，務使官兵都能嚴守「愛民十大紀律」，即：「一、宿營挖廁所。二、洗澡避女人。三、待人要和氣。四、雇夫先付錢。五、損壞要賠償。六、買物不賒欠。七、借住民房先商量。八、臨走掃地物歸還。九、愛護莊稼

❼ 胡中華著，〈化公遺愛在人間　音容長在人心〉，同❸，頁五三，財團法人促進中國現代化學術研究基金會編印。

樹木。十、不拿一針一線」。

這「愛民十大紀律」，看似十分簡單，但我們知道越是簡單的事情越是重要，不論平時戰時，國軍官兵只要都能抱持愛民的心理，養成愛民的習性，就必能獲得人民的合作與支持。

其次是擴大助民收割：臺灣地處亞熱帶，稻穀成熟很快，屏東地區且可一年三熟，真是農民最大的財富。但稻穀成熟時，需要大量人力收割，王昇為了幫助農民解決此一迫切的問題，特要主管單位策訂「國軍支援農村經建助民收割工作計畫」，督導各級部隊有效運用兵力，以競賽方式迅速達成助割任務，以免遭受颱風洪水的侵襲。其後為使助割工作更趨完善，特召集軍中主管單位及地方有關機構，舉行國軍義務助割協調會報，綜合各方意見，策定「國軍支援農村經建助民割稻實施規定」，其要點為劃分工作權責、明定助割對象、設置責任地區、配賦助割目標、律定助割範圍、納入工作管制，並撥發專款慰勞，絕對禁止各級部隊接受招待，以確保軍譽。其後並陸續大批購買動力割稻機，加強助割功能，更大規模的為民服務。王昇並要求各級政戰幹部，利用助割機會，主動訪問農戶，宣揚政府反共政策，揭發共匪統戰陰謀，消除地域偏差觀念，啟示團結奮鬥目標，以爭取民心，擴大政戰效果。

第三，及時搶救災害：如遇民間發生天災人禍等災害，附近部隊應立即實施搶救，各級主官及政戰主管須至現場督導，支援地方政府達成救災任務。民國五十三年四月，特策頒「國軍對臺澎地區災害管制及支援處理辦法」一種，規定三軍部隊在不影響戰備的原則下，對民間遭遇颱風、地震、水災等天然災害，應即依能力，不待命令適時自動支援；並劃分責任地區，臺澎一般地區由陸軍部隊負責，臺北市衛戍區由警備總部負責，基隆、高雄、花蓮港區水面由海軍單位負責。六十二年四月，復對搶救災害訂頒指示，要求各級部隊對責任區內，具有「損害管制責任」；對搶救災害，且應爭取時間，主動積極，切不可事事請示，免致災情擴大。其後又策頒「臺灣地區天然災害申請國軍支援辦法」一種，以利地方政府與當地駐軍密切聯繫，及時獲得支援搶救天然災害。故此國軍各單位對搶救民間災害，均能適時支援地方政府辦理，國軍都是大量動員官兵、車輛、重機械乃至軍艦、飛機等，冒著颱風豪雨、洪水滾滾、土石奔流，險象環生，官兵不顧一切，只以搶救同胞生命為第一，有些甚至連自己的性命都為之犧牲，如有一位少校連長陳金龍，即是在搶修青潭堰臨時攔水壩而殉難，許多奮不顧身，可歌可泣的英勇故事，令人永難忘懷。

第四是協助地方建設：國軍部隊對責任區內的農村經建、社區發展、文教設施、及交通運輸等，均本愛民助民的傳統精神，在不影響戰備與訓練的原則下，多方支援地方政府辦理。歷年來除對國家十大建設，指派工兵部隊長期協建外，對於一般地方建設，則以協助整建農村公共設施，消滅髒亂死角，改善環境衛生，整修道路，整建溝渠，建築橋樑，整理市容，協助當地中、小學校闢建運動場，整建校區環境，並在春節或農忙時，協助運輸旅客和物資等，使民眾在春節期間，都能回家與家人團聚，共享天倫之樂。

第五是濟助急困民眾：國軍秉持救國救民的革命傳統，盡力濟助貧困民眾，每年均策動三軍官兵，組成各種巡迴服務車隊，深入社會各階層及偏僻鄉村，展開為期兩週至一個月的公共服務及醫療服務工作。其後又舉辦家戶服務，致送國軍遺族、貧苦軍眷、及自謀生活的貧苦退除役官兵春節慰問金，同時還在各地舉辦歷史文物、新文藝運動及各種美術展覽，舉辦戰技、航空、海洋發展、國防科技研習會、及春節軍民聯歡會等，藉以增進軍民情感，強固反共團結。

六十三年六月，特別策頒「國軍對臺灣偏遠地區民眾實施義診作業計畫」，規定全軍醫療單位在不影響官兵正常醫療情況下，共組十六個義診分隊，每隊每月分二次前往山地、農村、海濱等偏遠地區義診，深受當地民眾的歡迎與感謝。六十九年十月，又組成一百個醫療服務隊，在全省及外島偏遠（離島）地區擴大為民義診；並配合實施濟助急困、圖片展覽、及電影放映等服務工作。國軍義診服務，分為偏遠地區義診、紀念節日義診、配合助割及聯合服務義診、以及不定期義診等，對解除民眾疾苦，實發揮了重大作用。

## 倡導軍中文藝運動

王昇喜愛文藝，更重視文藝。因為他認為文藝是精神的食糧，是精神的武器，更是產生信心的源泉。

文藝是從時代中來，同時又能開創時代。沒有滿清政府的腐敗，便不會產生鄒容的〈革命軍〉，也不會產生秋瑾的〈寶刀歌〉，更不會產生林覺民的〈與妻訣別書〉。有了鄒容、秋瑾、林覺民的吶喊與呼號，才能加速滿清的覆亡。民國三十年代，若干著名的作家，一心幻想共產主義是「人間天堂」，甘心為中共驅使。特別是在對日抗戰勝利後的民國三十六年至三十八年間，北平、天津、南京、上海、武漢、昆明、重慶等地各大學，在「中共地下黨」的策動下，相繼發生學潮，此起彼落，互相呼應，使人心浮動，社會動盪。而一些左傾作家都支持學潮，搖旗吶喊，推波助瀾，致使中共得以很快的席捲大陸。而在中共血腥統治之下，那些曾為中共搖旗吶喊的著名作家，都在「文革」時，遭受到極為悲慘的下場。

王昇深感文藝實在太重要了，所以他在主持政工幹部學校時，即倡導「復興崗文藝運動」，並於四十九年四月十六日，召集全校各單位主官，各學術系主任及各班級代表，討論通過成立「復興崗文藝學會」，希望全校師生，積極推展文藝運動。他說：

復興崗文藝運動，不是軍中文藝的獨立運動，而是要軍隊在中國文藝發展的主流中，來建設適合自己現實需要的文藝。它不但須和中國文藝的主流相結合，而且更要有助於中國文化的改造。❽

因此，王昇希望軍中文藝創作的範圍，不應局限於火藥味很濃的題材，而應包括所有能啟發人生、指導人生、美化人生的文藝整體。軍中文藝的作品，不但要在軍中，並要到社會群眾中去，讓全國同胞在想法和作法上能與三軍戰士取得一致，而其感情，尤須要融合在一起。所有愛好文藝的戰士們，必須勤於寫作，把豐富的戰鬥生活描寫出來，藉以調劑自己的精神，

❽《政治作戰學校校史》第三冊，頁五〇三。

同時又可供軍民同胞共同閱讀、觀賞或演唱。

王昇還特別引用梁啟超詠陸游的一首詩：「詩界千年靡靡風，兵魂銷盡國魂空，集中十九從軍樂，亙古男兒一放翁」。用以勉勵軍中的文藝作家們，希望所有愛好文藝的師生與官兵，都能好好培養軍魂的根苗，綻放文藝的花朵，務使「文藝鑄造軍魂，軍魂產生文藝」，使軍中文藝不斷的創新進步。他並曾親撰〈復興崗頌〉一闋，義正辭美，涵義深遠，經作曲家譜曲後，學生合唱團每次演唱，均熱情昂揚，讓聽眾無限感動。

王昇到總政治作戰部以後，更積極推展「國軍新文藝運動」。特於五十四年四月八日及九日，在復興崗中正堂舉行國軍文藝大會，集合軍中文宣主管及文藝作者於一堂，並邀請社會文化、文藝界人士列席指導，參與大會的共有四四〇人，為國軍歷年來最大一次文藝人才的集合，更是我國首創軍中與社會文藝作家的大會師。會中明確宣示國軍新文藝運動的目標：

建立民族的文藝路線，開拓中興復國機運。

倡導革命的文藝思潮，加強官兵思想武裝。

發揮戰鬥的文藝功能，培養三軍精神戰力。❾

與會人員曾就國軍新文藝運動的路線和方向，廣泛交換意見，並討論通過上述三大方案，及十個分業議案，作為推行國軍新文藝運動的基本準據。

蔣總統曾親蒞大會致詞，並明確指出：

---

❾ 吳子俊主編，《國軍政戰史稿》下冊，頁七三三，國防部總政治作戰部編印。

共匪的文藝是以唯物辯證法為起點，講的是矛盾、質變與否定的三定律。所以它是以欺騙、狡詐、殘酷的手段，來麻醉群眾，利用群眾，毀滅群眾。而我們的文藝，則是以三民主義的獨立、自由、平等為出發點。所以重視博愛、和諧與並容，特別講求四維八德，和「智信仁勇嚴」的武德。由此可知共匪的文藝，是醜陋卑汙的文藝；而我們的文藝，則為光明正大的文藝。以我們的光明正大，對共匪的醜陋卑汙，則共匪的一切邪行惡跡，還能喘息倖存嗎？

他並進而提出「抑、揚、節、宣」四字，期勉軍中文藝工作者要善為運用，以發揮軍中文藝的效能，俾達精神教育的目的。最後他提示國軍新文藝的十二項內容，亦即是十二項任務為：

一、發揚民族仁愛精神。
二、復興革命武德精神。
三、激勵慷慨奮鬥精神。
四、發揮合群互助精神。
五、實踐言行一致精神。
六、鼓舞樂觀無畏精神。
七、激發冒險創造精神。
八、獎進積極負責精神。
九、提高求精求實精神。

十、強固雪恥復仇精神。

十一、砥礪獻身殉國精神。

十二、培育成功成仁精神。❿

蔣經國先生當時以國防部長的身分，蒞臨大會致詞，他對與會人員提出三點期望：以「團結」建立民族的文藝陣線，以「犧牲」倡導革命的文藝思潮，以「良能」發揮戰鬥的文藝功能。他並對與會人員講了一個故事，他說民國三十九年，共匪的「戲劇研究院」研究京劇，他們認為曹操是個了不起的人物，演曹操的不應當畫成白面孔。因為在京劇裡，大白臉是代表壞人的。於是他們把曹操畫成紅面孔，當舞臺上出現紅面孔的曹操時，大家都不認識，互問「這是什麼人？」於是，他們又改了，說是不要把曹操的臉畫的太紅，畫成淺紅面孔好了。但是大家還是搖頭，說這不像曹操，也不像京劇。過了兩年以後，京劇還是京劇，曹操還是要畫白面孔。聽說把曹操的紅面孔改成原來的白面孔時，毛澤東曾經很感慨的講了一句話，他說：「我已經得了這樣大的江山，還改不了曹操的白面孔！」蔣經國說：「今天我為什麼同各位講這個故事，就是要大家了解，民族文化印在人民心中是如何的深刻，不是『槍桿子』就可以把文化一筆勾銷的。」⓫

為期兩天的國軍文藝大會在熱情欣喜中閉幕後，王昇即在總政戰部成立「國軍新文藝運

❿《國軍新文藝運動重要文件》，頁三—五，總政治作戰部編印。

⓫《歷屆國軍文藝大會宣言》，頁一四—一五，國軍新文藝運動委員會印。

動輔導委員會」，邀請一些知名作家擔任委員，並成立文藝理論、小說、散文、詩歌、音樂、美術、廣播、影劇、舞蹈、民俗藝術等十個研究執行組，負責策劃及輔導國軍文藝工作的推行。在各總司令部以下，則依各軍種的特性與實際情況，設立輔導分會及地區文藝工作者聯誼會，負責推動所屬官兵的文藝活動。

同時並要求各級單位經常舉辦文藝講座、美術展覽、音樂演奏、詩歌朗誦、影劇演出、技藝示範、作品研究、電視（唱片）欣賞等活動，並指定專人，就上述活動的內涵，對官兵詳加講解，或舉行集體座談及心得寫作，以培養其欣賞能力。又要求各單位就軍中生活、教育、戰鬥三大部門現有的素材，輔導官兵專業創作或集體創作，並得視需要，輔導其採獨創與翻新兩種表達方式。至對官兵作品的處理，可按情況酌予批改、傳閱、張貼、宣讀、發表、出版、表演、選播與獎勵，以提高其創作興趣。為推展軍中文藝工作，各級單位得依權責舉辦定期競賽、定期展覽、定期聯誼、定期訪問、定期座談、及定期函授等文藝活動，以掀起研習高潮，擴大宣教效果。國防部並設置「國軍文藝獎」，每年在舉行文藝大會時，按文藝評論、小說、散文、詩歌、音樂、美術、廣播、影劇、舞蹈、民俗藝術等十類，分別評選優良作品，頒發金、銀、銅像獎及獎金。各軍種總部及其所屬各級單位對所屬優秀文藝工作者，及推行文藝工作具有績效的單位或個人，亦可自行擬訂辦法實施獎懲。

由於王昇熱烈推行軍中文藝運動，打破了抗日戰爭時所流行的歌曲〈為什麼當兵的都是莊稼漢〉的古老印象，同時也顛覆了「軍人要崇尚武藝，不要搞文藝」的傳統偏見，從而培育出許多著名的劇作家、音樂家、詩人、畫家、小說家、散文作家、新聞、廣播、民俗藝術等大師級的人物。民國六十三年二月九日，中央召開文藝工作研討會，特請王昇將軍作專題講演，他很明確的指出：

新文藝運動的功能，除了有效克制敵人在思想戰線上的各種陰謀詭計外，尤能激勵部隊士氣，調劑軍營生活，提高官兵水準。所以各級應重視文藝工作，並透過文藝競賽，發掘與培養人才，擴大新文藝運動的功能和力量。⑫

他並進而勉勵文藝工作同志，要把握現階段文藝創作的方向：「以愛鄉土、愛民族、愛國家的民族文藝，來打擊共匪鼓吹矛盾對立、挑撥分化的偽文藝；以重自由、重民主、重法治的民權文藝，來擊破共匪灌輸滲透顛覆、極權奴役的偽文藝；以求進步、求繁榮、求均富的民生文藝，來粉碎共匪煽動階級鬥爭、與無產階級專政的偽文藝。」⑬這也就是國軍新文藝運動的發展目標，與我們對中共文化作戰的指導方針。

## 防止部隊腐化惡化

有鑒於大陸戡亂作戰軍事失敗的慘痛教訓，王昇在總政戰部除了積極加強官兵思想教育，

⑫《政戰通訊》，六十六年十二月號，頁二一，總政戰部編印。
⑬同⑫，六十七年三月號，頁一九。

使官兵知道「為誰而戰，為何而戰」。在消極方面，他更非常重視「監察工作」與「保防工作」，藉以防止部隊的腐化、惡化。

總政戰部的第三處，其主要任務在負責全軍的監察工作，即負責維護政府的政策制度，貫徹命令的執行，嚴肅革命紀律，策進廉能風尚，保障官兵的合法權益，促使國軍團結進步。因此所有各單位主官的幕僚及其所隸屬的各部門、各部隊，其一切業務及與戰力士氣等有關的事項，均屬各該單位政三部門的監察範圍與責任。

在監察業務方面，依規定區分為三大類。一是行政監察：包括各項政策、制度與命令的執行；有關軍紀整建的執行；對於財務、營產、裝備、補給、福利、營繕工程、購置、定製及變賣財物等業務的監標、監驗與效率考核；定期或不定期的對部隊視察、督導和訪問；統一協調與實施案件調查；及接受官兵(含聘雇人員)與眷屬合法權益遭受不法侵害的申訴等。二是戰術監察：計有作戰計畫（含情報、通信）與命令之貫徹執行；參與作戰、教育、訓練等各種會議(會報)、及執行戰備與訓練；辦理部隊狀況報告及官兵心理測驗；維護戰場紀律、糾察戰地軍紀、作戰傷亡、損耗的查報、與俘虜人員及物資的查處、以及戰地獎懲等案件的監察。三是技術監察（督導）：包括生產製造、修護、保養、補給、工程等作業；醫療設備與人員保健等作業；通信電子、化學、測量、消防等作業；飛機、艦艇、車輛、及武器、裝備之操作運用、安全維護等作業。以上均屬監察範圍內的工作，業務可說十分龐雜繁重而且每一項都非常重要。

「軍紀是軍隊的命脈」，軍紀的監察，更是政三處的重要責任。王昇認為唯有愛的教育，才能培養鐵的紀律。所以總政戰部對軍紀之整建，特別重視教育，而且要求創新，要求進步，務使每一個官兵都能做到「無條件服從，無條件犧牲」，務使每一單位都能做到「軍令如山，軍紀似鐵」，從而建設國軍成為一支戰勝攻克所向無敵的革命軍隊。

為了達成監察的任務，特分批遴選優秀的軍事與政戰軍官，到政工幹部學校監察官訓練班接受訓練，畢業後調為監察官。並遴選優秀的軍、政幹部擔任各級監察主官，認真督導考核，任期屆滿時依服務成績調整職務。而對官兵的軍紀教育，除配合「莒光日」教學實施外，平時並規定以精神講話、專題報告、專題討論、座談會、辯論會、小型康樂、有獎徵答、軍紀歌曲教唱等方式施教。並製作電視教學節目，錄製VCR影帶、穿插圖表、圖片及活動紀錄片等，認真持續的實施，以增強軍紀教育的效果。

「保密防諜，人人有責！」「當心匪諜就在你的身邊！」這是民國三十八、九年與四十年代最響亮的口號，也是最令人提心吊膽的工作環境與生活實況。

據傳記文學發行人劉紹唐所編《民國大事日記》記載，民國三十九年五月十三日，國防部總政治部主任蔣經國宣布，自三月以來，摧毀匪諜八十餘單位。六月十日，前參謀次長吳石中將、前第四兵站總監陳寶倉少將、前陸軍上校聶曦、及共匪敵工部朱諶之（女）等匪諜，依法叛處死刑，執行槍斃。到三十九年底，匪諜自首的六百二十九人，檢舉者一百四十一件。

在那危疑震撼的年代，要保衛臺灣，安定臺灣，鞏固復興基地，確保人民生命財產，保密防諜，檢肅匪諜，實在是頭等大事。軍中的保密防諜工作，自民國三十九年由情報部門劃歸總政治部後，即由政四處負責，所有工作人員都是經過專業訓練的軍官與士官，他們在歷任主任的指導策畫下，曾多次舉行「保防會議」，全面檢討革新保防工作，制定軍中保防工作的新方案，確立國軍安全的新指標。王昇對保防工作更是極為重視，每次都親自主持「保防會議」，並迭有指示。他說：

保防工作就是政治保衛工作，亦即軍事安全工作。我們要戰勝敵人，首須鞏固自己；先立於不敗之地，然後才能策必勝之謀。國軍保防工作，從防禦的觀點來說，是如何確保內部安全。從攻擊的觀點來說，是如何肅清潛伏的匪諜。但一切的保防措施，都要以肅清匪諜為先務。唯有肅清匪諜獲致成效，才能顯示保防的真正功能。

他進而指出：

保防工作是一種鬥智慧、鬥力量的工作。最好的保防工作，是能夠與思想相結合，與組織相結合，與群眾相結合。保防幹部要透過組織，透過教育，帶動官兵一齊來做保防工作，做到「人人保密，人人防諜」，才能構成嚴密的保防網。由於基層單位多未設置專任保防人員的編制，而基層政戰人員又比較缺乏保防工作的經驗與技術，保防幹部必須深入基層，輔導基層幹部，使保防工作確能建立起堅實的基礎。⑭

他很期望能透過保防教育，使全軍官兵都能了解敵人的陰謀策略。他說：

保防工作就是保命工作，要做得深刻，做得細緻；並要透過保防教育，使各級政戰幹部都有一套制敵破敵的方法，使全軍官兵都能透澈了解共匪陰謀策略，諸如欺騙、分化的詐術、及利用民主摧毀民主、利用自由摧毀自由的伎倆等。我們要用血淋淋的事實，向官兵講述清楚，不僅使其不上敵人的當，而且還有能力駁斥敵人的挑撥、謾罵、和誣衊。⑮

王昇並很熱切的期勉保防人員要做「無名英雄」。他說：

保防工作是和敵人從事長期的、祕密的鬥爭工作，大家要有做「無名英雄」的精神，抱「成功不必在我」的胸懷，要爭的是對戰鬥的真正勝利，對工作的真正成功，而絕不爭名，絕不爭利。一個有抱負的保防鬥士，要時時想到敵人，處處注意敵人，動員思想、謀略、組織、群眾一切力量，建立起健全的保防網，使匪諜無法滲透；而滲透的匪諜立即破獲，以確保內部安全，矢志在看不見的戰場上，消滅所有看不見的敵人。⑯

⑭ 同⑫，六十五年十一月號，頁八八。
⑮ 同⑫，六十七年元月號，頁一〇。
⑯ 同⑬。

## 海峽政戰與保護漁民

臺灣海峽自民國四十七年中共發動「八二三」砲戰以後，兩岸就未再發生重大軍事衝突，雙方的戰機、軍艦，都以不越過海峽中線自相約束。

由於臺、澎、金、馬，四面環海，海岸線長達一千六百多公里，海域甚為遼闊。五十多年來，與中共隔海對峙，此一廣大海域，即成為我軍事上攻防的要衝地區。而陸地面積僅有三萬五千九百多平方公里，可耕土地且僅有九十二萬公頃，四周海域水產資源卻極為豐富。經政府歷年積極發展漁業，漁獲量的價值，已超過了全部農田稻穀生產的總值。故此廣大海域，實為我整體民生經濟的重要資源。

總政戰部為了對大陸沿海漁民實施海上宣慰工作，曾由海軍派出各型艦艇，會同各有關單位組成海上宣慰隊，邀請在海峽作業的大陸漁民登艦，進行口頭宣慰，招待飲食、參觀圖片、觀賞電影，並於離艦時贈送每人食米、布料、日用品等。同時還授與反共抗暴的要領和方法。此一對漁民的宣慰工作，深受大陸漁民歡迎，前來接受慰勉的漁民逐年增加。民國五十四年，並擴大舉辦「海上反共復國學校」，由海軍六二特遣隊編組任務隊，對大陸漁民展開宣慰、教育及心戰等活動。並邀請新聞記者、文藝作家、及大專學生代表，隨艦參觀訪問。其所拍攝的紀錄影片，在臺灣全省各大電影院巡迴放映，頗受觀眾欣賞。中共對我方實施這種宣慰措施極為不安，除強行沒收漁民所獲我方贈送的救濟品與文宣資料外，並派出大批船艇，加強對出海作業漁民的監視與控制。

總政戰部為加強對大陸漁民與義胞的宣慰工作，特與「大陸災胞救濟總會」協商，在澎湖、金門、馬祖、東引、烏坵等地區，設置大陸義胞（漁民）接待站，負責接待迷航、避風、及船機故障的大陸漁民，實施宣慰、醫護及協助修復等服務工作，深獲大陸漁民的感激。

民國六十二年九月，政府鑒於沿岸魚源日漸減少，為增進漁民收益，乃試辦「申請捕魚區」，准許漁民申請進入海峽中線以西及北緯二十九度以北的大陸近海，從事漁撈作業。中共原先對我漁船肆行劫掠，後因我對大陸漁民接待與宣慰工作積極推展，尤以策辦順風計畫效果特佳，乃轉而對我漁民改採統戰伎倆，施展笑臉騙術，以遂其混淆敵我觀念，腐蝕反共戰鬥意志。故此廣大海域，又成為敵我政戰的主要戰場。我們不僅要擊破共匪的統戰陰謀，確保漁民思想安全，而且要經由海域政戰作為，以達敵後政戰的目標。

民國六十四年，總政戰部鑒於兩岸漁民接觸頻繁，敵我海域政治作戰加劇，特別是中共對我前往大陸近海捕魚的漁民，極盡其統戰詐術的能事，深恐影響我復興基地的安全，乃報請中央決策單位核定，由中國國民黨中央黨部大陸工作會、內政部、經濟部、臺灣省政府、警備總部、國防部情報次長室、作戰次長室、總政戰部政治作戰計畫委員會、第二處、第四處等單位，組成「中央漁事工作會報」，負責漁民組訓、服務政策的制定，及如何面對中共政戰作為的指導。工作會報由王昇兼任主任，政計會主委兼任副主任，並設立會報祕書處，由政計會政治作戰組兼任，負責祕書業務及工作協調。至於組訓、檢管、服務、行動等實際工作，則由警備總部與臺灣省政府，分別設立漁事工作處。澎湖、金門、馬祖防衛部及東引指揮部編設漁事工作指導中心，並由政戰總隊和警備總隊派遣若干人員，在各重要漁港編設漁事服務中心負責執行。其所需經費，則由國防部、經濟部、臺灣省、市政府撥款支援。漁事工作會報每次開會，王昇均親自主持。會報決議事項，則透過各有關部門貫徹執行。民國七十二年，並在高雄建立一座漁業廣播電臺，在澎湖建立發射臺，每天二十四小時為漁民報告海上氣象、國內外新聞、漁業知識與娛樂節目，使漁民同胞在浩瀚的海上作業時，可以隨時了解海象與各地所發生的重大事件，以確保漁民同胞的安全，同時在心理上亦可獲得一些慰藉。

民國六十九年九月，在東碇島附近海面，一艘澎湖的漁船被大陸漁民搶劫，損失很大。澎湖的漁民為了報復，乃暗藏一些棍棒刀槍，在澎湖與金門之間的海域，與大陸漁民交往。先以幾隻手錶向大陸漁民兜售，那些手錶不但品質好，價錢也非常便宜，而且還讓大陸漁民帶幾隻回去作為「樣品」，雙方約定時間，再在海上會面，進行大量交易。大陸漁民眼見機會難得，返後即將此一訊息大肆傳播，使得附近幾個漁村的漁民，都將多年來埋藏的黃金拿出來，以求換得價廉物美的手錶，準備好好賺上一筆。

兩艘漁船按約定的時間在海上見面，大陸漁民從船上提著黃金到澎湖漁船上來換手錶，澎湖的漁民即從船上拿出預藏的刀槍棍棒進行搶奪。大陸漁民因毫無心理準備，於是連反抗的機會都沒有。

大陸漁民遭此搶劫，越想越氣，憤恨難消，乃邀集二十多名漁民，駕著一艘大型漁船，直向澎湖碼頭駛來，聲言要討回公道，一定要將被劫的黃金全數要回去。澎防部詢明詳情後，即將狀況電告總政戰部，王昇乃指示第四處處長王子英少將復電澎防部，可允許告狀的大陸漁民進入港內，從優接待，並立即派胡志直少將等前往澎湖處理。

澎防部得到國防部的指示後，先准他們登岸，當晚問明情況。翌日即根據漁船出海的紀錄，將出事那天的出海漁民，由大陸漁民指認。結果認出做案的漁民，很快就查出為首的嫌犯。這些人本都是澎湖與高雄的善良漁民，其所以滋生出這樣的歹念，是由於該船在早期曾被大陸漁民搶劫而萌報仇的心理。所幸大部分的贓物黃金都起了出來，只有一部分已被變賣。於是由澎防部先行墊款，購買了十足的黃金補足全數，還給大陸漁民。

澎防部雖能迅速破案，但事實上是臺灣漁民搶劫了大陸漁民，中共仍可藉此大為宣傳。當時適逢雙十國慶，「劉少康辦公室」乃協調軍方，在國慶日當天的早上，以軍機將他們接至臺北，在民眾席上參加國慶大典，使他們看到了臺灣的富足與強盛，並難得的看到了蔣經國總統。接待人員招待他們在餐廳食用豐盛的午餐後，帶他們逛百貨公司，告訴他們喜歡什麼就買什麼，作為慰問他們的禮物。另外每人贈送一隻梅花手錶，在皆大歡喜的情形下，搭專機飛澎湖，再遣返大陸。⑰

⑰ 尼洛著，《王昇——險夷不滯胸中》，頁四〇三，世界文物出版社。

其後從大陸傳出，此事在福建、浙江、江西、廣東一帶經口頭傳播，獲得普遍好感。

民國七十二年五月，筆者以漁事工作會報副主任的身分（時任總政戰部政計會主任委員），邀集參加漁事工作會報各單位的負責人，組成工作團，遍訪臺灣全島、澎湖各島、小琉球、金門、馬祖、東引、東莒、西莒等地的漁港，與各地漁會負責人及漁民代表舉行座談會，並到船上實地了解漁民同胞的生活與實際困難，對其所提出的問題，都設法為之解決。在筆者的記憶中，高雄市與屏東縣的東港漁民人數最多，漁會的規模最大，工作也最有績效。而最苦的則是東引與東、西莒等地，他們的生活實在需要更多的照顧。

從漁事工作的處理，可以看出王昇上將勇於負責的精神與認真辦事的態度。只要是對國軍、對國家、對人民、對反共有益的事，不論如何艱鉅繁重，他都不辭勞苦，負起責任，全力以赴，務求成功。其他如愛民助民，急難救助，全民聯戰，戰地政務等等，亦莫不如此。

# 第十七章 與美國官員及專家學者座談

## 加州大學座談會

第二次世界大戰後，美國成為世界上的強國，但一九五〇年代在韓戰中吃了中共的大虧，一九六〇年代又在越戰中陷入了泥淖。當時在越南統帥五十餘萬美軍，負責對越共作戰的魏茂蘭上將，即曾在西貢主動找王昇將軍，研商如何贏取越戰的戰法。而在臺北，美國駐華大使館的參事丁大衛 (David Dean)，每週都要請王昇到大使館去舉行一次會談，希望能深入了解中共在大陸的所作所為。這一被美國稱為「王丁會談」的紀錄，美國國務院和國防部的有關官員看過後，認為很有價值。因此，美國政府即於一九六八（民國五十七）年四月，由國防部情報參謀次長耶布洛 (William P. Yarborough) 將軍出面，邀請王昇前往美國，希望與美國政府官員、國會議員、及對「中國問題」具有研究的專家學者舉行座談，讓美國有關人員能進一步了解中共與越共的真實情況。

王昇接到美國邀請後，即報請上級核定。他深知此行任務艱鉅，較之十三年前的訪美有所不同。因為美國早有一些所謂「中國問題」專家，實際上他們對共黨的理論與作法並不十分了解，但對美國的對華政策則影響很大。為慎重起見，王昇特邀時任總政戰部心戰顧問，對共黨理論與實際甚有研究的鄭學稼教授同行，並請在美工作的胡旭光少將擔任翻譯。美國亦派能說華語並娶有中國妻子（陳山女士）的溥岳 (Monte R. Bullerd) 少校為隨護官，希望此行對自己苦難的國家，及堅決反共的盟邦，能多作一些貢獻。

王昇於一九六八年四月十一日啟程，經東京、檀香山，抵達舊金山，被引導到各地參觀遊覽，並坐溥岳少校的父親老溥岳所駕駛的小飛機，到他們家鄉康寧鎮 (Corning) 去參加他的夫人陳山女士所準備的盛大酒會與餐會。

四月十八日，前往史丹佛大學 (Stanford University) 參觀馳名國際的「戰爭革命和平胡佛研究所」，和藏書二百四十餘萬冊的史丹佛大學圖書館。中午出席胡佛研究所副所長斯未拉科夫斯基 (Witold S. Sworakowsks) 在該俱樂部的午宴，同席的有當地著名的美國教授與我國教授張嘉璈先生、中文圖書館主任馬大任博士、戴盛虞教授、莫偉博士、我國駐舊金山翟總領事、茅承祖副武官等數十人，大家邊吃邊談，甚為愉快。

下午三點二十分，前往加里福尼亞大學 (California University) 訪問，該大學有學生六萬餘人，設有中國問題研究中心，並有中文圖書館，旋赴斯卡拉品諾 (Robert A. Scalapino) 教授在其家裡所舉行的酒會。

斯卡拉品諾博士是一位頗負盛名的教授，時任加州大學政治學系主任，美華關係全國委員會主席，並且是美國國務院中國問題十大顧問之一，多年前曾參加撰寫對我國頗不友善的

〈康隆報告〉。那天參加酒會的尚有美國教授詹森 (Chalmess Johnson)，他是頗有名氣的中國問題專家，但對我國政府並不了解，時任中國問題研究中心主任。還有謝偉志 (John S. Service) 教授，他也是研究中國問題的，前在重慶時代即曾袒護中共。另有國務院派在加州大學研究中國問題的高級官員，以及其他美籍教授多人。中國教授則有陳世驤、紀文勳、史誠之等，酒會中氣氛十分和諧。

酒會後，即赴加州大學俱樂部，接受斯卡拉品諾教授所舉辦的餐會。餐後舉行座談會，仍由斯卡拉品諾教授主持，參加座談會的都是前述出席酒會和餐會的那些中國問題專家。王昇當時所面對的正是一個「舌戰群儒」的場面，但王昇說他所抱持的態度則是：

一、不主動說什麼，只準備答覆什麼。

二、知道的就說知道，不知道就說不知道。

三、所有答覆的問題，一定是有資料有根據的事實。

四、不求過分的推斷，但力求真相大白。

會中與會者提出的問題很多，如「毛、劉之爭是否應為個人爭權？」「延安時代，毛曾學習到什麼？到北京又忘了什麼？」「人民解放軍的優劣點何在？」等等，均由王昇坦誠的回答。最後斯卡拉品諾請王昇等發問，鄭教授提出一個問題：「中國大陸的將來如何？」斯教授答說：「大陸的事，變化多，不可知；就是美國的前途，也不可知。」座談歷時兩小時半，最後主持人宣布：「此次會談，十分愉快，十分成功，可惜時間太快，只好結束。」

王昇總結當天的酒會和座談會，覺得美國研究中國問題的學者，對中國問題的看法，有些雖然沒有明講，但據窺測，在他們的印象中，「似仍留有二十年以前或多或少共產黨的渲染毒素。我們中國人的態度，是躬自厚而薄責於人，應該檢討的是我們國際宣傳不夠，他們不知道國際共黨亡華的實況和特質，他們不知道我政府過去作了些什麼？現在正在作什麼？我們一直在與國際共產黨堅苦鬥爭，直到二次大戰後共產黨赤化了中國大陸，美國人才感到共產黨的嚴重威脅，我們的反共才與國際反共鬥爭部分合流，就是在今天，美國朋友對我們還不是完全了解。」

四月十九日，王昇與鄭教授仍由老溥岳駕駛小飛機，前往遊覽約塞密提國家公園(Yosemite National Park)。次日到達著名的賭城拉斯維加斯 (Las Vegas)，並前往參觀建築雄偉的胡佛水庫。廿一日到達洛杉磯 (Los Angeles)，然後去遊狄士尼樂園 (Disneyland)，園方以 VIP 規格接待。王昇參觀時，感覺它不僅是一個大而優美的遊樂場所，而且是一個具有高度教育效果的社會教育館。接著又被安排參觀華納兄弟七藝影片公司 (Warner Bros-Seven Art Studios) 和宇宙城 (Universal City)。

四月廿三日飛抵內布拉斯加州 (Nebraska) 的俄馬哈 (Omaha)，美國戰略空軍司令康波頓 (K. K. Compton) 中將，親至門前迎接，並以午宴款待，席間曾討論越戰問題，並親自引導參觀警戒森嚴的地下作戰司令部。

四月廿四日王昇經密蘇里州的堪薩斯城 (Kansas City) 與聖路易 (St. Louis)，飛抵亞特蘭

大 (Atlanta)，得與在美求學的長公子公天晤面，倍感欣慰。洛克希德喬治亞公司 (Lockheed Georgia Company)，派兩位高級人員在機場迎接，前往該公司參觀，並以盛宴款待。次日上午，飛抵佛羅里達州 (Florida) 的麥爾旁尼 (Melbourne)，然後乘車至甘迺迪角 (C. Kennedy) 的空軍司令部聽簡報，並參觀太空實驗中心及登陸月球的大火箭裝備廠。空軍司令莊斯 (David M. Jones) 少將是一位身經百戰的英雄，他在第二次世界大戰時，曾執行轟炸東京的任務，後來在我國浙江降落，他一直保留著當地人民送給他的紀念品，我國政府並曾授與勳章。他在宴會中三次起立致詞，熱誠感人。四月廿七日為週末，王昇等被安排到度假聖地邁阿密 (Miami)，在那裡見到許多從古巴逃出來的難民，他們經營各種行業以維持生活。其後又到田納西州 (Tennessee) 的查塔諾加 (Chattanooga)，由其長公子公天等陪同，參觀久聞其名的田納西河流域管理局（Tennessee Valley Authoority，簡稱 TVA），從而了解該局如何將以往一直造成嚴重災害的田納西河，變成現在使得七個州的廣大人民都能獲得極大利益的艱辛過程。

四月卅日下午，王昇等一行飛抵華府，美國國防部情報次長室副次長福蘭克林 (Wesley C. Franklin) 少將伉儷等美方人士，我國大使館吳公使、胡旭光少將、陸、海、空軍武官等多人，均在機場迎接。可是王昇一到華府就得到噩耗，相交三十年的好友李德廉先生因車禍喪生，而年輕有為的學生李清上校（時任師主任）則在主持會議時倒地不起，使他心裡極為難過，通宵未能入睡。

## 在華府與美官員會談

王昇於五月一日訪問五角大廈，拜會美國國防部情報參謀次長耶布洛（William P. Yarborough）將軍，他是美國特戰專家，才能卓越，王昇等此次訪美，即是由他出面邀請。他說：「讀了《蘇俄在中國》後，才知共產黨之可怕。」上午十時三十分，王昇等在五角大廈2C472室，聽取福蘭克林將軍主持的簡報，詳述他們的工作情形。簡報後，即舉行會談，福蘭克林將軍並以午宴款待。我國吳世英公使等多人在座作陪。下午拜會周書楷大使，晚七時，與周大使同赴耶布洛將軍與夫人的正式晚宴。

五月二日上午十時，由胡旭光少將陪同，先拜會國務院東亞太平洋司中國科長蕭斯密（Thomas P. Shoesmith），並作會談，最後蕭科長說：「我們竭誠歡迎王將軍和鄭教授來美訪問，並感謝過去對我們的協助，在臺北的『王丁會談』，交換對中共問題的意見，對我們很有益處，很有價值。助理國務卿彭岱先生等，亦覺得對我們很有益處。斯卡拉品諾教授已將你們在加州會談的情形告訴我們，我們感到很高興。斯卡拉品諾教授並建議，王將軍如僅與官方交換意見，是不夠的，應與美國學術界人士交換意見，必可得到更大效果。」

王昇表示：「對於與美國學術界人士會談一事，我們是客人，當尊重美方的意見。不過我是軍人，要先得到我政府的同意。」

蕭科長說：「此事我們當請馬康衛大使轉知貴國政府，至於到那些大學，將請美華關係協會安排，這比由政府出面更好一些，明晚請惠臨舍下便餐。」

小型會談後，即與國務院的專家們舉行座談會，由國務院東亞太平洋情報研究司長賈可布生（Harold W. Jacobson）主持，出席人除蕭斯密外，有東亞太平洋情報研究司研究與分析科科長格里尼（Ford Greene）、副科長賀德良奇（John Holdridge）、東亞太平洋司副司長巴爾立（Robert W. Barnett）、政策設計會議委員柯洛加（Ralph N. Clogh）、以及其他的有關人士。

座談到十二時半，賈可布生先生在國務院招待午餐，所有座談人員，一同進餐。席間繼續座談，一直談到下午二時半始結束。王昇認為這一次的座談會曾發生過若干爭辯，但可能有些效果。

下午三時拜會副助理國務卿高德利先生，原來只是準備幾分鐘的禮貌拜會，但結果又作了一小時的談話，談到亞洲問題，王昇說：「對共黨作戰非全用軍事所能擊敗。顯然的，我們和共黨作戰，有兩個戰場，一個是看得見的戰場，即軍事作戰；一個是看不見的戰場，即政治作戰。敵人作戰的重點，往往在後一戰場。過去，我們曾因忽視看不見的戰場，所以遭受挫折。美國對亞洲援助，花了無數的金錢、物資和兵力，效果甚大。若沒有美國的援助，亞洲恐已全入共黨魔手。可是美國目前卻遭遇許多困難，其原因何在？依個人的淺見，美國對共黨作戰的方式，大體上仍用過去對德日作戰的方式，這方式能否對付共黨？值得檢討……。」

高德利先生說：「王將軍的話很深刻，但我卻是第一次聽到這種說法，我們應該好好研究。」

五月三日，全天與美國政府人士會談，從上午九時開始，一直談到下午五時結束。然後即赴蕭斯密先生在其家中舉行的晚宴，宴後，他們又談了許多問題，如美國的思想方式問題、黑白問題、越戰問題等，直到午夜十一時，始回旅館休息。

五月六日上午九時，王昇又繼續與美方座談，直到下午五時半始結束，又是緊張的一天。至此，王昇與美國官方的會談任務，已告結束。王昇說：「這幾天我雖然口滴杜鵑之血，他們的觀感如何，殊難預料。但有一點可以自信的，根據事實討論問題，知之為知之，不知為不知。我以誠摯的態度，善良的動機，有時也作率直的批評，可能會使他們有不愉快的地方，但在我總盡到了純正誠摯的心意了。」

## 大使官邸座談會

五月六日下午七時，王昇與鄭教授前往駐美大使周書楷的官邸，參加華盛頓地區中美學者座談會。出席者計有：喬治華盛頓大學教授興頓 (H. C. Hinton)、梅可爾 (Franz Michael)、中國籍教授殷一昌、喬治城大學教授杜布恩斯基 (Levi Dobriansky)、美利堅大學教授鮑威爾 (Ralph Powell)、林德賽 (Michael Lindsay)、史滋威克 (Ken Schiweek)、天主教大學中國籍教授陳澤祥、馬里蘭大學教授福爾所孟 (Kenneth Folsom)、中國籍教授薛君度、約翰賀普金斯大學教授馬歇爾 (Charles Burton Marshall)、詹士東 (William C. Johnstone)、朴來士 (Don Price)、國會圖書館吳光清博士、王冀博士（皆中國籍）、施爾登 (Charles Sheldon) 博士、及我中央通訊社記者李強光、范同仲等數十人。

晚餐座談會於七時三十分開始，由我駐美大使周書楷先生主持。餐會上發言踴躍，針對大陸與越南的情勢，共提出了二十個問題，多由王昇答覆或說明。其中有一個問題：「黑人威廉在北平，自稱是黑人共和國總統，和黑人暴動有無關係？」

鄭教授回答說：「毛澤東正以全力反美，凡能反美的手段都要採用，利用黑人，為其中之一。美國的黑人暴動，如毛有方法插手，當然從中煽動。威廉在北平的活動，亦為毛反美之一應有手段。至於幻想助威廉建立黑人共和國，那是學自美國。因為，美國專家已鼓吹『兩個』，在兩個韓國、兩個越南後，還企圖搞兩個中國。受這啟示的毛澤東，因此也想搞兩個美國，一個是白的，一個是黑的。」於是全場響起一片笑聲。

此時，王昇站起來說：「我應聲明一點，鄭教授是中國一位有名的學者，他並不是我政府官員，他的話不僅完全是善意的，而且是絕對客觀的。他剛才所說搞兩個中國當然指的是少數專家，例如在座各位美國朋友及美國政府，都是反對兩個中國的。」全場又隨之響起一片笑聲。

## 美華關係全國委員會座談會

五月七日上午九時，王昇等前往拜會美空軍特種調查處處長卡普賽 (Joseph J. Cappucci) 少將，先聽取簡報，然後參觀該處各部門的工作實況。

中午十二時半，出席美華關係全國委員會在京都希爾大旅社 (Capital Hill Hotel) 的午餐座談會。這個民間團體，於一九六六年六月九日成立，係由美國商、工、宗教和學術界人士組成，而以無黨派的獨立姿態出現。曾公開聲言：美國與中國大陸所發生的難題，不是簡單的或易於解決的，委員會的成立，在提高對當前中國問題討論的水準，達到理解中國的目的。該委員會設有中國問題演講會，經常請學者專家演講與中國大陸有關問題，並出版刊物和書籍，以供研究中國大陸問題之參考。曾經是美華關係全國委員會主席的斯卡拉品諾教授，向國務院建議後，由民間學術團體出面邀請王昇等參加座談大陸匪情，他們認為這樣比政府出面可得到更大效果。這個全國委員會，大約有十八位理事，他們都是所謂研究中國問題的專家，其中有一部分是反對中華民國、對我國不友好的人士，也有許多是公正人士，對中華民國友善的學者。王昇此次與各地區如華府、紐約中國問題專家及到有研究中國問題的大學和教授們座談，都是由這個全國委員會所安排的。

午餐座談會，由鮑威爾教授主持。出席者計有大學教授、政府官員、國會議員的顧問、報社編輯、記者等數十人。事前，王昇與該會特別商妥，不發表任何新聞。依當天的通知書，是請王昇演講：「從臺灣的觀點看中國共產黨的軍隊」，王昇覺得對這些水準頗高，研究有素的專家，交談比講演好。因此他向主席建議，改為邊吃邊談。座談會開始，王昇應邀先發表十五分鐘的簡要演講，由胡旭光少將翻譯。他的講詞大意是提出幾個為一般人所關心的問題：

一、中共文化大革命的性質究竟是什麼？

二、中共今天的權力中心究竟在哪裡？

三、中共九全大會前途可能的發展。

四、中共今後政策路線將有如何的演變?

王昇對上述這些問題,以最簡單扼要而又率直坦誠的予以剖析。事前,王昇還擔心他的分析可能會被認為太主觀太直率,但事後,探詢與會人員的反應,大都認為他的分析切合實際,並未認為是一種空洞的宣傳。

王昇演講後開始座談,與會人士提出了六個問題,均由王昇作答,座談會歷時三小時,氣氛和諧,結果良好。

## 與美國國會議員會談

五月八日上午九時,王昇等拜訪眾議院外交委員會遠東太平洋小組主席薩布洛斯基(Clement J. Zabloski),並進行會談,直到十時半。

上午十一時,與參議院撥款委員會副主席孟德(Karl E. Mundt)會談。在會談前,曾先拜會該會已九十高齡的主席,孟德參議員為該會實際負責人,會談至十一時四十分結束。

中午十二時,眾議員馬爾茨(John O. Marsh)在國會餐廳設宴歡迎,馬議員是唯一在任期中曾赴越南服兵役數月的國會議員,是一位年輕有為,主張堅守溪生的議壇健將。當會談到一半時,馬爾茨議員兩度回到議場與人辯論。美國國會議員的生活如此緊張,他們仍認真研究,認真辯論,認真工作,國會是真正的政治動力之所在。

當馬爾茨議員與王昇談話結束時，他向王昇表示：「在越南時，曾聞王將軍著有《政治作戰》一書，請贈送一英文本如何？」王昇答覆：「自當遵命奉送，並請多多指教。」

按照美國政府原來的安排，王昇訪美的任務，在到華府與美國政府官員會談後，即已全部結束。但因斯卡拉品諾教授建議國務院安排訪問設有研究中國問題的各大學，俾能與更多的中國問題學者專家座談。因此，王昇等乃於五月八日下午由華府飛抵紐約，展開新的旅程。

五月九日上午九時四十五分，王昇等訪問哥倫比亞大學。當王昇前往訪問時，哥大正在鬧學潮，校門設木柵阻擋人車，警察戒備森嚴，凡入校的人，須出示身分證明，因此曾被擋駕。後經第二軍司令部康農 (Conon) 上校一再交涉，才得以乘車入校。訪問哥大的目的，在參觀該校東亞研究所，因該所是美國東部研究東方及中國問題之重要學術機構。

林百克 (Dr. John M. H. Lindbeck) 博士一九一五年生於中國。林所長在東亞研究所辦公室接待，他的態度是有禮而冷淡。旋由中國籍教授兼中文圖書館主任唐德綱博士，引導參觀中文圖書館。

哥大東亞研究所，以現代中國、日、韓三國為研究對象，對現代中國問題研究之重視，始於一九六一年受福特基金會之鼓勵與支助，特成立中國問題研究委員會以主其事。該委員會主席為巴奈德 (A. Doak Barnett) 教授，另有保加 (Dorothy Brog) 博士與迪巴里 (William Theodore de Bary) 教授、傅瑞德 (Morton H. Fried) 教授，還有幾位中國籍的夏志清教授、胡昌度教授、唐德綱教授、何廉教授、喻德鑑教授等等，都是哥大東亞研究所中國問題研究委員會之委員。該委員會除主持設計並推展當代中國問題之研究工作外，對於研究資料之來源、搜集與整理等工作，亦極為重視。由於唐德綱教授與何廉教授之合作，已開始整理與中國經濟問題有關之資料，並已進行索引之編訂工作。現在美國各大學研究所，已掀起對中國問題研究及中國語文學習的高潮。唯他們都有一個共同之點，即對現代中國問題研究以中共為主要對象，因而他們所使用的參考資料，大部分是中共的書籍。他們的研究精神深值欽佩，但他們憑藉的資料，都是中共直接間接所供應。尤其是後者，最容易使專家學者們上當。因此他們研究中國問題所得出來的結論，是否正確？殊令人耽心！而在美國一般人又十分相信專家學者們的意見，一位專家學者的錯誤，就會造成非常嚴重的後果，這的確是一個應該注意而值得研究的大問題。

## 紐約地區學者座談會

王昇等離開哥倫比亞大學後，於是日中午十二時，到達巴鐵摩爾大旅社 (Baltimore Hotel)，出席由美華關係全國委員會紐約分會所舉行的紐約地區中國大陸專家午餐座談會。出席者計有：布萊麥 (Brenda Brimmer)、布勒 (Bullard)、布希尼 (Rolland Bushner)、佛蘭克勤 (Frank Ching)、克魯布 (O. Edmund Clubb)、戴納洛 (William Delano)、克拉尼曼 (Jack Clareman)、康頓 (Condon)、格洛斯 (Ernest Gross)、漢彌爾登 (Charless S. Hamiton)、海伊斯 (Samuel Hayes)、漢明威 (Russell Hemen Way)、魯瑟 (William Rusher)、湯瑪斯 (Cecil Thomas) 等大學教授、專

家學者、報館人員、及政府官員數十人。主席是一位名律師亦是一位外交家，與會者針對當時海峽兩岸的情勢，共提出九個問題。其中有些問題相當尖銳，王昇都以被動的形式，作坦誠的答覆，而且他相信可以轉變若干人的觀念。其中有少數對我們是相當不友善的人士，如果真是所謂中國通的學者，就更應該相信事實。這次的會談，是由陸以正公使擔任翻譯。陸公使的英文和胡旭光將軍一樣的好，由於他的翻譯，使會談非常成功。

## 波士頓地區學者座談會

五月十日上午，由第二軍司令部接待，派康農上校陪同，先乘遊艇遊覽紐約港。中午十二時二十分，第二軍司令李海將軍，在聯合國餐廳舉行隆重午宴款待，並邀我駐聯合國大使劉鍇、軍事代表團團長王叔銘將軍、副團長熊德樹將軍、暨駐紐約總領事等作陪。席間李將軍致歡迎詞，並贈送紀念品。王昇答謝時，特指定溥岳少校翻譯，他雖緊張得臉紅耳赤，但卻翻譯得很好，贏得主客們一致的讚許。

下午遊覽紐約市區，曼哈坦是紐約的商業區，同時也是世界最大的金融中心。而紐約最具歷史意義的聯邦大廈(Federal Hall)，建於一八四二年，美國獨立後第一屆國會在此集會，喬治華盛頓也在此就任總統，後來美國首都才遷往華府。

第二天是週末，又去參觀洛克斐勒中心，並通過紐約的地下鐵道，前往林肯中心參觀，簡直像進了大觀園一般。去參觀聯合國大廈時，美國駐聯合國軍事代表團副團長親自在門口迎接，並引導參觀聯合國各部門。

五月十三日的下午三點，王昇等一行抵達美國最富革命史蹟的波士頓(Boston)。一七七五年，美洲殖民地人民的革命戰爭，即在此城爆發，由此蔓延到十三州的抗英戰爭。

波士頓除了是一個歷史性、商業性、工業性的城市外，同時也是一個文化城。有十二所大學設立於此，諸如美國最著名的哈佛大學、麻省理工學院、衛斯理女子學院，都設在這裡。

五月十四日中午十二時三十分，王昇等到麻省理工學院教職員俱樂部，出席波士頓地區哈佛大學與麻省理工學院專家學者的午餐座談會，胡旭光少將特由華府飛來幫忙翻譯。出席者有哈佛大學教授柯文、中國籍教授謝文孫、及該校研究生等、麻省理工學院教授白魯恂(Lucien Pye)等多人，另有前述哥倫比亞大學東亞研究所巴奈德教授亦出席。據美方通知，這次費正清（自命為中國問題專家，對我國成見甚深）與賴曉華（Edwin O. Reischauer，前美國駐日大使，現為哈佛大學歷史教授，對我國亦頗不友善）將參加座談，不知何故臨時缺席。王昇說他完全以被動應戰的態度，不向任何人挑戰，亦不拒絕與任何人會談，原聞費等來談，他準備平心靜氣，和善相見，結果未來，他亦並不感到失望。

座談會由博學多才，風度大方的白魯恂教授任主席。座談一開始，主席即問：「文革目前情形怎樣？閣下對毛與各方面的關係作何看法？」接著與會的學者，陸續提出了十八個問題，多與文革有關，王昇均一一回答。最後白魯恂教授宣布：「這次座談十分有益，可惜時間不夠，不能再談。」於是座談在和諧愉快的氣氛中結束。

## 康乃爾大學座談會

五月十五日清晨，王昇等由紐約州的首府奧爾巴尼 (Albany) 乘車前往綺色佳 (Ithaca)，參加下午二時在康乃爾大學圖書館所舉行的座談。

康乃爾大學佔地廣大，景色非常優美。這次參加座談的有康大政治系教授盧亦斯 (John Wilson Lewis) 教授、穆新果 (David Mozingo) 教授、畢基杜爾夫 (Knight Bigirdolf) 教授、及一些未及記名的美籍教授，中國籍教授有陳迺潤教授等多人，另有十餘位正在攻讀碩士、博士的研究生。座談開始時，首由溥岳少校介紹王將軍和鄭教授，由胡旭光少將翻譯，盧亦斯教授任主席。與會者提出許多問題，其中盧亦斯曾問：「越戰對中共政策有何影響？人民解放軍對越戰是否不滿？」

王昇答：「越戰符合其一貫反美的路線，匪軍中拼命報導越共如何勝利，美軍如何吃虧，如何不行的消息，未聞有何不滿的情形。越戰對中共政策並無重大影響，只是中共支持越戰花費不少，對中共經濟有影響。」

陳迺潤：「文革與原子彈製造有何影響？」

王昇答：「對第五工業部門的鬥爭等有部分影響，因毛林不許紅衛兵接觸原子彈的製造。毛澤東等人以為有了原子彈，美國就怕。因此在『只要原子，不要褲子』的口號下，儘可能避免原子彈製造受到干擾。」

盧亦斯又問：「以後大陸的演變會如何？」

鄭教授說：「我對大家提一個問題，同時也回答盧亦斯先生的問題。那就是：大陸未來的演變或中國將往何處去？我以為一個歷史大變遷，有許多原因。就中共竊取政權而言，美國研究中共問題的專家們，只注重中國內在原因，實還有兩個被忽略的原因。第一是地理條件，中國北界俄國，東有日本，南有英國等由海上來。百年來中國災難，都和這些強國有關。第二次世界大戰後，俄以全力在東北等地支援中共，所以中共能勝。美國學者容易忽略這一點，可能是由於美國地理條件的優越，從未遭遇過這種問題。如果美國北為俄國而非加拿大，南為日本而非墨西哥，那美國獨立建國必有重大困難的過程。第二是國際條件，中國抗戰初期援助中國的，是被我們尊為辣斐德的陳納德將軍，但到後來，這個辣斐德的國家在雅爾達會議出賣中國，使中共多一勝利條件，這一點也為美國學者所忽略。如美洲獨立時，法國不助美國，甚至於與英國聯合出賣美國，那十三州能否順利地獨立，是一大問題。知道過去事實，推測未來歷史道路，也就是推論中國未來走共產主義的抑民主的道路。中國學者正在研究，各位也可以研究。研究中共問題，須選擇資料，此點美國學者不能使中國學者滿意。譬如斯瓦滋教授的 *Chinese Communism and the Rise of Mao* 這本書一再引用的《紅色舞臺》，是反共小說，不是歷史著作。該書作者李昂，即斯教授參考書單中的朱其華，又筆名柳寧。他在西安的王曲寫這本小說，不是寫歷史。在中國學者研究中共問題和近代史中有一結論：抗日勝利後，中國統一，任何人任何國家要想分裂中國，絕不可能。中共之能竊取政權，是中國歷史走錯了路。」

這時，王昇將軍站起來說：「我應該補充一點，鄭教授今天之所以願意如此坦誠直率的發言，除了站在中美深切的友誼立場，主要是今天難得有十幾位年輕的朋友在座，他的話用意不在檢討過去，而是策勵未來，因為歷史的事實告訴我們，當中國失敗時，美國亦吃虧。」於是，大家在歡笑聲中結束了座談會。

然後他們乘車前往參觀尼加拉瀑布 (Niagara Falls)，當地駐軍派杜尼上校、維爾崔中校及當地商會副會長雷德米爾 (Reitemeier) 先生來旅館迎接。尼加拉瀑布，在美國這一邊的叫尼加拉瀑布，在加拿大那一邊則叫馬蹄瀑布 (Horseshoe Falls)。伊利湖水平如鏡，一望無涯，流至美加邊境，突有一段地帶斷崖陡陷，下臨深谷，湖水便從這地帶傾瀉而下，懸墮谷底，形成了舉世奇觀的大瀑布。美國境內的尼加拉瀑布高一百六十七英尺，加拿大境內的馬蹄瀑布高一百五十八英尺。湖水下瀉後，使這條袋形的深谷，變成一條河，水勢洶湧，翻滾而下，水聲震動深谷，如萬馬奔騰，印第安人稱這瀑布為 Niagara，意思即是「水的雷鳴」(Thunder of Waters)。

當他們到對岸參觀馬蹄瀑布時，雖然一水之隔，但這不是過橋，而是出國。他們並沒有辦加拿大的簽證，美軍方以 VIP 禮儀接待，備有轎車三輛，車前掛軍階，越過美、加兩國國境，一座橋的中央，飄著兩國國旗。

當他們的車隊通過時，加拿大海關人員沒有任何檢查，並以親切的態度打招呼。美、加兩國，接壤千里，邊境沒有駐屯一兵一卒，橋頭要道亦僅有海關人員而已。國與國之間，講信修睦，和平共處，此乃接近大同世界之階梯，人為國界，似乎逐漸可以泯除。

車入加拿大國境，宛如一個公園，遍地綠草如茵，滿園百花怒放；細柳迎風點首，嬌花放蕊爭芳。導遊引導他們攀登一座高塔，縱覽湖山風物全景，遙望對岸的美國瀑布，又別有一番景致，尤以新娘紗一景臨空飄盪更為奇妙。俯視湖濱，馬蹄瀑布的波瀾壯闊，盡收眼底。放目加拿大境內，花園點綴，工廠林立，一望而知是一個安定富足的國家。

王昇花了三個多小時的時間，從美、加兩個國度，欣賞了尼加拉瀑布的美景，然後乘車西行，前往密西根州。

## 密西根大學座談會

五月十七日上午訪問密西根大學，先會見該校中國問題研究中心負責人費維凱（Albert Feurwerker）教授，他是費正清派，著有《現代中國》一書，自許為中國近代史專家。

密大中國問題研究中心學習中國語文的學生有九十多人，選修有關中國課程的有六百多人，專門研究中國問題的研究生有六十多人，而講授中國課程的教師則有十六位。王昇等先參觀語言訓練中心，繼由中文圖書部管理人湯迺文先生引導，參觀中文圖書部，該部藏書十五萬餘冊。王昇手著的《政治作戰概論》、《俄帝侵華策略》、《領袖與國家》，這三部非賣品的書籍，他們亦蒐集到了。

中午十二時三十分，在密西根大學圖書館舉行午餐座談會，由費維凱教授任主席。出席

人有蒙洛 (Monor)、穆爾裴 (Roads Murphey)、梭羅門 (Richard H. Solomon)、泰勒 (John Taylor)、劉平陵、鄭竹園、薛和崧、陳比照等教授，及其他未記名之專家學者二十餘人。仍採邊吃邊談的方式進行座談，由胡旭光少將翻譯。會中：蒙洛問：「目前貴國對大陸的心戰作法如何？」梭羅門問：「一九六二年中共何以會發生嚴重的分裂？」薛和崧問：「文革對外交有何影響？」

與會者一共提出了六個問題，均由王昇一一詳為答覆。兩個小時後，主席費維凱宣布結束。會後王昇認為這個不平凡的座談會，九位博士大都熱心中國問題，但對中國不一定有正確的了解，當然亦不一定對中國會很友善。在開始座談時，他們的態度都不太自然，但經兩小時的坦誠座談，王昇始終以誠懇的態度，根據事實與他們討論，結果使他們的態度有了改變。在座談會宣布結束後，又有小型的座談。小型座談時間雖不多，但顯得更親切。王昇說：「唯天下至誠為能感人」，他相信，此次的座談是相當有效果的。

## ■ 一次辛苦而成功的訪問

從密西根大學座談結束後，王昇已完成了訪美的任務。他非常感謝胡旭光少將的翻譯，為座談幫了很大的忙，同時他自己也放下了心頭的重擔。自五月十九日起，他們由溥岳少校陪同，由密西根飛往南達科他州 (S. Dakota) 的拉比德城 (Rapid City)，然後乘車赴黑丘 (Black Hills)，參觀拉喜摩爾 (Rushmore) 國家公園。在這座公園內由名雕刻家布拉格隆 (Gutzon Borglum)，精心雕刻了華盛頓、傑弗遜、林肯、老羅斯福 (Theodore Roosevelt) 等四座大石像，他們這四人都是在美國歷史上立過極大功勞的了不起的人物。華盛頓是美國開國的國父；傑弗遜是美國獨立宣言的起草人，被稱為美國民主中的聖人，他任總統時，以一千五百萬美元購得法國所屬路易斯安那領地，構成了密西西比河和洛磯山間十三州的基礎。林肯總統是一位解放黑奴的聖人，阻止了聯邦分裂，使美國成為一個鞏固統一的國家。老羅斯福總統在個人主義政治理論登峰造極的時代，致力遏止大托辣斯及壟斷的發展，使美國走上積極為人民服務的現代「福利國家」，並於一九〇六年獲得諾貝爾和平獎金。他們四人代表著美國立國及民主政治的演進和國家的發展，所以這座國家紀念公園，被稱為「民主聖蹟」(The Shrine of Democracy)。每年到這聖地來的遊客，超過一百萬人。

五月廿一日清晨，王昇等一行自拉比德城飛往丹佛，再飛蒙大拿州的畢林斯 (Billings)，然後乘車前往懷俄明州的黃石國家公園 (Yellow Stone National Park) 遊覽。

黃石公園佔地三千四百七十二平方英里，海拔五千至一萬一千三百六十英尺，處處噴泉，潺潺飛瀑，崗巒起伏，風景如畫。也許由於海拔較高，雖在五月下旬，仍大雪紛飛，王昇在他的《訪美紀行》中寫道：

> 猛抬頭，紛紛大雪，從天而降，這是奇景，是我離開大陸十九年來所未見到的奇景。……那棉花大的雪朵，刹那間把滿山遍野灑成白皚皚的銀色世界。皎潔可愛的雪花，真如久別的老友……我一時心花怒放，簡直想在雪地裡打個滾！

王昇等被安排在黃石公園遊覽了兩天，然後經舊金山和東京，於五月卅一日返抵臺北。從出國到回國，歷時五十一天。其間他曾走了不少的大城市，訪問過許多大學、農場、工廠、民家、和黑人家庭，對美國社會作了一次廣泛的觀察。先後與國務院、國防部等政府官員及民意代表會談，並與十四所著名大學的三百多位研究中國問題的專家學者教授座談。他都以至誠的態度，說明事實的真相，深信對那些參與者，一定會有相當程度的影響，至少可以使他們知道原來許多成見已經需要修正了。王昇認為思想鬥爭應有政府與民間兩套作法，研究匪情不應僅是情報研究，而應該有學術研究。今後我們對美國來華研究人士，無論政府與民間，都應有較好的作法，應善為接待，供給他們學術研究的資料，及介紹確有研究的指導人。對美國一些偏見較深的學人，我們應該採取講事實評真理的有效步驟，不能完全保持緘默。緘默可能是很好的宗教精神，而不一定是很好的思想鬥爭，因為一味的緘默就等於承認。

原被告知費正清、賴曉華、斯瓦滋 (Benjamin I. Schwarts) 等對我國素不友善的所謂中國問題專家，會來參加座談，結果卻未來，難免有些令他遺憾。不過王昇與極負名望的學者斯卡拉品諾教授，經過那次座談，卻成了很好的朋友。民國五十八年八月，王昇特邀請斯卡拉品諾教授伉儷來華訪問、座談、遊覽，並安排斯氏伉儷與蔣經國先生見面，使斯氏成為中華民國的友人。

註：本章參閱王昇著，《訪美紀行》，中華日報社。

# 第十八章 創建華視與黎明公司

## 獲得教育部同意合作

王昇一直非常重視教育與文宣工作，因為他認為教育能變化人的氣質，啟發人的智慧，特別是對六十多萬國軍官兵，要能使其知道「為誰而戰？」「為何而戰？」從而強化精神武裝，促進全軍團結，主要的是要靠教育與文宣的力量！

但國軍官兵駐地分散，有的在臺灣本島，有的在外島；有的在城市，有的在鄉村；有的在高山，有的在海濱；有的在陸地，有的在海上；而且又是機關、部隊、學校、醫院、工廠等各種不同的單位。尤其是部隊的駐地，有的是一個營，有的是一個連，有的是一個排，有的是一個班，有的甚至是一個伍。單靠各級部隊長和政工人員講話上課是不夠的，必須要有好的教師，從各方面啟導教誨，才能發揮效力。但駐地如此分散，到哪裡去請這麼多老師，且又如何能送到各單位的駐地，這根本是不可能的事。王昇一再思考，唯一能解決的辦法，就是建立一座電視臺，對各單位購發一架電視機，只要請一位老師在電視臺主講，各單位打開電視機，便可同時收看，這樣最為省事省力，而且還可以收到統一教學的效果。

王昇思考成熟下定決心後，即將這一構想向時任國防部長的蔣經國先生面報。幸獲經國先生的首肯，時在民國五十七年初。唯建立電視臺，首先必須獲得頻道，想不到當時政府業已規定，除既有的臺視、中視、和教育電視臺之外，不再開放頻道，這真是一件出乎意料的難事。好在當時的教育電視臺，每天播映的時段並不多，因此，王昇乃與教育部的主辦部門洽商，希望能合力經營，以發揮更大效用。幾經研商獲得良好反應，最後乃請蔣經國部長與教育部長閻振興先生會談，雙方正式同意合作，決定運用教育電視臺的頻道，擴建新的電視臺。除了可解決前述國防部所面臨的問題外，教育部也因當時國民教育已延長為九年，高中以上的學校容量有限，青少年失學問題日趨嚴重，如能擴建新的電視臺，並建立全省網路，則可辦理空中學校，對失學青年從事再教育，並可達成讀書不脫離生產的理想目標。以極少數的優良師資，可獲致普遍而良好的效果，實為一大美事。加以當時教育電視臺的設備、經費，均至為拮据，如不及時作適切的更張，殊不易達成其所負的使命。於是教育部乃於五十八年二月正式致函國防部，請兩部派員進行建臺的籌劃工作。

國防部當即指派王昇、王和璞、阮成章、蕭濤英諸將軍，教育部指派謝又華、程勉儕、李觀高諸先生，跨部組成籌備指導委員會，推舉王昇將軍任召集人，集思廣益，共同策劃，並督導專案作業人員，研擬具體擴建計畫。

## 積極展開籌備工作

民國五十八年九月，籌備指導委員會完成勘察建立臺、站的地點等工作，並綜合行政院祕書處、主計處、財政部、交通部等單位所提供的各項意見，擬具建臺具體綱要，由國、教兩部會銜，向台北地方法院辦理登記，並於同年十一月呈報行政院申請許可。其建臺要點為：

一、為擴大推行中華文化復興，發展教學，激勵民心士氣，由國、教兩部將教育電視臺擴組，另行成立中華電視臺。

二、預定發射功率為 12KW，使用頻道除原有三號頻道外，請交通部另增配一條。發射系統：北部竹子山 12KW，中部員林 5KW，南部高雄 5KW，另於嘉義、苗栗設微波中繼站。臺址預定臺北市光復南路一百號，使用土地四千坪，建電視大廈一座，行政大樓一座，電視學校一所。

三、為配合未來發展趨勢，預作彩色設計。節目內容本寓教於樂之主旨服務觀眾，教學節目分由國、教兩部提供。

四、建臺經費預定為新臺幣一億元，以不增加國庫負擔為原則。由國防部捐資五千萬元，就軍人之友社原列藝宣文康活動勞軍款，作集體運用籌資之半數，教育部則以教育電視臺原有設備，折價改列為捐資。

民國五十九年二月，建臺計畫經行政院指定由政務委員連震東先生邀集有關部會同意審查、結論認為：基於學校與國軍以及社會教育之發展，擴建電視系統確有必要，在政策上應予許可。並提經行政院一一七次院會核定准予立案，其間從始議、規劃至爭取立案，前後二年有餘，歷經波折，阻力甚多，均賴王昇將軍精心擘劃，躬親折衝，費盡心血，始得突破萬難，終底於成。

民國五十九年八月一日，正式成立「中華電視臺籌備委員會」，作為決策機構，負責全般設臺工作之指導及監察。由國、教兩部聘請王昇、劉先雲、秦孝儀、瞿韶華、宋時選、袁行濂、汪敬煦、謝又華、李觀高、鍾義均、藍蔭鼎、王和璞、李曼瑰、蕭濤英、羅鎮常諸先生為籌備委員，以王昇為主任委員，劉先雲先生為副主任委員。同時並成立籌備處，由劉先雲先生兼任處長，聘蕭政之先生為副處長，執行籌備事宜。並預定六十年十月十日試播，十月卅一日正式全系統開播，一切籌備作業均依此目標積極規劃。由於工作紛繁，經緯萬端，政策上、事務上待議待決之事甚多，為配合目標進度，籌委會平均每半月即召開會議一次，均由王昇親自主持，並常至工地巡視，鼓勵工作同仁。其敬事負責與勞而不倦的精神，令人感佩。

以開播基準日計算，籌備期間總共只有一年三個月，迫促之狀可以想像。當時是在臺北市南京東路租房作業，處處不便，全靠所有工作同仁不畏艱難，發揮創造的精神，不分晝夜，果決趕工。至六十年九月下旬試播前半個月，籌備工作已大體完成，其重大事項計有：

一、確立組織架構並遴選幹部。依據公司組織法成立董、監事會，董事會由股東推派代表組成。董事長、總經理及副總經理，由董事會推選之，負責全盤工作的策劃與督導；常務監察人及監察人，執行有關監察事宜。總經理、副總經理之下，分設企管、財務、安全、及器材採購等四室與新聞、節目、教學、工程、業務等五部。

董事會推選劉闊才先生為董事長，劉先雲先生為總經理，蕭政之先生為副總經理。總經理即聘曾文偉、吳以德、王良翰、聞功九諸先生為四個室的經理，宋乃翰、李明、周奉和、胡嘯虎、常松茂諸先生為五個部的經理，並聘白光弘先生為工程技術顧問，分別負責各部門的工作。

二、完成人員甄選與訓練。對於成員的進用，籌委會確立了「用人唯才」的政策，不受任何人情的影響，同時要求把握精簡原則，避免浮濫。在任用方式上則採遴選與甄試二途，除管理幹部、出納、人事、機要等人員係由遴選進用外，其他各專業人員，均經考試合格後任用。六十年四、五月先後舉辦二次招考，計十九類專業人員，錄取者隨即進用，投入籌備行列。曾先後參加日本 NHK 電視從業人員講習，在教育電視臺辦理集中訓練實習，並分批赴美國 RCA 工廠，Ampex 工廠及日本 NEC 工廠實習。又於開播前的八月間，舉辦全員集體講習一週，主任委員王昇將軍親臨主持，用以溝通觀念，建立共識，研究工作方法等。以促進華視員工對華視所負社會使命的認識，華視事業觀念的建立，工作經驗的交換，以及專業技術的探討與精神力量的結合等，均收效宏遠。

三、建築工程，委由沈祖海建築師設計，原包括攝影大樓、行政大樓、電視學校及各外臺、站四部分，除行政大樓緩建外，所有工程均由榮工處承建。於六十年二月十日破土興工，為了爭取時間，日夜趕工，於同年七月底即如期完成。裝機之時，大樓內部的地面和牆壁，全是濕漉漉的，只得日夜不停使用電風扇猛吹，期其能快乾。

四、在器材採購方面，籌委會授權籌備處，依據下列原則，辦理全般裝備器材的選購：

1. 採用目前世界各國規格最新、品質最優、性能最好的產品。
2. 為達成如期開播及系統運作保證，主要器材採用統一廠牌。
3. 嚴定規格，以免爾後發生枝節。
4. 價廉物美。

關於裝備器材的購置，籌備處為期慎重，並就長遠利益著眼，經先後邀請多位專家研究，並承台視、中視兩友臺提供經驗，歷經商討，於六十年二月與美國 RCA 公司、Ampex 公司，及日本 NEC 公司分別達成協議，簽訂攝影、錄影及微波系統主要裝備購約，共計美金四百餘萬元。

五、開播前的裝機工程，由於配合房屋的興建，遲至八月始全面開始。各外臺、站的鐵塔工程，由唐榮公司承建，亦同時趕工。當時人力不足，經驗欠缺，器材種類數以萬計，開播限期迫在眉睫，裝機任務時間不足兩月。其中尤以苗栗火炎山鐵塔高達八十餘公尺，山高霧鎖，每日僅能於晴時工作三、四小時，尤為艱險。但在全體同仁密切配合，工程同仁採取二十四小時輪工趕裝之下，九月底即全部完成。這些連外國工程師都認為在時間上絕無可能之事，竟能及時辦好，而且辦得毫無瑕疵，實在難能可貴。

六、關於節目的製播，當時籌委會所訂立的要求目標是：

1.教學節目：以發展空中學校教學，開拓青年就學途徑，做到「處處是教室，人人有書讀」，並配合國家經濟建設需要，發展勞工教育，以就讀不脫離生產為目標。

2.新聞節目：以增進大眾對當前局勢之認識與了解，透過新聞傳播，促進國際交流，加強團結合作為目標，並以國防、文教、經建新聞為重點。

3.服務節目：以提供科學新知，表揚好人好事，宣達政令，反映輿情，及介紹各種新知，以加強社會服務為目標。

4.一般娛樂節目：戲劇節目，在宣揚忠孝節義，積極向上之主題，以美化人生境界。綜藝節目，在把握輕鬆活潑，明快爽朗的旨趣，以提高生活情趣。影片節目，在選擇忠勇任俠，樂於助人的題材，以增進社會和諧為目標。節目內容，應期許樹立獨特風格，兼顧教育性與娛樂性，既不宜正面說教，亦不宜純然迎合一般趣味。

七、為期發揚主動創新精神，樹立坦誠無私風氣，堅定榮辱與共成敗一體的信念，作為共同創業的動力，籌委會主任委員王昇特手訂「服務信條」，後來員工又研討通過「員工公約」，同時發布共遵共行。當年制定的這些精神信念，歷經發揚，如今已成為華視企業文化內涵的一環。其內容為：

服務信條

1.服從指揮，決不陽奉陰違。

2.協調合作，決不各自為政。

3. 主動創造，決不保守落伍。
4. 廉潔自愛，決不營私舞弊。
5. 誠樸和藹，決不浮華倨傲。

員工公約

1. 立志做華視主人，實現喚起民眾，復國建國的華視理想。
2. 發揚主動、創新、積極、進取的華視精神。
3. 發揮人力、物力最高效能，爭取最多觀眾，不斷發展華視業務。
4. 不兼差、不外務、不拿回扣、不接受工作對象送禮請客，以貫徹華視作風。
5. 團體利益重於個人利益，袪除本位觀念，嚴守業務機密，有話當面說明，決不背後批評指責，共同拓展華視事業。

## 準時舉行開播典禮

六十年十月十日，華視試播成功，各有關部門的細部作業，諸如各種規章制度的訂定、人員訓練、建築物的裝修美化、演藝人員的延攬、節目的儲備、教學課程的安排、教材編印及空中學校招生的進行、廣告業務的推展等，均已次第完成，並遷入新廈辦公。如期於十月卅一日舉行開播典禮，恭請嚴副總統夫人主持按鈕，全系統正式開播。

民國六十一年元月，籌委會因鑒於當時國內外情勢急劇變化，為便利擴展各種文化事業，從事國際文宣活動，並對外進行文化作戰，乃呈奉行政院核准，解散原設之財團法人組織，另組「華視文化事業股份有限公司」，資金總額增為一億九千五百萬元。除由國防、教育兩部共同投資四九%外，另邀熱心文教的工商人士投資五一%。元月卅一日，「華視文化事業股份有限公司」正式成立，除通過公司章程外，並選舉劉闊才、秦孝儀、宋時選、劉先雲、阮成章、林挺生、陳茂榜、鮑朝櫄、胡炯心、吳輝生、林運祥、張書文、謝又華、袁行濂、丁繼榕、蕭政之、蕭濤英、陳澤普、羅鎮常諸先生為董事；藍蔭鼎、瞿韶華、黃啟瑞、王永慶諸先生為監察人。並公推劉闊才先生為董事長，王永慶先生為常務監察人，成立董事會，並通過敦聘劉先雲先生為總經理，蕭政之先生為副總經理。

華視從動意、籌備、到開播，其間不知經過多少困阻，都經王昇細心規劃，耐心克服，終於順利開播。但自華視正式開播之日起，王昇即未再踏進華視一步，真是「勤而不自居功」。他到部隊看到官兵收看華視接受教育的情形，心裡即感到安慰。

王昇曾說數十年來在工作中，最讓他費盡心血，絞盡腦汁的兩個單位，一是復興崗，一是華視。因為這兩個單位都是從無到有，由他一手精心擘劃，艱辛開創，歷盡辛勞，方得以創建成功，故他常有點滴在心頭之感。

## 創立黎明文化公司

民國三十九年四月政工改制時，即發行《青年戰士報》，同時成立新中國出版社，每月定期出版《國魂》月刊與《勝利之光》畫刊。其後又編印《奮鬥》月刊、《革命軍》月刊，及《新文藝》、《吾愛吾家》、《賞罰公報》等月刊，以供官兵閱讀。不過這些在王昇看來，面對這樣一個所謂知識爆炸的時代，僅是這些書報是不夠的。特別是在他民國五十七年訪美時，見到美國各大學圖書館的中文圖書部，其所藏書籍報章雜誌，「除了古代的圖書外，所有近代資料幾乎完全是中共直接供應的東西。尤其是中共間接供應的資料最為技巧，亦最容易使美國學者上當。加上中共供應的資料多，因為資料太多，消化不易，判斷困難。因為中共最擅長的是欺騙，他痛恨民主，卻大談其『新民主主義』；他蔑視道德卻大談其『無產階級的道德』觀，縱使你經年累月鑽進資料堆裡去，亦抓不到要害。在這種情形之下，那些有偏見的『中國通』就可以大施其技了。他們戴著有色的眼鏡，引用與他們論調相合的資料，這豈不是資料確鑿，振振有詞了嗎？可憐他們根據這些錯誤的資料，做出來的錯誤研究報告，不僅影響他們政府決策的錯誤，而且毒害他們後代的青年，真是不寒而慄！」❶

王昇在面對如此險峻的情勢下，為了復興中華文化，端正官兵思想，擴展社會思想戰線，遂行海外思想作戰，乃於民國六十年七月專案簽奉核准，策劃創立「黎明文化事業公司」。並敦請著名學者錢穆（賓四）、沈剛伯、曾約農等三位先生，共同開會研究，積極展開籌備工作，至同年十月國慶日即宣告成立。旋即向經濟部完成立案手續，並報請行政院新聞局核備。

依據公司組織法，黎明文化公司成立董事會，遴請秦孝儀、宋時選、徐亨、曹敏、田源、

❶ 王昇著，《訪美紀行》，頁一二五，中華日報社。

及國防部各有關單位主管等十五人為董事，蕭濤英及國防部各有關主管等三人為監察人。並由總政戰部主管文宣的副主任阮成章將軍兼任董事長，聘請田源先生擔任總經理。在總經理、副總經理之下，分設主任祕書室、企管部、編譯部、營管部、海外部、產管部、會計室、及關係企業文泉公司、華薈公司等單位。並在臺北市區設立五個直營門市部，高雄、澎湖、金門、馬祖設立四個分公司。

黎明文化公司依據思想領導與文化作戰的中心任務，積極出版反共叢書、軍事叢書、學術叢書、文學叢書、應用叢書、官兵文庫、政教掛圖；並出版唱片、錄音帶、錄影帶等。該公司成立未久，即因所編印的各種書籍，理論精闢，文字優美，主題正確，極富教育意義，深受廣大讀者歡迎與喜愛。哲學大師方東美著《方東美全集》（共五種）、陳致平著《中華通史》（共十二冊）、梁實秋、蘇雪林、易君左、謝冰瑩、曾虛白等一〇五位作家的自選集、林大椿編輯的《經國先生知勉錄》，均先後獲得行政院新聞局所頒金鼎獎。王昇著《國父思想》、楊汝舟著《總統蔣公之哲學體系》，曾獲教育部學術著作獎。蔣君章著《中國邊疆與國防》、徐詠平著《平版印刷之研究》、《趙滋蕃自選集》、及張曉風著《血笛》，曾獲國家文藝獎。羅秋昭編著《羅福星傳》（曾拍成「大湖英烈」電影）、張鳳歧著《國民革命通俗演義》，除獲國軍文藝金像獎外，並獲總統蔣公中正頒授獎狀。姜立新著《馬克斯主義哲學的貧困》，曾獲中山學術獎。舒基亮著《領袖蔣公社會安全制度的理論與實踐》，曾獲中正學術著作獎。杜萱著《煙塵之外》，曾獲中山文藝創作獎。三軍大學主編《中國歷代戰爭史》（共十八冊），參與編修的指導委員黃季陸、陶希聖、錢穆、蔣復聰、方豪、宋晞等史學家，曾獲國防部頒贈陸海空軍獎狀。而負責編修的委員李震教授、陳廷元少將、及陳公能上校等，均獲國防部頒發績學獎章。田源著《朝陽》，曾獲吳三連文學獎。《小故事，大道理》，曾獲教育部「社教有功」獎。許多書因具有時代意義，能啟發人的思想，激勵民心士氣，故一出版即能獲得暢銷。其中尤以《國父思想》、《經國先生知勉錄》、《小故事，大道理》、《慈湖孝思》、《風雨中的寧靜》、《談知識分子的責任》、及《弟弟、我在黃埔》等書，均很快即發行六版以上。

黎明文化事業公司成立兩年後，即於民國六十二年在美國舊金山首創分公司，繼即擴及歐、澳、亞各地區，分採直營、合營、經銷三種方式辦理。直營者有美國舊金山黎明文化藝術公司，法國巴黎華明文化事業公司，韓國漢城大漢文化藝術公司，新加坡華威文化事業公司，及香港光華、光宇兩公司。合營者美國有十二個公司，加拿大、新加坡各有二個公司，澳洲、日本、泰國、香港、比利時、波多黎各、多明尼加各有一個公司。綜計直營有六個公司，合營有二十三個公司，經銷商則遍布各重要地區，以推廣圖書發行，進行文化作戰為職事，成效甚為顯著。❷

❷ 吳子俊主編，《國軍政戰史稿》下冊，頁八六六，國防部總政治作戰部。

# 第十九章 協助友邦反共

## 成立遠朋研究班

列寧曾說：「從莫斯科到巴黎最近的路，是由北京經過加爾各答」。史達林為貫徹其所謂「世界革命」的陰謀，乘我八年對日抗戰，打得民窮財盡筋疲力竭時，強力支援中共席捲整個大陸河山。韓戰停戰後，俄毛又在東南亞乃至中東、非洲與中南美洲，發展組織，滲透破壞，企圖奪取各國政權。特別是中南半島的越南、寮國與高棉，情勢十分危急。而位於西印度群島的古巴，很快即被赤化。於是各友邦政府，在面對共黨威脅時，因鑒我國反共最久，受害最深，經驗最為豐富，便陸續派人前來我國參觀訪問會談，希望能深入了解共產黨的侵略本質，學習反共作戰的有效方法，並要求能派人到復興崗政治作戰學校來受訓。王昇乃呈奉核准，在復興崗設立遠朋研究班，負責接訓各友邦的軍政幹部，協助其認識共黨的邪惡本質，及其赤化世界的陰謀。

遠朋研究班於西元一九七一年（民國六十年）四月成立，當時只是由總政戰部撥款支援，設備相當簡陋，直到行政院孫運璿院長於民國六十六年前往中南美洲訪問，聽到許多遠朋班畢業學員的稱讚，他才知道復興崗有這麼一個班。回國後，在一個正式場合中說：「遠朋班的效果非常好。」國防部方核准編制，撥款興建營舍。

遠朋研究班的教育期限為八至十二週，每週上課五天，每天上課六小時，主要在講授政治作戰的理論與戰法，批判共黨理論的荒謬與鬥爭手段的殘酷，以促進其澈底認識國際共黨的本質及其赤化世界的陰謀策略，從而提高警覺，研擬有效對策。並以當代民族、政治、經濟三大問題，結合三民主義的中心思想，以堅定其反共信念。

該班自開班以來，已有三十多個國家，派遣中上級軍官前來受訓，也有文職官員、警察首長、國會議員、與教育界人士。他們回國後有的晉升將軍、榮任總司令、參謀總長、國防部長；文職人員也有晉升次長、部長、或榮任大學校長等職位的，對國際反共工作具有重大貢獻與影響。

筆者在復興崗服務四年多的期間，有來自亞洲、中東、非洲、大洋洲、與中南美洲共二十餘個國家的軍官與文職官員前來受訓。對於該班的教學，儘量採用課前研讀、課堂講授、討論、電視教學及輔教電影等方式實施。學員入學之初，即以影片介紹我國國情及學校概況，並由學員們介紹他們國家的情況與風俗習慣，儘量尊重他們的生活方式。特別是中東的國家多信奉回教，他們每天下午都有固定的禮拜時間，更是特予尊重。

每期畢業前都有參觀訪問，包括金門戰地、臺北的外交部、新聞局、亞盟總會、退除役官兵輔導委員會、青年救國團、陽明山中山樓、國父紀念館、中正紀念堂、故宮博物院、及中南部的日月潭、大貝湖、墾丁公園與三軍官校等，每次差不多都是由筆者領隊。在和他們的接觸中，發現他們不分男女，都非常優秀，特別是南非共和國的軍官所表現的氣質風度與團隊精神最為傑出。而筆者在民國七十六年三月應南非共和國國家安全會議之邀前往訪問時，他們還舉行餐會歡迎，並唱我國的〈梅花〉與〈當我們同在一起〉等歌曲表示歡迎，特別顯得親切。

## 派遣「駐棉軍事顧問團」

高棉或譯柬埔寨，地處越南與泰國之間，國際共黨早已潛入，企圖「以鄉村包圍城市」，從而顛覆其政府，奪取其政權。一九七二年（民國六十一年）六月，當情勢相當危急時，龍諾總統特邀請王昇前往訪問。王昇於七月一日抵達金邊，即與龍諾總統親切交換意見，介紹我國的政治作戰制度，並應邀對文武官員，講述政治作戰思想與戰法。龍諾總統認為政治作戰乃是對共黨作戰的有效戰法，乃命國防部長塔巴那宜將軍與王昇協商，於七月十二日分別代表兩國政府簽訂備忘錄，高棉政府正式函請我國派遣軍事顧問團前往金邊，協助其訓練政戰幹部，建立政戰制度，以加強反共作戰，挽救高棉的危亡。

龍諾總統在與王昇會談時，特別提到棉共以一套似是而非的說詞，欺騙蠱惑民眾，殊令人痛心。他很羨慕我國有三民主義，可以正大光明的作為救國建國的指導方針，所以臺灣雖然面積不大，資源不豐富，且又面臨一個強大橫蠻的敵人，但仍能快速進步發展，被世人譽為「奇蹟」。言談之間，對三民主義極為嚮往。王昇因感於龍諾總統之真誠與處境，乃建議針對高棉的國情，擷取三民主義的精華，代為撰寫「新高棉主義」，以供龍諾總統參考。後來書成之後，經過龍諾總統親自審閱，覺得非常適合高棉的需要，即交有關部門以棉文與法文印行，發給全國軍公教人員研讀，並作為各軍事學校與訓練中心的教材，以為高棉共和國建國的理論基礎與指導方針。

王昇返國後即簽奉核定，於民國六十一年九月一日，正式組成「中華民國駐棉軍事顧問團」，編制員額一〇員，派郁光少將任團長，趙中和上校為參謀長，並於當月十四日飛抵金邊，依據中棉協議書，積極展開工作。

首先即在總統府設立政治作戰指導委員會，負責統一策劃與督導全國軍事與民事單位的政戰工作；並設立政治作戰學校，負責全國軍事與民事單位的政戰教育。在參謀本部設立總政治作戰部，負責策劃並執行全軍的政戰工作，各軍種司令部以下直至連級，均設立政戰組織，由政戰主管兼任副部隊長（副主管）。各級民事單位則比照軍事單位，亦均成立政戰組織，由副主官兼任政戰主管，積極推展工作。

由於高棉一般軍民對共產黨的陰謀伎倆、以及對政治作戰的思想與戰法，大都缺乏認識與了解，因此該團乃應高棉政府的邀請，指派人員巡迴到各地作專題講演。參加聽講的有各級軍政首長、國會議員、公教人員、青年學生、及民眾代表。後來又協助各軍區辦理政戰講習、民眾組織、及民防部隊政戰講習等，參加講習的軍官、公務員、教職員、及青年學生，共達二十餘萬人。

為加強政戰幹部訓練，特將高棉原有的心戰訓練中心，擴編改為政治作戰學校，調訓校、尉級軍官、士官、民事官員、教育人員、及工廠員工，共達一千餘人。同時並協助棉方將軍、政高級人員包括部長數人及中、上級政戰幹部二二六員，分四批前來我國政治作戰學校遠朋研究班受訓，使他們對政治作戰，有較完整與深刻的認識。

高棉政府設有團結歸順部，主要在負責民兵組訓、難民安置、及對棉共軍隊和被其奴役的人民實施招撫工作。我駐高棉軍事顧問團曾針對實況與需要，在心戰、宣傳、及民兵組訓與運用方面，提供一些具體的建議，以爭取棉共與敵區人民的來歸。同時並協助棉方辦理軍報、整飭軍紀、又與美國駐高棉軍援團團長 John R. D. Cleland 將軍經常連繫，為高棉爭取更多援助。

一九七四年元月，高棉成立「反抗印支共黨高棉青年團」，由曾在我國政治作戰學校遠朋研究班受訓的國會議員孫達主持。我駐高棉軍事顧問團協助其推展青年運動，在各大中學校吸收團員，甚收成效。

是年九月，參謀長趙中和上校等任滿回國，由王道烓上校繼任參謀長，於九月十三日飛抵金邊，積極參與工作。然而當時由於美軍已退出越南，高棉共黨在俄共、中共等國際共黨的強力支援下，聲勢日壯，力量日強。一九七五年並改變戰略，利用國際支援的新式武器與強大火力，強力封鎖水、陸交通，使首都金邊完全陷於孤立。加之美援不濟，內鬨又起，龍諾總統竟被迫出國，我駐高棉軍事顧問團不得不隨之撤離，而金邊亦於是年四月十七日不幸陷落。

王昇在金邊失守前三週，應龍諾總統的緊急邀請，前往研商最後的對策與作法，並接受贈勳。住的貴賓招待所，曾是中共劉少奇、周恩來等人住過的房間，王將軍深感事之無常，但形勢已到無可挽救的地步。龍諾總統雖然派出最可信賴的一營軍隊，負責保護王昇的安全，友情實在可貴，但棉共的砲火已射擊到貴賓招待所的門前。金邊淪陷的前兩天，龍諾總統才協調由美軍飛機，送王昇到曼谷，受到我駐泰國大使彭孟緝將軍的熱誠接待，然後再回到臺北。

## 第三次應邀訪美

民國六十四年（一九七五）四月四日，王昇奉總統命令，調升國防部總政治作戰部陸軍二級上將主任，這是他在執行官一職工作了十六年後，獲得調任新的職務。

當時美軍在國內及世界各國強烈反戰示威的情勢下，已無可奈何的被迫退出越南戰場，北越共黨乃放棄「以鄉村包圍城市」的戰略，改以強大的兵力，越過北緯十七度分界線，向越南共和國猛烈進攻。四月卅日攻佔首都西貢，使歷經十餘年，陣亡三十餘萬越軍官兵的越戰宣告結束，越南共和國從此滅亡，美麗的西貢亦被改名為胡志明市。

美國對於越南的淪亡，當然有失顏面，因據美國國防部公布：「美軍在越戰中陣亡官兵四萬六千三百九十七人，受傷三十萬六千六百五十三人，失蹤二千九百四十九人。另因飛機汽車等意外事件死亡的美國人約一萬零三百人。美國空軍損失三千七百餘架噴射機，五千餘架直升機，投擲炸彈七百六十餘萬噸，為第二次世界大戰所投擲的三倍半。」

在經濟方面，美國共耗費一千五百餘億元，每一個越南人約合七千美元，但結果卻是灰頭土臉的退出越南。尤其還有兩千九百多名官兵生死不明，更令其父母家人日夜為之憂心。今後共產集團的動向究將如何，當然更令美國與自由世界關心，因此斯卡拉品諾教授乃以朋友的立場，邀請王昇前往美國訪問，希望能聽聽他的高見。

七年前王昇第二次應邀訪美時，在美國政府的安排下，曾與斯卡拉品諾舉行座談，並接受其招待。斯氏對王昇的談話十分讚賞，從此兩人成為朋友。為加強中美關係，王昇奉准邀請斯氏於民國五十八年八月來華訪問，蔣經國並曾在金門榕園接見，兩人促膝長談兩小時，使斯卡拉品諾不僅成為蔣經國的朋友，也成為中華民國的朋友。

現在面對越南的淪亡，美國可能陷入困惑，由於斯卡拉品諾與美國國務院關係密切，美國政府的困惑，當然亦是學術界的困惑，所以斯卡拉品諾特來函邀請王昇前往訪問。美國國防部馬歇爾博士亦來函邀請，王昇當時因工作繁忙，曾兩次婉謝，但斯卡拉品諾等仍來函催促，王昇實在不能再推辭，乃呈請核准於六十四年六月一日啟程前往訪問。

王昇這（第三）次訪美，時間較短，行程也較單純，只是參加由斯卡拉品諾教授與美國國防、外交、情報官員及學者專家等所舉行的十餘次座談會，他仍一本「知之為知之，不知為不知」的態度，坦誠的答覆與會學者及政府官員所提出的各項問題，他的謙和誠懇，高遠見識，獲得與會者的讚佩肯定。王昇並代表國防部慰問我駐美軍事單位，及軍方留學生，至六月廿一日返國。

## 薩國、瓜國要求派遣顧問

遠朋研究班成立後，由於各送訓國家均極反共，故受訓學員返國後，多擔任重要職務，成為該國的反共中堅。而渠等對我國軍中實行政戰制度之成效，尤深為欣賞讚佩。因此，薩爾瓦多共和國於一九七四年（民國六十三），要求我國派遣政戰顧問一員，前往協助推展心戰與心防工作。總政戰部即簽派三軍大學戰爭學院政戰部主任修子政上校，前往擔任此一工作。當時為考慮中南美洲各國的政治情勢，避免引起不良反應，及便於推展工作，特洽請外交部給予修上校「駐薩大使館專員」的名義，以利其任務的遂行。修上校奉命後於六十三年十一月十日飛抵薩國，立即參贊該國軍務，協助推展政戰工作，增強反共力量，深受歷任國防部長的倚重，並贏得薩國政府上下的感佩。

一九八〇年（民國六十九）四月，瓜地馬拉政府由於國內共黨勢力猖獗，國防部長蓋瓦拉將軍來函，要求我國派遣政戰顧問人員，前往協助建立政戰制度，加強反共作戰力量。我國防部乃簽派陸軍空降特戰司令部政戰部主任張明弘上校，率同湯守明少校，前往擔任此一任務，工作時間預定為八個月。同年八月，復應瓜國政府要求，增派嚴昭慶中校、及張衡華少校等前往支援。瓜國國防部經過一段時間的籌備，即於一九八〇年八月成立文化部，下轄新聞處、心戰處、及軍中電視臺。其所屬連級以上單位均設立政戰組織，所有政戰主管均由各該單位的第一副主官兼任。瓜國國防部並將王昇所著《三民主義與其他主義之比較研究》

與《政治作戰研究》兩書，譯發全軍官兵研讀，以增進其對反共理論與政治作戰之認識。張明弘上校等在瓜國工作努力，甚獲瓜國政府重視，於是年十一月任滿回國。

一九八一年一至六月間，瓜國國防部長蓋瓦拉將軍、參謀總長孟多沙將軍，復先後來函請求續派政戰顧問，前往協助該國推展政治作戰，加強反共鬥爭。總政戰部乃於同年七月簽奉續派政戰學校教育長張明弘少將，率同謝天霖上校、嚴昭慶中校、湯守明少校等赴瓜擔任政戰顧問。

張少將等於七十年八月十八日飛抵瓜京，當即協助其編印《馬雅主義——瓜地馬拉人民的靈魂》一書，以建立其中心思想，消除共產毒素，並協助其建立政戰制度的理論體系與法令規章，使其工作推展有所準據。另協助其強化心戰組織及反情報組織，加強反共鬥爭，肅清潛伏匪諜，並編印瓜國幹部訓練教案九種，協助其訓練行政、軍事、及政戰幹部。張顧問等四員在完成任務後，先後於十月廿六日及十一月廿三日返國。

## 應邀訪問亞、非各國

民國六十年代，國際共黨勢力極為猖獗，各國面對共黨的瘋狂侵略，急需謀求解救之道。因此紛紛邀請王昇前往訪問，希望能協助其加強反共組織與力量，以阻擋面臨的滾滾紅流。

位於東北亞的韓國、日本，與俄共、中共隔海對峙，戰略地位極為重要。王昇第一次赴韓，是迎接一萬四千名反共義士，對韓國遭受共黨的侵略荼毒，感同身受。第二次應邀訪韓，是民國六十一年十一月九日，前往接受韓國檀國大學贈予榮譽法學博士學位，並發表「論自由與平等」專題講演。民國六十六年六月十二日，應韓國國防部副部長李敏雨將軍邀請前往訪問，曾拜會總理崔圭夏及與韓國國會議長、國防部長、情報部長、政訓部長、心戰總局長等政軍首長會談，並連續在國防部、統一院、國防大學、及中央情報部等單位發表講演，講題為「共匪和平策略之分析」、「由天安門事件的演變看共匪的本質及趨勢」、「如何在思想戰線上戰勝敵人」、及「中華民國如何光復大陸」等，講後並解答問題，聽眾情緒極為熱烈，對增進韓國重要軍政幹部對共匪陰謀策略的認識，及與我國反共政戰的作為，甚具成效。王昇第四次訪韓，是應韓國文教部長李奎浩先生的邀請，於民國七十年五月十一日抵達漢城，曾晉見全斗煥大統領，及與韓國國務總理、國防部長、文教部長、新農村運動事務總長等交換對時局的意見，同時研討各級學校的思想教育問題。並應邀對國防部及新農村運動中央本部作專題講演，題目為「對個人自由主義的探討」、及「沒有砲聲的戰事」；另分發《對共產主義的解剖》小冊，聽眾甚為動容。又曾與華僑協會代表座談，報告國內進步實況，勉以加強僑社團結，支援祖國反共大業，至五月十六日返國。

王昇應邀訪美、訪韓時，曾數次道經日本參觀訪問。民國六十六年六月十八日應邀訪日時，曾與日本防衛廳政務次官、常務次官、及交流協會會長等懇談。並在日本世界情勢研究會發表專題講演，參加人員均係日本軍事、政治、外交等方面的專家，情緒極為熱烈，有的甚至感動得流淚。另與留日政戰人員座談，及與旅日僑團負責人會談，至六月廿三日返國。

民國六十四年元月，王昇應泰國參謀總長堅塞上將之邀請，前往訪問。曾兩次與堅塞上將會談，針對當時泰國國情與軍事情勢，提供反共政戰的重要戰法，並贈送英文、泰文《政治作戰》各一冊，及有關政治作戰的參考資料等，深受堅塞上將的重視與採納。

印尼戰略及國際研究中心榮譽主席阿里莫多波中將，於民國六十四年十月來函邀請王昇前往訪問。王昇於十一月廿五日飛抵雅加達，先與阿里莫多波中將會晤，然後與印方政治、經濟、及軍事重要決策人士會談，並應邀對印尼戰略及國際研究中心講演及座談。其後又對三軍大學講演及座談，重點在剖析大陸匪情與反共政戰問題，深受與會人士的歡迎與讚佩，對促進中印實質關係，加強雙方合作反共，具有積極影響，王昇於十二月三日返回臺灣。

民國六十八年十二月十七日，應菲律賓執政黨祕書長卡斯達的邀請，前往馬尼拉訪問。先晉見菲總統馬可仕，接著即與國會議長、國防部長、參謀總長、及國家情報與安全局長等首長會談，曾就促進兩國實質關係，嚴密反共制共措施，廣泛交換意見。並訪問我駐菲文化經濟中心，宣慰當地僑胞，至十二月廿四日返國。

南非共和國位處非洲的最南端，為一堅決反共的國家。當國際共黨肆意侵略時，王昇應南非共和國三軍總司令馬蘭上將的邀請，於六十九年八月十七日前往訪問。晉見南非總統波塔先生，並與南非三軍首長、外交事務執行長、新聞部次長等會談。又對約翰尼斯堡大學師生講演「如何在思想戰線上戰勝敵人」，及對南非高級將領、政戰軍官講演「政治作戰概要」，講後並討論問題。同時評估南非反共情勢，最後並對南非提出六點建議，至八月廿九日返國。

此行使南非高級首長充分認識反共政戰的重要，臨別前馬蘭上將（後任南非國防部長）即曾以沉重的心情說：「也許只有貴國的政戰制度，才能挽救我國」。當時奉命籌建南非政戰制度的韋蘇少將亦再三表示獲益良多，有助其開展南非的政戰工作。而曾來我國遠朋研究班受過訓的南非軍官對王昇前往訪問，更感到無比的高興。其後南非總統波塔伉儷於同年十月應邀訪華時，特撥冗參觀我政戰學校，對該校教育設施的完善，留下極為深刻的印象。

中南美洲為與我國建交最多的地區，各國保送我政戰學校遠朋研究班受訓的學員，返國後多擔任要職，且對我國極為友好。民國六十七年，薩爾瓦多總統當選人羅美洛將軍，來函邀請王昇前往參加其就職典禮。王昇當時因工作繁忙，無法分身，基於中薩兩國傳統友誼，特派執行官陳守山中將前往；並順道訪問中南美各國曾在遠朋研究班受過訓的人員，以敦睦邦交。陳中將於六月廿四日啟程，除參加薩國總統就職典禮外，並訪問瓜地馬拉、尼加拉瓜、宏都拉斯、哥斯達黎加、巴拿馬、哥倫比亞、智利、阿根廷、烏拉圭、巴拉圭、玻利維亞等國，與各國軍事首長及遠朋研究班受訓人員廣泛接觸，對增進我與中南美國家的反共團結，收效甚大，至八月一日返國。

# 第二十章 「劉少康辦公室」

## 受命負責「反統戰」

自美國於一九七八年底（民國六十七）與中共實行所謂「關係正常化」，並與我中華民國斷絕邦交以後，中共即於民國六十八年元旦，由所謂「人代會」發表〈告臺灣同胞書〉，強力發動「對臺統戰」的全面攻擊，企圖摧毀我復興基地的戰鬥意志，解除我全國軍民的精神武裝，當時執政的中國國民黨立即在「中央宣傳指導小組」之下成立「固國小組」，負責反制中共統戰的各種花招與作法。

一年後，中共在大陸各級黨政機構，設立「對臺辦公室」，動用十萬以上的專業幹部，投入不計其數的巨額經費，強力對我復興基地與海外華僑進行各層面及各種形式的統戰工作，蔣經國主席為了反制中共的統戰攻勢，維繫國家的安全與人民的福祉，於民國六十九年一月廿九日主持中常會後，特在辦公室召見中央常務委員王昇，對他說：「目前反統戰的工作非常重要，從現在起由你負責！」

王昇追隨蔣經國五十年，對於蔣經國所交付的任務，他都奉命嚴謹，但這一次他感覺責任實在太大了。因此他請蔣經國重新考慮人選，他願從旁協助。但蔣經國卻十分堅持，王昇在無可奈何的情況下，只得硬著頭皮接下此一重擔，但他卻提出一個要求：「希望一切工作經由蔣祕書長（國民黨中央黨部祕書長蔣彥士）向主席報告與請示！」

蔣經國說：「你們去商量好了！」

王昇與蔣彥士商量的結果，決定在蔣祕書長的辦公室之下，設立一個隱密性的小型幕僚單位，稱為「王復國辦公室」，於四月一日正式成立，由王昇擔任主任。一年後，為期保密與欺敵，又呈報蔣經國，改名為「劉少康辦公室」，除主任仍由王昇擔任外，內置書記一人，由蔣經國核派政論家李廉擔任。下設情報、計畫、協調、行政祕書各一，並自各相關單位，精選幹部十五人，擔任幕僚作業。同時，因工作需要，成立基地、海外、大陸三個工作研究委員會，各設召集人及祕書一人，並由各召集人薦聘學者專家及相關黨政單位的副主管為研究委員，每週集會商討各項反統戰的研議籌劃工作。

三個工作研究委員會的召集人均由蔣經國主席核派：

基地對敵鬥爭研究委員會召集人由曾任文化工作會主任、時任中央副祕書長的吳俊才先生擔任。

海外對敵鬥爭研究委員會召集人先後由時任外交部政務次長的錢復、丁懋時先生擔任。

大陸對敵鬥爭研究委員會召集人由曾任大陸工作會主任、中央副祕書長退休的徐晴嵐先生擔任。

三個研究委員會的研究委員則由各該召集人分別建請蔣彥士祕書長核聘：

基地研委會委員：先後聘請于振宇、王人傑、杜均衡、李模、宋楚瑜、周菊村、施啟揚、郭哲、殷文俊、郭為藩、梁孝煌、曹伯一、廖祖述、趙守博、蔣廉儒、蕭天讚、李在方、陸潤康、王昭明、許新枝、王章清、甘龍、朱文琳等二十三位先生擔任。

海外研委會委員：先後聘請明鎮華、汪奉曾、柯叔曾、朱集禧、連戰、何顯重、王紀五、蕭萬長、郁慕明、趙寧、章孝嚴、戴瑞明、張京育、虞為、高銘輝、劉國治、謝復生等十七位先生擔任。

大陸研委會委員：先後聘請宋公言、林清江、蕭政之、焦金堂、王徵麟、鄧祖謀、荊自立、項迪光、裘孔淵、張鎮邦、曾光亞、黃達紀、姚孟宣、洪幼樵、李明、辛尚志、徐崇藝、王澄宇等十八位先生擔任。

三個研究委員會各設祕書一人，辦公室設計畫、情報、協調、行政等四個部門，均設祕書一人，參謀數人，均由蔣彥士祕書長核聘。

基研會祕書由朱文琳先生擔任。

海研會祕書先後由劉國治、謝復生先生擔任。

陸研會祕書先後由張鎮邦、徐崇藝、王澄宇先生擔任。

辦公室四個部門的祕書亦由蔣彥士祕書長核聘：

計畫祕書：先後由李明、李在方、邢國強先生擔任（陳濯明、楊台生、佟立家協助作業）。

情報祕書：由郁光先生擔任（張虎、鄧鶴庭、錢行偉、蘇成福協助作業）。
協調祕書：由趙孝風先生擔任。
行政祕書：由汪振堂先生擔任（劉書德、陳子樸、康雅玲、鍾淑芬協助作業）。❶

## 劉少康辦公室的運作方式

「劉少康辦公室」成立後，即針對「中共對臺統戰」的各種情報資訊，隨時予以蒐集掌握，並針對中共的策略，及海外與基地所呈現的狀況，積極研擬反制措施。

首先是由三個研究委員會，分別針對問題研擬形成具有共識的建議案，交由計畫部門完成幕僚作業，再提報由辦公室主任王昇主持的「研究會報」，邀請各研委會的召集人及各祕書，共同研擬草案。

隨後即將研擬完成的草案，提報由蔣彥士祕書長在中央黨部主持的「綜合會報」，邀請各研委會的召集人及與個案相關的黨政單位主管和副主管參加，再廣泛交換意見後成為定案。自民國七十一年起，此類經過一再研究詳審的方案，尚須每月一次，提報由行政院長孫運璿先生在行政院主持的「決策會報」作最後決定，參加的人員有總統府祕書長，中央黨部祕書長，行政院祕書長，及與該議案相關的黨政部會首長。

❶ 汪振堂著，揭開〈「劉少康辦公室」面紗〉，《傳記文學》，第九〇卷第二期，頁四六—四八。

劉少康辦公室所提的各種重要議案及建議，都是經過三次以上的會報反覆研議後，經由蔣彥士祕書長轉呈蔣經國主席核定，再由蔣祕書長協調黨政相關單位貫徹執行。而在各相關單位開始執行之際，劉少康辦公室即結合熱愛國家，不計酬勞的學識豐碩的學者專家，適時以強勢的文宣作為，使得各個方案，得以順利推展，獲得成功。此一期間，真可說是中國國民黨在黨政運作、協調、指揮最順暢最靈活的時期。因此，不論在基地，在海外，特別是在大陸，都發生了極大的功效，獲得十分豐碩的成果。

當年由於美國與中共建交，美國總統尼克森前往大陸訪問，使海外反統戰工作，真是急如星火，劉少康辦公室即根據已經核定的「加強海外反統戰工作要點」，全力鞏固我外交陣營，團結海外僑胞學人及留學生，反制中共的一切統戰，並劃分海外各黨政機構的職責，指定單位統一指揮海外地區的反統戰工作，以反制中共對我「外部孤立」的策略。不到一年，海外形勢立即改觀，中共外派人員及留學生，且多嚮往復興基地，肯定「臺灣經驗」，而我國海外僑胞學人及留學生，也多能隨時隨地自動自發地對中共作反統戰工作。

在復興基地的臺灣，更是針對中共「三分島外，七分島內」的策略，根據已經核定的「加強基地反統戰工作要點」，從「強化自身」，「戰勝敵人」兩方面，研討許多具體作為，詳訂黨、政、軍、情、社、團各部門的工作要領，並輔助成立「團結自強協會」、「三民主義統一中國大同盟」等民眾團體，帶動民間活動，不到三年，經過全民的心理建設，全國上下對於中共的統戰力量，多有深入了解，終於將中共的多項統戰花招一一拆穿，使其無所施展。

對大陸敵後，劉少康辦公室更是隨時依據中共對臺統戰的策略與特殊的活動，隨時蒐集情報，詳細研究反制作為，例如當葉劍英、鄧小平發表重要統戰談話時，中共召開全國統戰會議時，都能掌握機先，注意其事件的發展，追蹤考證其實際情況，儘速作出正確判斷，立即完成「中共新統戰攻擊之對策」，「中共召開全國統戰會議之動機和陰謀」等專案，並將我復興基地臺灣經濟發展，社會進步，人民安和樂利，及對大陸同胞之關懷與愛護等等，利用心戰文宣等一切可用的工具和管道，不分晝夜向大陸同胞展開宣傳與呼喚，結果造成意想不到的成果。

自民國六十六年，范園焱駕駛「殲偵六」機來歸後，停滯了五年，都未見中共空軍投奔自由。但經過劉少康辦公室六十九年八月呈奉核定「現階段對匪心戰指導要點」，加強並整合廣播，空飄等心戰作為後，大陸民心起了變化，最鮮明的實例，就是中共空軍連續不斷的駕機來歸：民國七十一年，吳榮根駕「米格十九」機投奔自由，孫天勤駕「殲七E」機來歸；七十二年，蕭天潤駕「水轟五」機投奔自由；七十三年，陳寶忠駕「殲偵六」機，王學誠駕「殲五丙」機來歸。這些事實真令人歡欣鼓舞，震驚全球。

## 中共成立「擒王小組」

正當「劉少康辦公室」積極展開反統戰工作，並獲得輝煌成效時，中共得知這個單位是由王昇負責，他們迅即成立一個所謂「擒王小組」，由中共中央政治局委員習仲勳負責領導❷。

習仲勳，一九一二年生，陝西省富平縣人（其子習近平，曾任大連市長，浙江省委書記，現為中共中央政治局常務委員，中央軍委會副主席，預定為中共國家主席的接班人）一九二八年即加入共產黨，先後與中共頭目劉子丹，賀龍，彭德懷等在一起工作，習仲勳歷任中共中央宣傳部部長，「國務院」副總理兼祕書長，中央政治局委員，中央書記處書記，及「全國人大」常務委員會副委員長等職，是一個鬥爭經驗極為豐富的高幹，所以當中共得知我方由王昇主持「劉少康辦公室」後，中共即以習仲勳來對付王昇，於是他們處心積慮，從香港、日本、美國、以及臺澎復興基地，全面發動對王昇的誣蔑攻擊，甚至連美國在遠東的情報機構，亦都為其愚弄，根據當時在琉球工作的一位友人私下對筆者透露，凡是有關王昇的言論和動態，都要以最迅速的方法，直接呈報國務院，以供其對華政策的參考。

說來慚愧，當年筆者因工作繁忙，對於「劉少康辦公室」的狀況並不了解，只曉得好友李明、李在方、郁光、汪振堂等兄與李廉先生等在「劉少康辦公室」工作。至於他們作些什麼，如何作法，都不清楚。直到有一天，李在方兄邀筆者到來來飯店吃日本料理，他對筆者說行政院各部會對「劉少康辦公室」頗有微辭，尤其對李廉不滿，說他態度倨傲，盛氣凌人，叫人受不了，認為「劉少康辦公室」已成為「太上中常會」，他要筆者將實情轉報王昇。筆者說李廉曾是幹校兼任教授，可能因長期對學生講課，養成了一種習慣，將對學生講話的態度和語氣，用來對政府官員，叫人聽了不受用，最好還是請他直接向王昇報告較好，因筆者是

❷ 鍾樹楠著，〈王昇、蔣彥士的遭遇〉，《中國報導》，臺版一一四三期，頁六。

局外人，不方便去講這些話。

## 第四次應邀訪美

民國七十二年三月，美國在臺協會理事主席丁大衛，一再邀請王昇前往美國訪問，此為美國與中共建交後，正式邀請我國一位現役上將去訪問，因此在接受邀請時，王昇曾請示蔣經國總統，可否婉拒？蔣總統當時裁示：「不必婉拒，仍應接受邀請。」只是蔣總統當時卻連說兩次：「這是政治問題！」

王昇當時雖然感到總統似乎話中有話，但因看總統的健康情形不是很好，為了減少他的煩惱，就未進一步請求解釋。

丁大衛和王昇應該算是老朋友了，因自民國五十三年二月起，丁大衛在「美國駐華大使館」任參事時，為了了解中共內部的狀況和動向，特別是正打得火熱的越戰，每週都和王昇在美國大使館內舉行會談，時間持續了數年，當時被稱為「王丁會談」。

現在越戰早已結束，且美國已承認中共，但美國卻在此時正式邀請王昇訪美，其中必有一些蹊蹺，但蔣經國總統說：「不必拒絕，仍應接受邀請。」王昇即由國防部聯絡室主任馬宗堯少將陪同前往美國訪問，所有行程係由老友丁大衛理事主席所安排，並全程陪同。接見王昇的人，包括美國國務院助理國務卿，中央情報局長，國家安全會議祕書，國防部代表，國會議員索拉茲，李奇，愛德華甘迺迪，學者專家斯卡拉品諾，班納達，以及紐約外交研究所主任羅德等等。在接待方面極為禮遇，他和每一個人見面時，都以其誠懇的態度，將在國內所準備的資料，針對要見的人，事前寫成重點，作為談話的依據，和前三次訪美一樣，言行極為小心謹慎。然而想不到就在訪問期間，美國《時代》雜誌（*Time*）和《新聞週刊》（*Newsweek*）竟稱王昇是蔣經國的「接班人」。

此話一出，臺北和香港的媒體，特別是一些雜誌，便一窩蜂地攻擊「劉少康辦公室」，說它是「國民黨的太上中常會」。並將箭頭指向王昇，說「王昇擁有一股潛在勢力」，說王昇已經是「一人之下，萬人之上」，說「王昇是軍事強人」，說「王昇是接班人」，說「王昇即將升王」，並說他訪美是為「接班」找外援，種種捕風捉影無中生有的謠言誣詞都浮現了出來。

五月四日，也就是王昇訪美歸來一個多月後，蔣經國總統面告王昇：「劉少康辦公室解散！」

王昇當時感到如釋重負，立即答應：「很好！」

五月九日，總統發布命令，特任陸軍二級上將王昇為國防部聯合作戰訓練部（簡稱聯訓部）主任，這對王昇來說，實在太好了。因為他任總政戰部主任已經超過八年，在任滿三年時，他即提醒蔣經國，請注意任期制度。雖然蔣經國未理會，但他每年都很認真地辦理假移交。現在能調聯訓部，對他來說，可以換一下環境，接觸一些新的事物。所以他仍一本既往的工作精神，積極展開工作。其間即曾指令筆者（時任總政治作戰部政治作戰計畫委員會主任委員）於七月廿二日下午二點三十分，前往聯訓部對該部所有將領與工作人員，報告「國軍政治作戰」，歷時一小時，他並親臨主持。那份講稿後來經總政戰部主任許歷農上將指示，印發全軍軍官參閱。

## 政壇人士的大地震

可是不過三個多月的時間，即八月十六日，行政院長孫運璿約見王昇，告知將被特任駐巴拉圭大使；八月十九日下午，蔣經國總統召見王昇，親切地告訴他：「派你去巴拉圭，是為了你的安全！」

九月四日，外交部長朱撫松約見，說明將特任駐巴拉圭大使，並已函請巴拉圭政府徵求同意中。

黨國大老時年九十六歲的張群（岳公）先生，得知消息後，親筆書寫了幾句話送給王昇，以示慰勉：

是非審之於己，毀譽聽之於人，得失安之於心。

國學大師南懷瑾先生，亦贈詩兩首，以示惜別：

七　律

萍水交情二十年　泥塗軒轅有前緣
江山本是無情物　人物何妨不世傳
南渡風流思王導　中原哀樂憶臨川
驪歌應莫輕憂患　把酒凌空一哂然

七　絕

如水交情二十年　始終道義亦堪傳
離家聽唱朝中措　持節青雲別有天

王昇的好友龍申田、鍾義均，則選錄了王陽明的一首詩贈送給他：

險夷原不滯胸中　何異浮雲過太空
夜靜海濤三萬里　月明飛錫下天風

九月廿日中央社消息：「政府已內定王昇將軍為我國駐巴拉圭共和國特命全權大使！」於是全國震驚，輿論嘩然，都說：「王昇垮了！」有些媒體甚至形容這是：「政壇人士的一次大地震。」

本來高級將領出任大使，我國和美國都已早有先例。如在越戰期間，美國聯合參謀首長會議主席泰勒上將被派為駐越南的大使。我國派任大使的就更多了，如駐日本的彭孟緝，駐韓國的王東原、梁序昭，駐越南的胡璉，駐泰國的馬紀壯，駐約旦的王叔銘、陳嘉尚，駐土耳其的黎玉璽，駐薩爾瓦多的羅友倫，駐巴拿馬的黃仁霖等。他們有的當過參謀總長，有的當過軍種總司令，有的當過省主席，目的無非在加強與駐在國的軍事合作，貫徹反共復國的政策。只是大家萬萬想不到像王昇這樣與蔣經國數十年所建立的深厚關係，在蔣經國的健康情形日漸式弱極需得力幫手的時候，為什麼竟會突然將他外放？

有的說，這是中共的統戰成功。因為中共為了對付王昇所特別成立的「擒王小組」，他們對王昇的誣蔑打擊，無所不用其極，已在海內外發生了效力。

## 傳言中有「五老五小」

也有人說，當時我們政府有「五老五小」，他們聯合起來，向蔣經國總統表示對「劉少康辦公室」不滿，並對王昇有一些微辭。

有一次，幾個要好的朋友在一起餐敘，大家一見面就談到王昇的被外放，而且一下子就談到了所謂「五老五小」的話題，大家七嘴八舌，胡亂猜測，到底有沒有所謂「五老五小」。這「五老五小」究竟是些什麼人？筆者說在美國出差時，有位朋友拿一本大陸「武漢大學」出版的《臺灣政治風雲》給筆者看，其中指明建議派化行先生出任大使的，是黃少谷先生。❸

筆者將書拿給化行先生看，他說黃少老一向對他很好，決不是他。朋友們說，這也只有一老，還有那四老五小呢？

這時一位朋友很嚴肅地說：「什麼五老五小，照我的研判，只有一老一小！」經他這樣一說，大家都注視著他，希望他把話說清楚。他說：「一小就是蔣孝勇！」眾人齊聲說：「那一老就是黃少老囉！」他說：「不是！」停了一下，他很認真地說：「郝上將。」

聽他這樣一說，大家都「啊！」了一聲，我說：「這是根本不可能的！王化公和郝上將一向關係良好，我們看到王化公把他當朋友、當長官；而且王化公離臺赴任時，郝上將還親自到中正機場去送行，怎麼能扯到他的頭上去呢？」

那位朋友一本正經地說：「怎麼不可能！原因很簡單：『一山難容二虎！』如果王化公留在國內，繼續與經國先生保持密切關係，他如何能獨斷專行，成為真正的『軍事強人』！而且我告訴你們，王化公最後一次在復興崗對政戰幹部講話時，由於復興崗是他經歷十年千辛萬難所一手創立起來的，加上那天又有學生唱他所寫的〈復興崗頌〉，看到那麼多一同打拼的老朋友老幹部，本來就很重感情的他，一時情緒激動，講了一些比較感性的話。所以當演講一結束，郝的老部下時任政戰學校校長的林中將，即將錄音帶送給郝上將，郝聽過以後，即送給經國先生，因此引起經國先生的不悅，加之王化公調到聯訓部後，仍是車水馬龍，人

❸ 張星九、吳懷連主編，《臺灣政治風雲》，頁一九四，武漢大學出版社。

氣很旺，這樣下去，當然對郝不利。所以他才想盡辦法，讓經國先生下定決心，將王化公外放，而且放得遠遠的！」

這位朋友越說越起勁，他繼續說：「你們可以到外島去看看，所有王化公視察部隊時的照片，現在都已全部被收起來了，看不到一個鏡頭了。請問這是誰的旨意，誰的力量？」

經他這樣一說，大家都有一些將信將疑。有人就問他：「那蔣孝勇又是怎麼回事？」

他嘆了一口氣說：「唉呀！這還不簡單嗎？因為王化公一直照顧蔣孝嚴、蔣孝慈兄弟，而孝嚴、孝慈兄弟的表現又勝過他，使他心裡不爽，所以就把氣出到王化公身上！」

這位朋友說話時語氣堅定，態度認真，好像跟真的一樣。但誰也無法證實，只有姑妄聽之。不過以後從一些文件中，也多少可以看出一些蛛絲馬跡，如蔣孝勇在其口述的《寧靜中的風雨》一書中，他對王昇的不滿，即流露於字裡行間。蔣孝勇談到這段往事時說：

劉少康辦公室後來是根本變了質。本來是希望很單純地貫徹部隊的思想教育，也就是政工幹校成立精神的延續；後來變成部隊裡的情報單位。

至於有人講劉少康辦公室成為「地下」中央黨部，蔣孝勇表示他也聽說過：

這是有相當程度類似，而且有點挾天子以令諸侯的味道，所有事情都說是上面交待的，至於上面是誰，也沒有人問。他後來調職，是他自己造成的結果。❹

在提到王昇對他母親蔣方良夫人時，他說：

你不是ㄖㄖ聲聲師母師母的嗎？❺

這些都似乎顯示出一種不愉快的語氣。甚至聽說因蔣氏兄弟的關係，還影響到他們家庭生活的氣氛。而在經國先生晚年，由於糖尿病日益加重，體力日漸衰弱，經常在他身邊的，據蔣孝勇說，只有三個人。這三個人，一個是王家驊，一個是宋楚瑜，還有一個則是他自己。至於三個人的角色方面，蔣孝勇簡單敘述：

父親對王家驊是事務性的交待，如今天要做哪些事情、明天又有哪些事情等等；跟宋楚瑜說的大部分是已經發生的事情，怎麼去解決；跟我則說的是還沒有發生的或是正在醞釀的事，這些事情的背景以及對策。❻

至於郝柏村上將在經國先生面前究竟有沒有說王昇一些什麼，從他的著作《無愧》、《不懼》中，似乎並未看到。而在《郝總長日記中的經國先生晚年》中，他說：

---

❹ 王力行、汪士淳合著，《寧靜中的風雨》，頁九二，天下文化出版。
❺ 同❸，頁二二三。
❻ 同❸，頁一三〇。

> 就我所知，王昇忠於國家、忠於革命、忠於總統、無我無私、不搞個人突出、其操守品德無可非議，但是做事太主動積極了，有時也許逾分，而遭嫉妒，這是我對他的辯護。❼

由這一段話，可知郝上將對王昇是十分肯定的，因此，前面所提那位朋友所說的，就不足採信了。不過《新新聞》週刊的社長司馬文武在一篇文章中卻說：「王昇權勢最高時，海內外稱他為軍事強人，如果他不下臺，後來的郝柏村一定當不上軍事強人，更登不上行政院長的寶座。」❽

## 李潔明自我表功

王昇被外放巴拉圭時，引起的風風雨雨，不可諱言的，當時對民心士氣，多少是有一些影響和傷害。但是想不到十餘年後，特別是在蔣經國總統逝世多年後，竟然有位美國人出來表功，說王昇的外放，是他與蔣經國兩人聯手，搬走這「一顆大石頭」。

李潔明 (James R. Lilley) 在他的回憶錄中說：

> 為了讓王昇理解美國輿論對臺灣人權狀況的關切相當深切，我邀請他到美國訪問，俾能親自

❼ 郝柏村著、王力行採編，《郝總長日記中的經國先生晚年》，頁一一〇，天下文化。

❽ 《新新聞》週刊第二七六期，頁三五。

聽到美國政壇人士對臺灣對待政治異議人士做法的看法。當時我覺得，蔣經國總統也明白讓王昇到美國走走瞧瞧，會有什麼好處；因此，可以說是我們兩人聯手，為了臺灣的利益，安排王昇訪美。蔣經國已經表明他希望推動臺灣民主化，而說得不客氣一點，王昇卻是民主化進程的一顆大石頭。蔣經國固然感念王昇多年來的忠誠，可是王昇已經成為蔣經國的負擔。王昇一回國，等著他的卻是遠謫巴拉圭。❾

這裡說：「王昇卻是民主化進程的一顆大石頭」，似乎正如《莊子・秋水》篇中所說「聞道者，以為莫己若」，可能是他根本不了解王昇的政治素養，因王昇曾多次公開說：

我有一句話已逐漸被人流傳，認為是政治學理上的一句名言：「民主政治如有了毛病，要用更民主去醫治它。」❿

王昇從民國四十七年即受國立政治大學聘請，對學生講授三民主義課程，他在手著的《國父思想》巨著內，對「民主、自由、平等」等均有精闢詳實的說明，還有好多他的講詞集裡，也提到「民主、自由、平等」等的問題，即在他第二次應邀訪美、與各大學的學者專家及政府官員座談中，亦一再表明他對「民主、自由、平等」的尊崇，而且深獲一些學者專家的重

❾ 李潔明著，《李潔明回憶錄》，頁二四七—二四八。
❿ 《化公家書》，頁一二，自印本。

視。他前兩次訪美歸來，曾分別寫了《訪美散記》與《訪美紀行》，由《青年戰士報》與《中華日報》連載刊行，並印成單行本，深受讀者歡迎讚譽。他在書中對美國的「愛國與合作」、「民主與科學」、「自由與平等」，都心嚮往之，大為讚揚。憑什麼說他是「民主化進程的一顆大石頭」。

民國六十一年十一月九日，王昇在漢城接受大韓民國檀國大學贈予榮譽法學博士學位，即席講演時說：

我們深信，自由平等是人間的真理。任何假自由假平等，反自由反平等都是謊言邪說。邪說終歸比不過真理，真理最後一定戰勝邪說，不管自由平等的敵人，如何利用自由平等，如何曲解自由平等，他們甚至於把黑暗叫做光明，但在真自由真平等的真理指導下，陽光一定普照，黑暗一定消失。

民國六十六年「中壢事件」發生時，王昇堅決反對使用武力，避免造成流血。當時事件的主角桃園縣長許信良於六十六年九月十三日被依法懲處休職。前往美國前，王昇曾兩次在三軍軍官俱樂部為他餞行，並多所勸勉。六十六年十二月十日，高雄發生「美麗島」暴亂，王昇誠懇支持憲警同志：「打不還手，罵不還口」，幸未釀成重大災禍。

李潔明身為美國駐臺代表，竟在蔣經國總統逝世多年後，在其回憶錄中說他與蔣經國總統「兩人聯手」，為了臺灣的利益，安排王昇訪美。王昇一回國，等著他的卻是遠謫巴拉圭。好像他才是蔣經國總統的革命同志知己好友，而將五十年來一直忠心耿耿、冒險犯難、犧牲奮鬥、誓死達成任務的學生幹部王昇，一腳踢得遠遠的，如果真是這樣，那也未免太令人寒心了。猶記民國四十年十月，政工幹部學校第一期學生剛剛報到入學，接受入伍訓練時，蔣經國時任國防部總政治部主任，他幾乎每天都到復興崗來講話。記得他有一次特別講到：

帝國主義是沒有好壞、不分顏色的，不論是紅色的帝國主義、白色的帝國主義、黃色的帝國主義，一樣都是要侵略我們的。……他們對華有三大基本政策：

一、不容許中國人有民族思想：不讓我們有民族自尊心和自信心，要我們忘記中國的歷史文化，全盤接受西方的物質文明。

二、不容許中國人有時代的思想：不讓我們有自由平等的思想，不讓我們求自由、求平等；不讓我們求獨立、求生存。

三、不容許中國人有自己的領袖：不讓中國產生四億五千萬人一致信仰擁戴的領袖。⓫

當時聽他講話的一千多名師生，大家都為他的話所感動，而他講話時的語氣神態，筆者相信今天必有好多人仍然記憶猶新。

⓫《復興崗講詞》第一集，頁一五，政治作戰學校編印。

民國七十二年十月三日，蔣經國總統再度召見王昇，師生兩人談了四十分鐘，蔣經國總統很親切、很耐心地聽王昇報告到巴拉圭以後對工作目標、工作計畫的呈述，王昇請示蔣經國：「我想到巴拉圭後，誠心誠意的幫助這個國家能夠站立起來，我們如果能夠做成功，甚至可以使其他承認中共的國家，感到後悔。」

蔣經國說：「你的想法很對，可以這樣做，但宜從容漸進，不要操之過急。不能像在軍中，該做什麼，就做什麼。」

蔣經國理解到王昇對國事的關懷，曾一再叮嚀：

你不可以抱著對國內處境中困難正多，懷著滿腔憂慮的心情出國。國內的風風雨雨，從沒有停止過，我已經習慣這種情況，你不必過分憂慮。

蔣總統於談話的最後，又很親切感性的對王昇說：「派你去巴拉圭是為了你的安全，凡事要特別小心。」從這些談話，可見蔣經國對王昇仍是十分關心愛護的。當時，雖然有很充裕的時間，王昇卻不願意對所有的謠言加以辯駁，對所有的誤解也未向蔣經國澄清，王昇只說了一句話：「請教育長多加保重，並請注意：『敵人用我們自己的手，打破我們自己的頭。』」蔣經國回答說：「我的頭腦還很清楚，你可放心。」王昇仍很誠懇地說：「請教育長多加保重」，然後鞠躬而退。

當時國際間似隱藏著某些不為人知的祕密和陰謀，王昇的次公子步天在美國洛杉磯的房子，即曾被歹徒炸燬，所幸人未受傷。經國先生為了保護王昇，不能不讓他離開風風雨雨的臺灣。當時一位英國記者，從北京發出一則電訊，其中說：「王昇靠邊站，咱們可以好好幹！」這則電訊的實情，前新生報社長葉建麗當時正在香港，他知道得很清楚，並告知了王昇。

一九八四年（民國七十三）十月十五日，筆名「江南」的華裔作家劉宜良在美國加州大理市寓所被殺。他曾撰寫《蔣經國傳》，內容對蔣經國有一些負面的敘述，這件案子發生後，情報局長、副局長都鋃鐺入獄，成為蔣經國執政以來的心頭之痛。他感慨中華民國的形象受損，又耽心可能影響到多年來好不容易建立的中美關係，而且外界繪聲繪影，將箭頭指向蔣孝武，認為是蔣孝武指示情報局幹的，蔣經國總統不得不忍痛將他心愛的次公子蔣孝武派到新加坡去擔任副代表，以遠離是非圈。當時好多朋友都說，好在王昇已被外放巴拉圭，如果他還在國內，可能所有惡毒的箭頭都會指向他，其中有位情報局的副局長，曾是我的好鄰居，我想到看守所去看他，朋友們都警告我：「你可千萬不能去！」世事多變化，許多事真常出人意料。正如王昇二十多歲時所口占的一首七絕中所說：「千古忠貞齊被妒，英雄何日淚始乾。」

## 以「麻木不仁」自反自責

《神曲》的作者但丁有句名言，極為發人深省：

那些風風雨雨與你何關？讓他們去說吧！你就像那燈塔一般，在黑暗中仍然要挺立著！

面對國內外的誣陷毀謗，惡言中傷，王昇一直默默無言，不怨不辯，不過他認為這些惡毒的謠言，對蔣經國，對國家，都會造成傷害，這是王昇感覺到難過的地方。因此王昇自己檢討，在這次訪美行程的安排中，忽略了幾件事情：

一、沒有邀請政府駐美機構派員參加每一次的座談。

二、沒有將每次談話加以錄音，拷貝分送外交部、安全局等駐華府官員參考。

三、每天的活動，沒有用傳真向臺北報告。

四、沒有將全程記錄，在回來後立即出版一本與第二次訪美後出版《訪美紀行》相同的書籍。⑫

僅從王昇自己的檢討中，就可以看出在訪美的行程中，犯了「大夫無私交」的大忌，並且授人以柄。——這是歷史常見的一種故事，而所謂的忠奸、賢劣，也就每每在這類的故事中顯現，有時也形成歷史的轉折。

王昇曾自我檢討說：

半世紀追隨經國先生，無論他交付任何工作，無論工作大小，我都認為是一種責任，從未想到過自己有什麼權力，有什麼地位。五十年來，自己覺得從沒有得意的時候，也從沒有失意

⑫ 尼洛著，《王昇——險夷原不滯胸中》，頁三三二，世界文物出版社。

的時候，對於個人的進退得失，不僅缺乏警覺，簡直可以說是麻木不仁。⓭

王昇以「麻木不仁」自反自責，足以說明他的性格。俗語說：「害人之心不可有，防人之心不可無」，王昇秉性忠良，直道而行，這種性格或是由於樸實誠懇的天性所養成，抑或是由於中國文化中的忠厚信實所陶鑄。所以他只知道對總統、對國家竭智盡忠，根本未想到自己的安危禍福。

唐朝的名臣魏徵（原是輔佐建成太子的），發現有人在太宗皇帝面前講他壞話，當太宗召見時，他便奏明他的心意：「臣幸得奉事陛下，願使臣為良臣，勿為忠臣。」上曰：「忠、良有以異乎？」對曰：「稷、契、皋陶，君臣協心，俱享尊榮，所謂良臣。龍逄、比干，面折廷爭，身誅國亡，所謂忠臣。」上悅。⓮人人都希望做「良臣」，不希望做「忠臣」，但「忠臣」可能亦係由許多因素所造成。

王昇曾說蔣經國晚年因糖尿病引起足部神經劇痛，有一次，蔣經國對他說：「昨夜痛得通宵都未睡著！」

王昇說當時他的心裡真感到如刀割一般，他五十年來一直敬愛追隨的老師、長官、總統，是如何在忍受肉體與心靈的痛苦，而仍盡心竭力為國家和人民在作最後的犧牲奉獻。因此，

⓭ 同⓬，頁四〇九。

⓮《資治通鑑》第十冊，卷一九二，頁六〇四〇，曾文出版社印行。

他當即下定決心，今後要更好好的把工作做好，只要是已奉核准的工作，就主動積極不顧一切困難去克服，不要再時常去請示，去面報，去增加他的煩惱和痛苦。也許就是這一念之間，給予某些人以進讒的機會。因為他自己打破了五十年來追隨蔣經國所一直秉持的行為模式，也可能因而引起蔣經國對他的誤會，以為王昇存心要疏遠他，不再聽他指揮，特別是當外界正造謠生事誣衊中傷他的時候，他也不加解釋，以致造成無法彌補的傷害和遺憾！

# 第二十一章 出使巴拉圭

## 在桃園機場接到恐嚇急電

民國七十二年十一月十八日，臺北的天空霧霧濛濛，飄著細雨，王昇大使偕同夫人熊慧英教授、參謀王耀華上校、及侍從張席珍士官長等一行四人，離開這個風風雨雨，惱人而又不捨的臺北，前往巴拉圭履任。

當他們剛到達桃園中正機場，在貴賓室等候飛機時，外交部的歐陽司長卻持著一份從駐巴拉圭大使館打來的急電，謂暴力分子已獲知他坐那一班飛機，何時抵達亞松森，請他要小心。當時在機場送行的國防部長宋長志上將、參謀總長郝柏村上將等，都勸他最好改變行程，但王昇不為所動。因為他覺得如果臨時改變時間，那就表示他已害怕了。傳聞暴力分子以二十萬美元買一殺手，要取他的人頭。王夫人因受此一傳聞的刺激，在飛行途中曾一度暈眩。

當時真是謠言滿天飛，有的媒體說他在巴拉圭買了一座金礦山，準備退休後在那裡頤養天年；有的說他為國民黨買了一個比臺灣面積還大的島嶼，準備為蔣經國未來在南美找退路。這些造謠的人，似乎一點地理常識都沒有。巴拉圭是一個內陸國家，根本沒有海岸，哪來的海島，真是幼稚得可笑！還說在巴西有號稱「台灣獨立軍」的行動小組，已購買了二十枝無聲衝鋒槍，將對王昇採取行動。外交部的關次長曾多次勸王昇在抵達亞松森後，一定要購一部防彈車，但王昇都只是感謝他們的好意，他的內心卻只謹記著蔣經國先生所常說的一句話：「大丈夫把命交天！」

王昇一行飛行了三十六個小時，於十一月廿日抵達巴拉圭的首都亞松森，進入一個完全陌生的說西班牙語的國家。這時王昇的內心才感覺到有些惶恐，因為不僅在外交工作上是一個道道地地的外行，且不懂西班牙語，再加上半年多來風風雨雨的侵擾，此時面對新的環境，他真的頓覺身心俱疲。但就在抵達的第二天，他仍打起精神召開第一次館務會議，拜會巴國外交部長，致送國書副本，並按照巴國禮賓司的安排，排練呈遞國書的儀式。依照一般的慣例呈遞國書，總在新大使到達一週以後，然而想不到就在致送國書副本的第二天，也就是十一月廿二日上午，就要舉行呈遞國書的儀式。

## 與史托斯納爾一見如故

巴拉圭總統史托斯納爾上將，是一位高大威嚴卻又十分親切的將軍，他與王昇大使似乎是一見如故。在行禮如儀後，史托斯納爾總統不僅將蔣經國總統和王昇大使贈送他的禮品，拿給參加儀式的巴國參軍長、祕書長、外交部長等傳觀，並以十分推崇讚譽的口吻，介紹王昇大使和他們見面，藉以表示對王昇的極度歡迎。

史托斯納爾是南美的一位堅決反共的元首，他曾到我國來訪問，對中華民國在各方面的成就，甚為讚佩。同時，巴拉圭有兩位部長曾到政治作戰學校「遠朋班」受訓，聽過王昇講演，印象十分深刻。聽說王昇要來當大使，早已向史托斯納爾總統介紹，使史托斯納爾對王昇早就有了深刻的印象。史托斯納爾為什麼急著在王昇抵達亞松森的第三天，即要完成呈遞國書的儀式呢？原來廿四日是巴拉圭三軍學校學生的畢業典禮，史托斯納爾希望能在這個典禮中，將王昇介紹給巴國政府的文武官員、及各國駐巴國的使節。這是一個極為隆重的典禮，總統要親授畢業證書給學生，並為他們佩劍。王昇是一位上將大使，又來自堅決反共國家，在史托斯納爾看來，有王昇參加，特別有意義。

第二天，中華民國籃球隊訪問巴拉圭，與巴拉圭的籃球隊有一場友誼賽，史托斯納爾特邀王昇一同去觀賞。球賽結束後，史氏看到觀眾並未滿座，似乎沒有面子，他即交代負責單位再加賽一場，並作電視轉播，又邀王昇一同前往觀賞，充分顯示他對王昇的熱忱與友誼。

在參觀球賽時，史托斯納爾又邀請王昇訪問他的出生地——恩格納響市故居。十一月廿九日清晨，由總統府參軍長到大使官邸來迎接，他並指定參軍長、國防部長，陪同王昇一同前往。抵達後，史托斯納爾親自安排：在他的一位親戚家裡，進用茶點、聊天，又在他童年時玩伴的家中，共進午餐。其後，史托斯納爾興致勃勃的陪著王昇，參加了一個學校的畢業典禮，並參觀了耶穌教會於巴拉圭開國以前用磚石所建的教堂。這一整天的活動，是史托斯納爾專為歡迎王昇而設計的，他的熱忱親切，令人感動。

巴拉圭是一個內陸國家，但在河川湖泊中卻有海軍。過了幾天，史托斯納爾到海軍總部主持一項典禮，又邀請王昇一同前往。史托斯納爾在介紹王昇時，當面交代海軍總司令：停泊在海軍總部碼頭的總統遊艇，「隨時供王大使使用」。且以後王昇不論到那裡，史托斯納爾都親自交代：「必須保護王大使的安全。」

巴拉圭總統對王昇大使的特殊禮遇，遠超出他的想像，從而也使他想到，史托斯納爾總統與他走得越「近」，可能會有人要將他們兩人的關係，離間得越「遠」。在王昇還未到巴拉圭履任之前，便有傳言說：「中共要使他成為一個『下旗歸國的大使』。」事實上，在王大使赴任之初，南美尚有烏拉圭、巴拉圭、玻利維亞等三國與我有邦交。但不久，烏、玻兩國即與我斷交了。因此，王昇在受到特殊禮遇，工作十分順利時，他仍以戒慎恐懼的心，非常小心謹慎的隨時蒐集各方面的資訊，密切注意各方面的變化與發展，期能隨時提出至當的與切實可行的方案與對策。

## 建立「農牧示範村」

巴拉圭是一個農業國家，且農業十分落後。巴拉圭的土地面積，比臺灣大十一倍，人口卻只有四百萬，真可說是地廣人稀。而其土地肥沃，河川縱橫，氣候溫和，雨量適中，是極其適合於農耕的。可是鄉野之間，一眼望去，都是荒地，田中雜草、灌木叢生，農人種一種巴拉圭的主食「孟丟加」、或棉花、大豆時，往往先放火燒草、燒樹，整理出耕地，然後才開始種植。

由於不使用肥料，地利遞減，收穫亦遞減，三、五年後，便不得不將該地棄置，任其荒蕪。

巴拉圭人民篤信天主教，十分安貧樂道，民性溫和敦厚，治安極為良好。在鄉間大多是夜不閉戶，甚至有的家庭連門都未裝設。由於民性十分純樸，導致種種剝削叢生，也導致其農業落後，民生疾苦。

善良的巴拉圭農民，因為遭到利益團體的剝削，終年辛勞，難得溫飽。當時，我國有農技團在巴拉圭，在農業技術上指導巴拉圭農人養豬、養鴨、種鳳梨、種洋蔥、種洋菇等等，都有很顯著的成績，獲得巴拉圭政府和民間的稱道。但在王昇看來，要解決巴拉圭的農業問題，不僅僅是農業技術方面，而應是整體性與全面性的改進。

王昇身為特命全權大使，本沒有責任去為農民勞心勞力，但當他看到巴國農民的生活苦況，心有戚戚焉。同時他也想起當年在贛南時，蔣經國為澈底建設新贛南，曾委派他擔任「保甲指導員」，要他負責七個鄉鎮的建設工作為示範。由於這段經歷與經驗，使他想到今日的巴拉圭，正如當年的贛南，於是引發他建立「農牧示範村」的構想，並決心推展養豬中心、養鴨中心、花卉中心等。接著他即草擬計畫、方案，向巴拉圭農業部進行協商。

「農牧示範村」獲得巴拉圭農業部的同意而決定合作建立，示範的地點，選在一個離亞松森有四小時車程叫做「山達尼」的地方。山達尼對外的交通，極為不便，沒有電，也缺水，是典型的窮鄉僻壤。王昇在開始時去看過幾個農家，大部分是用木頭架起來的茅房，沒有門窗，最窮的只有一張木床卻沒有蚊帳，床邊堆一些石頭，上面放一個鍋子，就算是廚房，連吃飯的桌子、凳子、椅子都沒有。看得王昇心中十分難過，鼻子為之發酸。

農牧示範村成立後的第一個困難，是我駐巴拉圭農技團的同仁們，將之視為「額外負擔」。事實上，農技團在農業技術範圍以外的事務上，也的確相當隔閡，在經過王昇多次溝通以後，團長吳敏信將這一個任務答應了下來，並派技師蔡實竹作為示範村的負責人。而有關的作業，諸如設置辦法、實施計畫細則、農貸基金管理辦法等等，則全部都由王昇親自執筆。

農牧示範村成立後的第二個困難，是山達尼地區的農民，在開始時雖曾召集村民一致通過，但要他們增加工作負擔，改變生產方式，卻並不熱心。原來以一百二十戶為示範村組成的目標，在開始時，實際參加的卻不到一百戶，後來由於農民們看到了示範村的功效，竟多達一百四十戶。

農牧示範村開建之初，並未得到我國外交部的支持，王昇在回國開會時，向行政院長報告，獲得俞院長立即允撥二十萬美元支助。

王昇以五萬美元，蓋了示範村活動中心，作為辦公、開會、講習、展覽之用。其中有三間作為教室，一個小型倉庫，以及技術人員的寢室。開辦一所農業初級職業學校，招收小學畢業無力升學的青少年，上午請巴拉圭農業部門人員教課，下午由農技團專家實作指導，在示範村中實習農耕作業。學校定每年招收一班，三年畢業。在活動中心周圍，有二公頃左右的示範地，作育苗及教學實習之用。另以五萬美金，為示範村購買了多用途的拖拉機及小型實用農機。餘十萬美金，存入利息較佳的銀行，以利息作為活動的經費。

第一示範村成立兩年後，十萬美元已有了兩年的利息，即開始無息貸款，由該村推選農貸小組負審核、分配、收回之責，再由農業部及農技團人員簽字即可貸出。但規定如有一戶不還款，即全村免貸。到了第五年，其利息已足夠全村貸款之需了。另在示範村實施第一年中，先成立消費合作社，參考國軍福利總處辦法，做到同樣貨品售價便宜百分之二十五左右。示範村第二年已有人自購機動車，進行運銷合作。從消費合作、信用合作到運銷合作，使農民除去了三種剝削，因而也使第一個農牧示範村從艱困中漸漸走入了佳境。

王昇每逢假日，若沒有其他重要活動時，即儘可能抽出時間，前往山達尼示範村去親自督導。他與村民們談話，找出工作上困難的地方，而將目標再置於巴拉圭農業的全面改善上，使示範村真正能做到示範性的作用。這也可以說是王昇在江西擔任「保甲指導員」四十年後，現在外國又做了一任「保甲指導員」的工作。

## 接待請願的農民

在第一個五年計畫期滿時，第一個農牧示範村，耕地面積增加了百分之四十，村中平均的國民所得增加了三倍，全村的房舍、道路、給水、水土保持……等等，都完全改觀了。不僅來參觀示範村的官員、農民絡繹不絕，甚至巴拉圭的總統，也前後去了三次。

由於第一「農牧示範村」辦理得極為成功，新聞界乃至反對黨，都大加讚揚，各地的農民在參觀第一農牧示範村後，眼見當地的農民收穫如此豐盛，生活已大大的改善，因此都相約到中華民國大使館來請願，希望在他們居家的地方，也能建立農牧示範村，同樣能過富裕的新生活。巴拉圭政府曾派出警察、憲兵，阻止前來請願的農民，不准他們接近中華民國大使館。王昇大使得知後，派人通知憲警單位，讓前來請願的農民進入大使館。雖然人數相當多，每次都有五、六十人，但王昇大使都親自接待，請他們喝臺灣出產的高山綠茶，大使夫人熊慧英教授並和廚師、隨員一起，做春捲給他們吃，王大使很親切誠摯的告訴那些前來請願的純樸農民：「我們大使館只是盡心盡力，幫忙建立農牧示範村，至於在什麼地方建立農牧示範村，那些地方應該先建立，這是貴國政府農林部的權責，我們是客人，無法代為決定！」

經王昇大使這樣一開導，而且還請他們吃從來未曾吃過的春捲，對他們這樣友善禮遇，他們也就滿心高興的回去了。雖然以後還有幾批農民前來請願，王大使也同樣的接待他們，告訴他們實情，那些忠厚純樸的農民，也都能明事理，識大體，對王昇大使誠懇謙虛友愛和善的風範和愛心，內心都非常敬佩感激。

王昇擬訂的巴拉圭農牧村計畫，分為三個五年計畫。第一個五年計畫稱為「小農計畫」，國民所得預估每年增加百分之二十；第二個五年計畫稱為「中農計畫」，國民所得預估每年增加百分之十五；第三個五年計畫稱為「富農計畫」，國民所得預估每年增加百分之十。但想不到，第一個五年計畫就使國民平均所得，增加到三倍，實完全出乎王昇的意料。其中我駐示範村的專家蔡實竹，精通當地語言，實幹苦幹，亦是成功重要原因之一。因而使王昇對巴拉圭在農業開發的協助上，也就顯得更有信心。

事實上，王昇的用心，是要使巴拉圭的經濟能全面發展，只不過是先從農業著手而已。在第一農牧示範村具有成效，巴國又經過政變以後，新總統羅德里格斯，曾向我外交部金次長提出建立一百個農牧示範村的請求，並希望在十年內完成。（在王昇大使離開巴拉圭時，已建立了十四個「農牧示範村」，正在籌建中的有七個。）而當巴國農業發展稍有頭緒時，王昇立刻想到如何協助巴國在工業上的發展。巴拉圭盛產棉花，其棉花的品種甚佳，被列為全世界的第三位，可惜巴拉圭只有一家規模不大的紡織廠，無法將其全部加工，大部分只以原棉外銷，每年外銷的金額，也只有兩億美元。如能從紡織、織布、漂染、成衣等等，予以一系列加工，其外匯收入，預估每年可達四十億美元的收入，連同周邊工業及運輸等等，亦可以增加兩萬人的工作機會❶。

## 總統崩逝痛隔天人

民國七十七年（一九八八）一月十三日，蔣總統經國先生不幸崩逝，當王昇大使獲知此一噩耗時，忍不住失聲痛哭，哀傷不已，立即在大使館設置靈堂，日夜守靈，並親撰輓聯一幅，懸掛靈堂，聯曰：

五十年患難追隨　恩深瀛海

❶ 參閱尼洛著，《王昇——險夷原不滯胸中》，頁四四三—四四六，世界文物出版社。

## 八千里山河待復　痛隔天人

第二天當巴國總統史托斯納爾親率國防部長、參謀總長、參軍長、第一軍軍長、訓練司令、後勤司令、及文武官員等，前來大使館簽名、獻花、致祭，並一一向王大使敬致唁慰，王昇大使忍不住傷心痛哭，使史托斯納爾總統等均為之感動不已。

蔣故總統經國元月卅日大殮奉厝大溪，外交部卻在一月十七日致電大使館，「各駐外使節暫不回國奔喪」。王昇接到電報後，內心的悲痛失望，實難以言宣。回想他追隨經國先生五十年，多少往事歷歷在目，現在竟連最後一面都不能相見，真是情何以堪？他在極度傷痛中，自我反省半世紀來的點點滴滴。王昇傷心的寫道：

一、由於我的愚庸，不知多少地方使他生氣與惱怒。

二、由於我的愚昧，不知多少地方得他的原宥與諒解。

三、由於我不善應付，不知多少挑撥離間破壞，增加他的困擾。

四、由於我不善逢迎，有時無禮的爭辯，得他的大度不加計較。

五、半世紀來我雖無能，亦極少對自己有所要求，但不知多少的工作機會，得他的信任與支持，讓我一直忙不可輟。現在他已經丟下我走了，我不知道痛苦中應該悔改？應該勇退？應該堅強？❷

❷《王昇上將大事年表》，頁一一一。

民國七十七年七月三日淩晨五點，在經國先生逝世半年後，王昇大使偕同夫人熊慧英教授乘華航班機返國。這是他在經國先生逝世後第一次回國，因為接到通知要他回來參加黨的第十三次全國代表大會。那天是星期天，又是淩晨，可能沒有人知道他回國。他一下飛機，就說要去慈湖，在慈湖謁陵之後，即轉往頭寮。他佇立在經國先生靈前，很久很久，我站在他的身旁，看到他黯然神傷，滿臉哀戚，熱淚一顆顆從眼眶內流下。上車以後，他很輕聲的說：「到七海」，雖然未事先通報，但蔣方良夫人仍然和他們晤談了一個多小時，然後才回到家裡。

後來當他和中央黨部祕書長蔣彥士會面時，蔣祕書長再次告訴他，經國先生在逝世前曾對他說：「王昇仍應為黨國做事！」他聽後十分感動，這說明經國先生仍是信任他的。他生平所遭受的最多一次毀謗與最大一次誤會，終於仍能獲得經國先生的諒解，不致冤沉大海。只是經國先生說：「王昇仍應為黨國做事」，但國內卻不讓他回來，由此可知掌權者是一種什麼心態！

## 巴國發生流血政變

一九八九年二月三日，巴拉圭第一軍軍長羅德里格斯將軍，突於當晚九時揮軍攻擊總統府，雙方發生激戰。而我駐巴國大使館，特別是大使官邸，正位於交戰雙方的砲火中間地帶，隆隆的砲聲夾著密集的槍聲，使大使官邸整夜都籠罩在煙硝彈雨危疑震撼中。當王大使向外交部報告情況時，連戰部長說他在電話中都聽到槍砲聲。金樹基次長則請王大使要特別注意安全，必要時趕緊離開危險地帶。愛護王大使的館員們，並在後牆準備了一個梯子，但王昇認為大使代表國家，必須堅守崗位，如果死在任所，亦是求仁得仁。他就憑著這種堅定勇敢的精神，度過了最危險、電話最多、也是最長的一夜。事後化行先生給筆者來信說：

巴國政變，一夜之間，黨政軍完全改觀。自當晚九時四十分起，一直到翌晨四時許，因大使官邸居戰鬥核心區，槍砲聲掠空而過，門窗震動，砲彈片紛落庭院，徹夜電話不斷，幸能沉著不驚，堅守崗位。唯事件經過，亦使人增無限感慨。

所幸上帝保佑，官邸的牆壁雖有許多彈痕，但人員均甚安全。尤其領導政變的羅德里格斯將軍，和被推翻的史托斯納爾總統一樣，都是王大使的朋友。所以當時有媒體戲稱：「巴拉圭政變，是王昇的朋友打倒了王昇的朋友！」

巴拉圭政變，直接的，是推翻了史托斯納爾的政權；間接的，是打擊了王昇在巴拉圭的外交。政變前的總統史托斯納爾將軍，是堅決反共的。他對王昇非常禮遇，視同知己朋友。所以當王昇看到史托斯納爾在座車中，被三輛坦克車押著，經過他所住的大使官邸門前時，王昇心裡至感難過。他非常關心史托斯納爾被放逐後的健康與生活，他曾想以私人的身分，前往巴西去探望史托斯納爾。但是，身為中華民國大使，基於對新總統及與巴拉圭之間的關係，他不能隨心所欲，只有忍下這分深厚的私人情誼，在內心裡為他祝福。

巴拉圭政變以後，在亞松森的風風雨雨中，新總統羅德里格斯將軍，雖然也是王昇極為友好的朋友，但在王昇的心中卻有著不同的感受。為了國家外交，王昇夫婦不得不親率平時亦為羅府親密朋友的李武官夫婦，於政變成功之當夜，通過森嚴的警戒區，前往羅德里格斯將軍的官邸去表示祝賀。羅德里格斯欣然接見，才使王昇在心理上稍稍平穩。當王昇等人到達時，羅夫人亦剛乘專機從烏拉圭回來，因為羅、史兩位原是親家，羅夫人一再說：「我們實在是被迫，是不得已」，這也等於是在向王昇解釋。

新總統到職第一件事，是親到一所設備很差的醫院表示關切。王昇認為：新總統曾屬好友，同時已獲得外交部指示：中華民國政府承認巴國的新政府，因此對於新政府似乎應該有一點友好的表示。新總統所看的那所醫院，的確很差，所以王昇請款十萬美金，用以捐助該所醫院，藉以表示對新政府及新總統的支持，外交部卻批示「不准」。另一次，有一個更有急需、更有意義的機會，王昇請款二十萬美元，亦遭到外交部批駁。王昇在十分情急當中，相當失態的以電報向外交部請示：「對巴拉圭外交，要採積極爭取的態度？還是採消極放棄的作法？」

電文發出後，等了十二天，外交部的電報終於來了：希望王昇積極爭取巴拉圭的反對黨，這真使王昇啼笑皆非。王昇實在不知道，是外交部不理解巴拉圭的政情？還是外交部要他早日下旗歸國？王昇對巴拉圭最大反對黨藍黨黨魁賴英諾，亦是相當友好的，但紅、藍兩黨，隔閡極深。王昇認為，面對新的執政黨不爭取，而要爭取反對黨，會不會是在外交低迷中火上加油？因為這種作法，無疑是對新政府取得政權的手段，表示了意見。而這種意見的表示，多半為強國對待弱國所採擇的態度，不是中華民國在客觀現實中所能應用的。為了維護中、巴的邦交，王昇就只能在中共業已向新政府伸手的困難環境下獨立奮鬥。

在羅德里格斯執政期間，王昇督促所屬每週四做四百多個「春捲」分送給羅及其有關人員，王昇常說：「我們有錢可作外交，無錢亦可作外交」。推展「春捲外交」工作，展現了具體成效。羅德里格斯吃了愛吃的春捲，不僅對中華民國更好，而且迄今巴國與中華民國的邦交穩固，至於巴國農民對王昇大使更是念念不忘。

## 無端被捲入「政爭」

中華民國國民代表大會定於七十九年三月廿一日，在陽明山中山樓舉行大會，選舉第八任總統、副總統。執政的中國國民黨為了提名總統、副總統候選人，定於二月十一日在陽明山中山樓召開臨時中全會。王昇是第十三屆的中央委員，接獲通知返國參加此一盛會。他在亞松森即已得知國內對這次選舉可能有爭執，所以他決定儘量延遲返臺的時間，並在行前告訴夫人，返國後將儘量避免參加應酬，以免涉入人事紛爭。

二月九日凌晨二時十分，王昇伉儷經過三十多個小時的飛行，一到桃園中正國際機場，即接到通知，要他參加當天早晨七時半在介壽館舉行的早餐會，本來有一位上將，提前在介壽館三號門前等他，希望事先告訴他早餐會可能談到的問題，讓他心理上有一些準備。孰知接王昇的座車，直接開到介壽館二號門，因他在介壽館內工作了二十多年，對館內路線太熟悉了。以前上班，都是走三號門，因一上五樓，辦公室就在眼前。現在早餐會的位置是在三樓的正西面，當然走二號門最方便。但王昇卻是做夢也未曾想到，他這次一參加早餐會，即無端被捲入了洶湧的政爭。因為參加早餐會的都是老朋友，所以談話就用不著拐彎抹角，他們一見面，便以極為沉痛的態度，敘述國內許多令人憂慮令人焦急的情形，結論是這次總統、副總統提名人應採票選方式產生，不能由少數人決定。王昇在聽過這些老友的陳述後，認為時代在變，潮流在變，面對新的時代，實行黨內民主，已是大勢所趨。而且黨內許多大老年高德劭，要他們以「起立」的方式通過總統、副總統提名人，從政治倫理言也不是很禮貌，因此王昇表示贊同票選。

談話結束後，王昇又帶著老友們的託付，前往司法院長林洋港的官邸，請教林先生的意見。林洋港和王昇一樣亦贊成票選，但他們並不是反對某人，支持某人，亦未談及誰應競選，誰不應競選，主要是為了順應時代潮流，促進黨的進步和團結而已。

可是二月十一日臨時中全會在中山樓卻演出了驚心動魄的一幕，王昇感到事態嚴重，所以在當天下午通過以李登輝、李元簇為總統、副總統候選人之後，王昇即堅決反對在三月廿一日的國民大會中，再提出第二組人選，與黨所通過的候選人相對抗。他認為黨內既已推出人選，不論其方式如何，就應該支持黨的決定，不能再節外生枝，破壞黨的紀律和團結。他並以當年在大陸，就是因為李宗仁不服從黨的決定，堅持參加競選，破壞了黨紀，使得黨所提名的孫科未能當選，以致造成黨內分裂，結果導致大陸失敗的慘痛教訓。因而他勸說幾位老朋友，但有的接受，有的卻頗不以為然。

在臨中全會當天，輿論界將主張票選的稱之為非主流派，而將反對票選（主張起立）的稱之為主流派，王昇主張票選，所以被列為非主流派。但他支持黨所通過的總統、副總統候選人，輿論界便又指王昇倒戈，將他列為主流派。王昇為了跳出政爭的漩渦，乃於二月廿三日住進榮民總醫院治療重感冒。不久媒體又傳出王昇將出任國防部長的謠言，他認為事情發展至此，已不宜久留國內，遂於三月三日前往慈湖、頭寮謁陵後，即於三月五日下午搭乘華航班機離臺，返回巴拉圭。

事實上，王昇在離臺返回任所之前，李登輝主席確曾約他談過一次話，但在談話中，他只是強調黨內團結的重要，奉勸李登輝要寬宏大量，要忍辱負重，並未如外界所傳，曾談到王昇個人的出處問題。所以從整個事件發展的過程看，王昇是在中途才被邀請參加的，而他所表達的唯一意念乃是在求黨內民主，建立票選制度，並反對在黨通過提名人後再有任何行動。雖然到頭來雙方都對他不諒解，但他「正其誼不謀其利」，為了黨的團結，為了國家前途，他對個人的一切都在所不計。很客觀的說，他既不是所謂主流派，也不是非主流派，如果一定要給他分派，應該稱他是中流砥柱派。

## 與中共短兵相接

史托斯納爾總統主政時，他一聽說在中南美有國家可能要與中共交往時，他就立刻主動打電話給該元首，勸其不可輕視與中華民國的關係。從這裡就可以了解到，何以中、巴引渡條約，能夠與我先簽訂的原因。有關這一條約，王昇曾經兩次直接請史托斯納爾催辦，史托斯納爾就多次在部長會議上交代要早早辦妥，這是王昇在巴拉圭的外交實況。

史托斯納爾與王昇的友誼，支持了王昇在這一個戰場的戰鬥：有一次，中共一個極有分量的貿易訪問團，到了巴拉圭，團長是中共副部長級的身分，團員也都是中共各單位的主管，私下裡買通了巴拉圭的內政部長、工商部長、及總統的一位祕書。而此案最重要的關鍵人物，則是總統的女兒及女婿，因而形成這個訪問團的保護傘，得以偷偷的潛入巴拉圭。在該團於下午七點鐘到達巴拉圭時，王昇於當晚九點就掌握了全盤的情報。第二天正值史托斯納爾檢閱紅黨婦女萬人大遊行時，王昇於不得已中，請託巴拉圭的一位部長，在檢閱臺上向史托斯納爾報告，史托斯納爾驚訝之餘，當場下達了兩項指示：

一、不准巴拉圭任何官方人士，與該訪問團接觸。

二、令該訪問團，搭最早一班飛機離開亞松森。

當此事一經發現時，王昇曾經三次親向巴拉圭外長提出嚴重的抗議，巴國外長起初非常懷疑，認為該團不可能獲得巴國簽證，王昇坦率的告訴他：是巴國某某部長，用電話告訴外交部某某次長，該次長用電話飭駐阿根廷負責簽證的人所簽的。並告訴巴國外長：該訪問團全體名單，以及每個人的職務名稱。巴外長沙底哇看了名單後，極為震驚，中共這些高幹入境，他完全不知道，為何王大使卻十分清楚？當晚，王昇派人通知巴拉圭首都警察局長，告訴他有九名中共高級幹部已進入亞松森，警察局長同樣的說：他「完全不知道」。因而王昇再詳細告訴：九個人的名字、職務，所持的是什麼護照，住在那一家旅館，每人所住的是幾號房間等等。首都警察局長於第二天早上八點上班時，立即派出武裝警察，將這九個人全部押至警察局逐一詢問了五十分鐘，而使中共幹部以及被中共買通的巴拉圭人，都十分難堪。首都警察局的這種抓人、詢問的處置，倒不是王昇要求的。但是，王昇在巴拉圭有這樣的明快作法，確使巴拉圭人震驚不已。因而有人說：「王昇在平時，和善勤奮，像一頭默默耕耘的耕牛，但在與中共鬥爭時，卻像一頭勇猛的獅子。」

事後，王昇請見史托斯納爾，史托斯納爾在一見面時就說：「中共幹部擅入巴拉圭的事，現在一切我都知道了，這是大家都不愉快的事情。」

王昇說：「對此事我只有一個要求，請總統下令，貴國今後不准任何駐外單位，給予這樣的簽證，讓中共任何人員入境。」史托斯納爾立即肯定的回答王昇：「好！」

於是，王昇剛一離開總統府羅培士宮，史托斯納爾就隨即召開部長級會議，宣布巴拉圭的反共國策：「堅決不准再有中共人員入境」。史托斯納爾對王昇的公情私誼，都使王昇感激難忘。

一九八九年政變以後，新總統羅德里格斯將軍當政，巴拉圭的「左派」人士，全部都被釋放出來了。中共就立即訓令其派駐巴西的大使，向巴國新政府伸出「友誼」之手，並且開出了重價。在新政府的政要中，亦有中共的管道，好在新總統羅德里格斯將軍，早已與王昇建立了極為深厚的友誼，不為中共重價所動，但在中、巴外交的外表上，卻立刻出現了低迷的狀態。

羅德里格斯知道，中華民國在巴拉圭的窮鄉僻壤中，為巴拉圭發展農村經濟，就親往山達尼巡視，並從當地人的口中，了解到中華民國在這方面協助上的真誠與貢獻，因而當即承諾為農牧示範村解決接電與修路的兩個難題。羅德里格斯第二次巡視農牧示範村，完全是因為巴拉圭反對黨的一位政客，接受中共邀請，前往北京，在回到巴拉圭後，為中共大肆宣傳，而作立場性的澄清的。這個政客在各種場合中大聲疾呼，要求巴國政府與中共建交，他說：「全世界的大國，都與中共建交了，巴拉圭為什麼不與中共建交?」「大陸上有十一億人口，每人買一條巴拉圭的皮帶，巴拉圭就變成富國了。」他又以輕蔑的態度，批評中華民國微不足道。由於亞松森的新聞媒體，對這個政客的言論予以大篇幅的傳播，因而羅德里格斯的態度與處置，就成為各方面注意的焦點。

羅德里格斯在這位政客開始宣傳的第三天，他通知王昇，請王昇陪他一道去訪問農牧示範村，並通知巴拉圭主要官員，以及所有媒體都要到場。羅氏在聽取農牧示範村的簡報以後，在二十多分鐘的講話中，重複的提到：

「中華民國是我們最好的友邦，王大使是最願意幫助我國的大使。」由於羅德里格斯的宣布，將中巴關係從漫天雲霧中澄清了，反對的雜音才立即沉寂下去。

巴拉圭首都亞松森的第一大報《ABC報》，由於言論的關係，被政府停刊四年。政變後復刊了，報社老闆蘇哥里約堅決主張巴拉圭應與中共建交，王昇去拜訪他，談了一個小時，沒有效果，請他吃飯，也話不投機。後來，王昇邀請蘇哥里約去參觀農牧示範村，蘇哥里約卻欣然前往，因為蘇哥里約平時對農民生活甚為關懷。但是，他卻堅持要開車前去，不坐飛機，原因是他想利用旅程的時間，與王昇暢談巴拉圭的農村問題。

王昇與蘇哥里約，在這一行程中長談了十三個小時，兩個人在言語間針鋒相對，可以說是蘇哥里約想用左傾觀念來對王昇「洗腦」，也可以說是王昇以自由觀念來對蘇哥里約「洗腦」。而當蘇哥里約到了示範村以後，看到了實際情況，再用土語瓜拉尼話詳細的詢問農民，才感覺到他自己原先堅持的理念，並不能夠成立。因此，在歸程中，蘇哥里約很鄭重的表示：「我現在欽佩你們中華民國了。」「我們巴拉圭需要這樣的示範農村，而且越多越好。」

以後，蘇哥里約就成為王昇在巴拉圭的好朋友之一。他所主持的《ABC 報》，在復刊後仍舊是巴國的第一大報，但從此不再提與中共建交的事情，也不再輕蔑中華民國了。

王昇以他一貫的忠義熱忱、鍥而不捨的精神，為巴拉圭人民服務，希望能改善他們的生活，提高他們的水準，贏得巴國上下一致的尊敬與感激。他出使巴國已進入第八年，國內似尚無意讓他回國。一九九一年五月十三日，他致電行政院長郝柏村表達辭意，並說如果國內政治環境不能相容，他願流亡海外。直到七月廿四日，外交部方以特急極密電報，准他辭職，並要求大使館立即照會巴拉圭外交部，徵求同意接任的人選。

巴國外交部長沙底哇在王大使決定離巴行程後，即於九月十九日代表政府，為王大使舉行隆重的贈勳典禮。在典禮中，王大使第一次以西班牙語致謝詞。典禮結束後，舉行盛大的歡送酒會，邀請中華民國駐巴拉圭的館、團、處等所有機構的同仁夫婦、重要僑領夫婦、各國使節夫婦、巴國政要夫婦、將軍夫婦、國會議員夫婦等參加。在巴國財政並不寬裕的情形下，對一位大使的離職，舉辦如此盛大的酒會，在巴國乃是前所未有的大事。

巴拉圭總統羅德里格斯伉儷亦特別為王昇大使伉儷舉行歡送晚宴，所有部長、將軍、及各重要單位的主官與夫人均全部到齊。晚宴從八點開始，接著舉行舞會，一直到清晨一點才結束。據羅德里格斯總統自己說，這在巴拉圭是第一次。

隔了一天，巴國總統羅德里格斯和夫人，又在羅培士宮的總統府內舉行茶會，以表達他個人的歡送熱忱。

駐亞松森的外交團亦舉行盛大宴會，歡送王大使與夫人。在那個宴會中，最令人感動的，是那些和中華民國沒有邦交的使節伉儷，都全部到齊，場面盛大感人。在宴會中，各國使節並以各該國國號與使節簽名的銀牌，作為贈禮，上面均刻有「歡送中華民國大使王昇伉儷」的字樣，更使王昇內心為國家感到振奮。

王大使夫人熊慧英教授是外交婦女團的主席，巴拉圭外長夫人以榮譽主席的身分，在其官邸舉行歡送茶會，各國使節的夫人全部到齊，盛況空前，備獲讚譽。

## 竭力為僑胞服務

王昇對僑務工作更是不遺餘力，華僑代表黃素娥說：「當王大使初到巴拉圭時，因為他在國內的聲望地位，大家都存有敬而遠之的心理，可是不到三個月，他在挨家挨戶拜年時，大家所看到的是一位慈祥和藹的長者。」就這樣，僑胞們接納了他，並進而敬愛他、支持他、依賴他！

王昇認為作為一個大使，處處代表國家，對僑居地的同胞，無論是服務、救助、排難解紛、解決問題，都是責無旁貸的事情。所以他履任以後，即冒著被暗殺的危險，乘著陰曆新年，先在亞松森挨家挨戶的拜年，與僑胞們聊天，了解他們的家庭、事業、生活狀況、以及兒女的教育情形。然後再到巴拉圭第二大城市橋頭市與第三大城市貝多芬市，甚至連只有七、八戶僑民的恩格納響市，他也一一去拜訪，與僑胞們建立了親密的關係。又先後成立華僑聯誼社、華僑國術社、華僑漁獵社、及亞松森高爾夫球隊，以加強僑胞們的互動與情誼。

王昇在亞松森八年，每年元旦，一定邀請僑胞們一起參加升旗典禮及團拜，並招待茶點。每年農曆春節，一定到每一僑胞家裡去拜年；每年雙十節，一定邀請僑胞一起慶祝國慶。中正學校建成以後，場地寬大，地點適中，大部分活動都在此一僑校舉行。除了大使館的賓客以外，僑胞亦多攜眷參加。王昇如此辛勞，唯一的希望在化解僑胞以往對大使館的隔閡、誤解、埋怨，並進而促進僑胞對祖國的向心力，以增加僑界的活力與希望。

王昇曾嚴禁館員接受僑胞的宴請和餽贈，並要求館員在接見僑胞，辦理僑務時，務必要用愛心與耐心。王昇並在大使館的辦公室中，親自設計了一個標示牌，將辦理各種業務時所必需的資料、作業所需的時間、以及應該繳納的規費等，都詳細明白的列在標示牌上面，使前來辦事的僑胞們都能一目瞭然，知所準備。在作業時間上，則儘量縮短，以節省僑胞們辦理和等候的時間。凡有僑胞因事被當地警察機關扣留時，如屬刑事案時，大使館即協助其請律師，以保護當事人；如非重大刑案，大使館即具名將其保釋，以避免警察機關關人，這些服務都被僑胞們視為難忘的德政。

以往，來自中華民國的旅客，在巴拉圭入境時，由於語言不通，常以花錢消災的心理，在行李通關時，就塞一點錢以求通關。時間一久，竟成了一種陋規。王昇獲知後，認為這是對中華民國旅客的極不公平的待遇。因此他曾叫館員與巴國有關單位交涉，但每次交涉的結果，只是換一個人而已，陋規仍未改除。王昇乃親自出面請有關單位主官吃飯，磋商的結果，凡是載有來自中華民國旅客的班機，都由亞松森的僑領，輪流前往機場接機，並擔任翻譯；行李依照國際慣例當場檢查，讓旅客順利過關，終於革除了以往的那些弊端。

王昇一向重視教育，他更相信「無僑教即無僑胞」。所以他履任之初，就去參觀僑校，但看後非常失望。因為唯一的一所僑校，只是借用的兩間破教室，學生也只有四、五十人。於是他立即邀集僑領們一起商量，決定先租用原屬法國的一所學校，成立孔子文教中心與中正學校，並請一位忠貞能幹的僑領楊崑雲當校長。再行開學時，學生即增加到三百多人。但他並不以此為滿足，他要在巴拉圭的首都亞松森，辦一所具有規模的中正學校，並在中、巴兩國政府立案。學校從幼稚園到高中，運用雙語教學，另設中文部，專教巴拉圭人學華語。中正學校當然以培育華僑子弟為宗旨，但亦可兼收當地學生，讓巴拉圭的青年，亦可接受中華文化的薰陶。

在中華會館改選後，新當選的理監事都對王昇的理想，極為支持，除自己捐錢外，各理監事並都放下身段，親自以沿門托缽的方式，挨家挨戶去為建校募捐。理事長李泰惠並放下自己的事業，每天都到工地監工，僑胞們深受感動，亦到工地幫忙，王昇也常到工地巡視鼓勵，並了解進度。從募款、規劃、立案、到中正學校的興建完成，只花了兩年的時間。那是一幢四層樓的教學大樓，內有中山堂，可容納一千個座位；另有圖書館、幼稚園等，富麗堂皇，美觀實用。

除了亞松森的中正學校外，王昇並在橋頭市，鼓勵僑領們辦了一所中山學校，又在貝多芬市，雖然華僑人數並不多，也辦了一所小型的僑校。只有在恩格納響市，因為只有七、八戶華僑，入學的人數實在太少，未能建立學校。

學校成立後，最感困擾的是師資，所幸亦都逐步解決。學生們有了好的讀書環境，就都知發憤用功，不但會說中國話，也會寫中國字，在回國參加各項活動中，從巴拉圭回國的華僑青年，常為從其他國家回國的華僑青年擔任翻譯。尤其中正學校的鼓號樂隊，是亞松森最好的鼓號樂隊，在巴拉圭國慶的慶祝遊行中，代表中華民國向巴國作祝賀表演，獲得全場的熱烈鼓掌與喝采，展現了中華民國的優良風範與精神。

王昇不但幫助華僑在各地成立學校，同時還為華僑青少年成立「青年會」，並親自參與活動。青年僑胞馬菁英說：「七年多來，我們在青年會成長，由求學到就業，從不懂事到懂事，這其間最令我們感動又驕傲的，是不論我們舉辦什麼活動，不論天多熱，地多遠，王大使和夫人都不辭辛苦趕來參加。晚上在營火晚會中和我們一起唱歌，一起講故事，並在營地同我們一起過夜。同時還為我們帶來大包小包的滷牛肉、炸雞腿和各種水果，和我們一起分享，使我們感到他實在就是我們自己家中的長輩。」

旅居巴拉圭的僑胞，絕大多數都是善良誠懇、熱愛國家的，但也有極少數的人自私自利，寡廉鮮恥，做出一些傷天害理的事。尤其在中共有計畫的利用操縱下，企圖在僑社挑撥離間，製造仇恨，甚至造成殺人流血的事件。唯這些在僑社並未發生重大的作用，因為大家都已了解王昇的行事為人，根本不受其愚弄。所以當王昇離任返國時，由於他堅決拒絕僑胞的宴請，僑胞們則只有舉行晚會歡送，王昇無法再拒絕。歡送晚會在中正學校大禮堂舉行，一千個座位，擠得滿滿的。在熱烈感人的晚會中，僑胞們特以莊敬的心，致贈「僑教之父」紀念銅牌一面，並特別為王大使作了兩首歌，由合唱團演唱，熱情洋溢的歌聲，唱得王昇熱淚盈眶。當他辭別離開，在長長的熱烈歡送的行列中，他所看到的更是一雙雙的淚眼，他所握到的更是一雙雙溫暖有力的手！

# 第二十二章 忠誠奉獻 一片丹心照汗青

## 「你回來了，你就是王將軍！」

王昇卸任大使後，偕同夫人熊慧英教授，於民國八十年十月五日返抵臺北時，許多親朋好友、門生故舊，都到桃園機場去迎接，大家都喜不自勝，並接連不斷的邀請餐敘。

一個陰雨綿綿寒風蕭瑟的夜晚，王昇伉儷帶著他們心愛的女兒，在民生東路一家餐廳作客。這天宴會的主人也是一位曾任大使的政壇耆宿，當他們正敞開胸懷，親切交談時，驟然門戶大開，闖進四條大漢，他們一進門即齊聲高喊：「王將軍！王將軍！」

語音短促激越，把背門而坐的主人嚇了一跳，不知來者是何方神聖，存何居心，便大聲質問：「你們要做什麼？」

那四條大漢並不回答，卻只自顧自的高聲叫嚷：「王將軍！我們敬你！」

同時一起舉起手中的酒杯，其中一個還拿著酒瓶，顯然他們也是在這家餐廳餐敘。王昇迎面而坐，看得十分清楚，便馬上笑容滿面的站起來說：「不敢當！不敢當！我敬各位！」

其中一人說：「王將軍，你請坐！你如站起來，我就跪下去！」

語音未落，他竟真的卜通一聲跪了下去。王昇十分感動的只好坐下，四條大漢說：「王將軍，你回來就好了！你回來了，你就是王將軍！」

言下之意，好像王昇如果不回來，他就不是他們心目中的王將軍了。王昇說：「我是政府派出去做大使的，已經做了八年，現在政府准我辭職，我當然要回到自己的國家來！」

原來在王昇辭職回國之前，國內有些媒體風言風語，說王昇卸任後將長住美國，並說他在美國買了房子，於是以訛傳訛，惡意中傷，其目的無非是要毀損王昇的形象，刺傷他的心靈。❶

## 主持「中央軍事院校校友總會」

我國國防部和陸、海、空軍總部及憲兵司令部，共擁有二十餘所軍事院校，有的是基礎教育，有的是專科教育，有的是深造教育。院校名稱雖異，教育重點亦有所不同，但其使命與任務則均在培養忠勇愛國，學術優良，誓死達成任務的優秀軍官與士官，直到服役期滿，奉命退役後，始能恢復自由身。唯其報國愛民的心志，業已成為生命共同體，一輩子也不會改變！

民國七十六年七月，政府宣布解除「戒嚴令」後，各校已退役的校友，為了加強連繫，增進情誼，並相互照顧，共同為國家進步盡一分力量，相繼成立校友會。七十七年九月並成立「中央各軍事院校校友會」，推選王多年上將為理事長。八十一年九月十五日舉行第三屆理、監事會，一致推選王昇為理事長，他接任的第二天，即前往晉見前參謀總長彭孟緝一級上將，

❶ 筆者著，《王昇將軍的心路歷程》，頁五－六，黎明文化公司。

恭請彭將軍擔任榮譽理事長，指導今後校友會的會務，充分顯示他敬長尊賢的心意。

當王昇接任理事長時，校友會還沒有固定的會址，開會時須借用場地。王昇為了校友會有一個永久的會址，乃親自出面籌募資金，不久即購置臺北市中山區民生東路二段一七六號九樓一戶，面積一〇三坪，作為校友會的會址。

民國八十三年六月十六日，欣逢黃埔建校七十週年，王昇特要校友會編印回顧小冊，贈送校友及各界參閱，並在新購的會館內舉辦慶祝酒會，敦請前行政院兼院長連戰先生蒞臨主持。這些曾經同生死共患難的老校友，大家齊聚一堂，倍感親切溫馨，場面熱烈感人。次日又在鳳山中正預備學校舉辦國劇晚會，藉以弘揚國民革命軍對國家民族的偉大貢獻。

為了加強服務校友，切實照顧校友，王昇又積極推動建立跨校性的各縣、市校友連繫會報，遴選活力充沛熱心負責的校友擔任總召集人，負責推動各縣、市校友連繫與服務工作。並建立以鄉鎮社區鄰里為單位，編組了校友聯誼小組九百五十九個，使每一個校友都有歸屬感。

民國八十三年十月，召開第四屆第一次理、監事聯席會議，全體理事一致選舉王昇上將連任第四屆理事長，繼續領導推動校友會的會務。

民國八十四年八月為對日抗戰勝利五十週年紀念日，校友會特與中華電視公司共同舉辦「勝利之歌」音樂會，並現場直播，藉豪壯優美的歌聲，喚起中華民族的民族魂與革命魂，使堅苦卓絕不屈不撓的「抗戰精神」得以成為我們中興復國的指引！

同年九月十二日，校友會第四屆第三次理、監事聯席會議，討論通過修訂校友會的組織章程，將校友會的名稱，修訂為「中華民國中央軍事院校校友總會」，加一「總」字，以示與各縣、市校友會之關係。而原有之縣、市校友連繫會報，則修訂為「〇〇縣（市）中央軍事院校校友會」，使設籍在各縣、市的各軍事院校的校友們更能加強連繫，凝集一起，並可獲得母體校友會及縣、市校友會的雙重照顧，使每一個校友在為國家犧牲奉獻之後的餘年，不致因貧病而感到孤單寂寞。由於校友總會與各縣、市校友會的積極運作，使散居各地的校友得以獲得連繫，在王昇任總會理事長期間，會員人數已超過五萬人。他並鼓勵校友參選公職及民意代表，一經提名，即發動校友們全力輔選，協助參選人能夠獲得勝選，爭取校友為民服務的機會。

王昇對僑居海外各地的校友，亦非常關心，希望都能加入校友會。所以對尚未成立校友會的地區或國家，亦都想辦法協助其成立分會，擴大對海外地區校友的連繫與服務工作。

民國八十五年十月廿四日，在臺北國軍文藝活動中心召開校友代表大會，選出第五屆的理、監事，接著即選出新的理事長，王昇隨即辦理移交，大家對他在兩屆理事長任內的輝煌成績，都表示敬佩。❷

## 奮力「促進中國現代化」

王昇去國八年，當他回國時，國內外的情勢均有了極大的改變。

❷《校友通訊》發行一〇〇期回顧專刊。

蘇俄共產帝國，自列寧（V. I. Lenin）於一九一七年十月發動武裝暴動，佔據莫斯科，建立蘇維埃（Soviet）共產政權後，翌年三月又成立第三國際（共產國際），推行所謂「世界革命」，利用共產黨員在各地以惡毒的宣傳欺騙，並以暴力奪取政權，為世界人類特別是東亞與東歐地區的人民，帶來極大的災害與苦難。所幸一九八五年，一個從基層幹起的共產黨員戈巴契夫，在他逐步竄升攫得俄共中央最高權力核心的總書記後，眼看蘇俄內部危機四伏，國際情勢劍拔弩張，如不及時採取非常措施，整個國家勢將難逃悲慘的命運。因此，他下定決心，立即實施「全面改革」，並不顧一切實行「大翻修」。由於他的這一強烈措施，才使蘇俄和世界人類逃過核子大戰的悲慘命運！

在海峽對岸，曾被毛澤東三次罷黜的鄧小平，於一九七七年復出後，深感民生凋敝，國勢阽危，乃大力推行「改革開放」，拋棄共產主義，聲言要「建設有中國特色的社會主義」，並希望能與臺灣實施「三通」「四流」，頓使臺灣海峽極為緊張的情勢得以緩和下來！

而在我們復興基地的臺灣，蔣總統經國於一九八六年（民國七十五）元月，宣布開放「黨禁」，並全部改選中央民意代表（國大代表、立法委員）。一九八七年七月，宣布廢除「戒嚴令」，接著並宣布開放大陸探親，使離別四十年的骨肉親人得以團聚。一九八八年元月，又宣布廢除「報禁」。這一連串的措施，使我中華民國正式邁入新聞自由，政治民主，使緊張嚴峻的兩岸關係，完全進入一個新的時代。而且不久政府又頒布「國家統一綱領」，成立「海峽基金會」，由耆宿辜振甫擔任會長，對岸亦成立「海峽兩岸關係協會」，由汪道涵為會長。辜、汪並曾分別率員前往新加坡舉行會談，一時春風澹蕩，展現出一片亮麗的曙光！

王昇在此種氣氛中回國，時已七十八歲，他為國家犧牲奉獻，已超過半個世紀。現在既已退休，就一般而言，本可從此優遊山林，嘯傲歲月，含飴弄孫，好好享受人生。但他卻仍抱持「老驥伏櫪，志在馳騁千里；將軍皓首，猶存報國之心」。王昇認為「退休只是官場制度，歲月只是人生數字」。他早在復興崗當校長時，即曾對教職員和學員生們說：「職務可以退休，報國之志愛國之心永不退休」。他很讚賞盛唐才子王勃在其名著〈滕王閣序〉中所說「老當益壯，寧知白首之心」❸。因此他決心仍要繼續為國家為民族奉獻心力。

王昇很久以來，就想建一所「經國大學」，以紀念經國先生苦心孤詣對國家和人民的豐功偉績，並鼓勵青年學生效法經國先生犧牲奉獻的精神。後來得知在基隆已有一所「經國學院」，他便不得不放下這個心願。接著他要成立「三民主義學術研究基金會」，因為他一直虔誠的信奉三民主義，一直在用心教授三民主義，一直要澈底實行三民主義，他深信如能結合學術界的菁英，大家一起來從學術上研究三民主義，一起從個人而家庭而社會，兼顧教育、經濟、政治，如此齊頭並進，殊途同歸，二十一世紀必定巍然出現一個現代化的中國。孰知這個名稱卻已被人捷足先登，已向政府登記立案了。

於是他再與知心老友東海大學校長梅可望博士研究，決定乾脆成立「中國現代化學術研究基金會」，因為實行三民主義的目的就是在促進中國現代化，現在直截了當，以「中國現代

❸ 王昇著，《中國現代化研究》上冊，頁二，黎明文化公司。

化學術研究基金會」為名稱，旗幟更為鮮明，目標更為突顯。於是他很謙遜的分別徵詢學術界的好友孫震博士（時任政大校長）、張京育博士（時任政大校長）、梁尚勇博士（時任師大校長）、阮大年博士（時任清華大學校長）、林清江博士（時任中正大學校長）、包德明博士（時任銘傳校長）、謝孟雄博士（時任實踐校長）、朱堅章博士（時任政大教務長）、林衡道博士（時任東海大學教授）、朱炎博士（時任臺大教授）、黃天中博士（時任淡大中國大陸研究所所長）、何景賢博士（時任中華語文研究所所長）、陳毓鈞博士（時任文大美國研究所所長）、及陸明仁先生（時任政大教授）等，他們均贊同這一構想，並樂意擔任董事。可是當向政府主管機關立案時，竟又已有一個名稱相同的機構了。他和梅博士再經研商的結果，決加上「促進」二字，於是正式的名稱便成為「促進中國現代化學術研究基金會」，而這個名稱就更具有勇往直前積極進取的精神與氣魄了！

一九九二年（民國八十一）七月十八日，「促進中國現代化學術研究基金會」在台北成立，董事們一致推舉王昇為董事長，梅可望為執行長，大家本著對國家的熱愛，以學術研究出發，促進中國現代化為目標。王昇並親自出面，募集三千餘萬元作為基金，又在敦化南路購置了一處辦公室，積極展開工作。

同年冬，王昇特要陳毓鈞博士前往北京，和臺辦系統建立管道。大陸「國台辦」主任王兆國、「海協會」常務副會長唐樹備等，都表示樂意與基金會的人員商談。次年四月，陳毓鈞博士又與基金會主任祕書魯瑞麟將軍去北京，和「海協會」常務副會長唐樹備、副祕書長劉

綱奇、專門委員許家現、處長王小兵等進行溝通協商，他們都很贊同這一構想。❹

一九九三年八月二日，基金會在臺北圓山大飯店十樓交誼廳，舉行第一屆研討會。王昇董事長親任主席，並請中央研究院院長吳大猷博士蒞會作專題講演。大陸代表團由中國社會科學院副院長劉吉任團長，北京大學副校長梁祝任副團長，率領團員郭樹清、陳棟生、樊鋼、李銀河、王滬寧等十餘位專家學者前來參加。臺灣和海外應邀參加的知名學人共一百餘人，這是兩岸三地學術界的第一次盛會！

會議為期十天，三天開會，七天實地參觀，研究的範圍即為前述的國民、家庭、社會、教育、經濟、政治等六個現代化，只是「政治現代化」一題，海協會認為較為敏感，建議改為「管理現代化」，王昇亦欣然接受。會議結束後，大陸代表團即由基金會同仁陪同到臺灣各地參觀，然後載興而歸。

由於第一屆研討會非常成功，使以後的各屆研討會得以順利的在海峽兩岸輪流舉行，計有第二屆在北京、第四屆在上海、第六屆在蘭州、第八屆在瀋陽、第十屆在昆明、第十二屆在西寧、第十四屆在廈門，其餘第三、五、七、九、十一、十三等屆均在臺北舉行。除了第二屆在北京舉行時，王昇適有要事在美國未能參加外，其餘各屆他都親臨主持，尤其第四屆在上海舉行時，讓他回到了闊別將近半個世紀的上海，想到當年在上海奉命執行「經濟管制」

❹ 陳毓鈞著，〈我心目中的長者與朋友〉，《永遠的化公》，頁四〇—四一，財團法人促進中國現代化學術研究基金會。

時所遭遇的種種情景，令他感慨萬千。不過在上海得與海協會會長汪道涵坦誠會談，汪道涵並出席研討會致詞，兩人從此建立了良好的友誼。

基金會第一屆至第四屆研討會都是研究前述的六個現代化，使其內容更加充實。自第五屆起開始加入範圍較為專門的種種攸關兩岸現代化實際問題的主題，例如兩岸加入WTO後的因應之道以及中國傳統醫藥的改革等等，都是極具價值和意義的。而十餘年來參加研討會的大陸、臺灣與海外華裔專家學者已達五百餘人，這實在是兩岸三地學術界的一件大事！

第十週年時，王昇董事長決定將每一個現代化的論文，請一位董事兼召集人，加以綜合整理，最後請陸民仁教授擔任總審核，將六本書一一審查，統一其格式，剔除其重複或矛盾之處。經過一年多的努力，六本中國現代化的專書終告定稿，交由黎明文化公司出版。這六本書是海峽兩岸在國民、家庭、社會、教育、經濟、管理六種專業方面兩百四十多位知名專家學者的心血、智慧與經驗的結晶，而且經過了長達四年以上的反覆討論和辯證，其內容不僅是完整的，精闢的，並且應該是具體可行的！為促進中國現代化，在國民、家庭、社會、教育、經濟、管理等六方面，都指出了一條康莊大道，彌足珍貴。❺

## 「祭祀何必論假真」

民國八十五年十一月十日，王昇率領臺灣學者代表團前往上海，參加「促進中國現代化

❺ 梅可望著，《中國現代化》六種專書出版序言，頁四—九，黎明文化公司。

學術研究基金會」第四屆研討會，會後與全體團員一同前往參觀昆山、蘇州，並到南京，以八十一歲的高齡，走上三百九十二個階梯，向中山先生的靈寢致敬。

十一月廿日，王昇由長公子公天博士陪同，飛往重慶，看看當年的復興關、馬家寺、以及他最後率領政工第三總隊離開重慶時的駐地，舊地重遊，不勝今昔之感。然後他們坐江輪順流而下，一路欣賞長江三峽的瑰麗奇景，以及三斗坪大壩興建完成後的各種設施。在船上有一位畫家，特贈他一幅畫，以表示敬意，王昇也揮毫贈他一幅墨寶，以作紀念。船行平穩而快速，使他深深體會到大詩人李白：「朝辭白帝彩雲間，千里江陵一日還。兩岸猿聲啼不住，輕舟已過萬重山」的歡悅之情。

船到武漢，蕭政之先生陪他們到黃鶴樓等地遊覽，然後坐小船到九江，早有省長的專車在等著，送他們回龍南，當他們經過南昌和贛州時，都受到當地首長們的熱烈歡迎。途中見到一個鄉下的茅廁，土牆草頂，幾塊大木板，鋪在一個大糞坑上，臭不可聞。王昇觸景生情，對他的長公子說，當年他父親小本經營布匹生意，由於江西鄉間貧窮，遍地盜匪，有一次在路上遇到劫匪，同人多遭殺害，獨他父親逃入糞坑，才得以幸免一難。

他們在贛州，先去探望長女王華，父女見面，王華感動得流淚。王昇見到從未晤面的女婿和外孫、重孫，亦倍感歡欣。他們還去參觀了蔣經國當年的辦公室，以及他自己辦公和受訓的地方。❻

❻ 王公天著，〈這幾十年的點點滴滴〉，同❹，頁八。

越接近龍南，王昇的內心深處，越有「近鄉情怯」之感。離家五十年，現在回來，正如詩人賀知章的詩所說：「少小離家老大回，鄉音無改鬢毛催」，只是小時候的玩伴，倒未「笑問客從何處來？」因為鄉親們都知道他在臺灣的地位和聲望，現在得知他返鄉探親，早已湧到他家的門前和路上，熱烈歡迎他的歸來！

王昇的父母在他離開大陸前，早已相繼辭世，最令他耿耿於懷的，是當年由於家裡貧窮，母親去世時連棺材都買不起。大哥建綱在木笛村開了一家小小的店鋪作布匹生意，忠厚老實，刻苦耐勞。但因他是王昇的親哥哥，而王昇在臺灣又是赫赫有名的反共人物，因此早已被清算鬥爭，活活被折磨而死。姐姐祥鳳和弟弟建湖雖也曾多次被清算鬥爭，但總算僥倖的活了下來，姐弟同胞見面，忍不住相擁痛哭，家人親友亦都為之流淚，彼此都有說不完的離情和傷痛。當他得知族人們因受他的影響，連教育都不能接受，使他深深的感到歉疚難過。

當王昇和家人去祭祖時，走到父母的墳前，所看到的卻是兩堆新土，而且連墓地都有一些變動，完全不是他記憶中父母的塋墓了。原來他父母的塋墓，早在「文化大革命」前，即已被挖掉了，遺體屍骨也不知被扔到何處去了！在我們中國傳統的思想裡，對人最殘酷的報復手段，就是「挖他的祖墳」。王昇是一個極為尊崇傳統文化而又極有孝心的人，因他從小就讀孔孟學說，從小即信守「孝悌忠信，禮義廉恥」，從小就知道「百善孝為先」。小時候因家境貧困，生活忙碌，未能好好孝敬父母，常常愧怍於心。他在給子女們的信中就曾說：「對祖父母大人未善盡孝道，遺憾終生」。而今卻是「子欲養而親不在」，且由於自己職務的關係，竟連累到父母的墳墓亦都遭到毀壞，真是情何以堪！他面對這樣殘酷的事實，忍不住跪地痛哭，家人和親友亦跟著跪拜流淚，他曾含著眼淚寫了一首詩：

回鄉掃墓淚滿襟　祭祀何必論假真
不敢塋前訴家事　九泉猶恐累親心
註：蓋祖塋早被剷平，而眼前所祭祀者乃偽墓耳。❼

王昇在面對父母的假墓時，猶不敢訴說家事，深恐父母聽到後為之傷心，這是何等哀痛悲戚的心情，讀來實令人無限心酸。

## 赤膽忠心　公正廉明

古人說：「忠臣出於孝子之門」，王昇正是一位忠孝雙全的典型，他孝敬父母，忠於黨國，忠於長上，忠於職守，不論擔任什麼職務，他總是赤膽忠心，鞠躬盡瘁，完全以國家的利益為第一，完全以建軍備戰達到知敵勝敵為第一。

民國四十九年五月，王昇奉命訪越，囑筆者和陳禔上尉隨行，其後又兩次要筆者為他當祕書，前後在他身邊工作七年餘，從未聽他說過一句重話，一句私話，一句假話，即使部屬犯錯，他也是重話輕說，不傷人自尊，正如《論語》中所載子夏形容孔子一樣，「望之儼然，

❼ 王昇著，詩三首（自印本，曾刊登《青年日報・副刊》）。

即之也溫」。他對任何人都是誠誠懇懇，完全遵守著他在復興崗所推行的「誠實運動」：「誠心誠意待人，誠心誠意救國」，「不說謊、不欺騙、不舞弊、不變節」。他的老朋友老同事蕭政之先生曾說：

我追隨王先生半個世紀，每一念及，非常難過，綜合說，他是經國先生的好部下，大家的好長官、好朋友，他的一生清白，不貪財、不貪色，連香煙、茶都不吃，當然不打牌。他心懷坦蕩，與人無仇無怨，有人問我他有什麼缺點，我同時對王先生坦白說：「王先生一切都好，就是他不懂政治作戰。」他怫然作色說：「我建立政治作戰六大作戰，怎能說我不會政戰。」我答：「政治作戰的本質是謀略、是陰謀，你一生坦坦白白，一切公開，只能算軍中政戰工作行動者，你不用權謀、不害人，不能打看不見的戰爭。」他就是這樣一個不說謊話、不做假事的好人，也可說是平凡的偉大人物！❽

王昇雖然從小在貧寒的農村中長大，但他卻是智慧超群。他第一次訪越時，正值越南政府宣布實施華僑越南化，要華僑都入越南籍，適齡的男子要服兵役，婦女一律要穿越南裝，中越關係相當不好。所以吳廷琰總統本來在王昇抵越後的第二天即要接見的，可是臨時卻安排王昇到各地參觀訪問，直到預定訪問兩個月期滿時，吳廷琰才接見，預定談話的時間是兩小時，結果談了三個半小時，還意猶未盡。當晚，吳廷琰對他身邊的人及心戰署長阮文珠說：

❽ 蕭政之著，〈我與王化公和高魁元上將〉，同❹，頁二一八。

「如果我有這樣一位將軍就好了！」

吳廷琰在與王昇談話後，對他的見解非常欽佩，他請王昇對越南全國高級將校講話，並由總參謀長來函邀請，那些將校都是由法國殖民主義者所培養出來的，對我國並無好感。因為在越南歷史上，中國是侵略越南的，越南好多民族英雄，都是反華抗華的。但王昇在四個半小時的講演和答問中，竟澈底改變了越南軍人對我中華民國的印象或觀感，使得聽講的一些將領，如後來主政的阮慶、阮文紹、阮高奇、陳善謙、高文園、杜茂、阮玉魁、呂蘭、范春昭等等，都成了王昇的好朋友。

又如王昇第二次應邀訪美時，與美國國務院官員、國會議員、及二十餘所著名大學的三百多位學者專家座談，他都能以高度的智慧、豐富的學識及對敵情的了解，贏得與會者的同意與讚譽。

曾有一位以快筆著稱的處長，上任伊始，正值國防部舉行國軍新文藝大會，王昇命他寫一篇大會宣言，第二天他興沖沖的將寫好的文稿送呈核閱，王昇看過後輕輕的說：「我自己來寫好了！」當這位處長讀了王昇親寫的大會宣言後，內心深為嘆服，直說：「薑是老的辣！」王昇不僅文章寫得好，毛筆字亦蒼勁有力，很有氣魄！

當年海峽兩岸關係十分嚴峻，雙方心戰文宣都稱對方領導人為「匪」，王昇主持「心戰主題會報」後，指示國軍心戰文宣單位對大陸領導人不要再稱「匪」，而改稱「先生」，同時文宣內容亦要「以勸代罵，以教代諷」，要「說之以理，動之以情」，這種「心中有敵情，口中

無敵味」的作為，便成為國軍對大陸心戰文宣的圭臬。後來連中共都不得不佩服，認為「很高明」。❾

「心廬」有一次謝師宴，王昇因事情繁忙，且所請的客人都很熟悉，他來不及換便服，便趕往會場。他很自然的走到每一位老師前面去致意，當他走到一位魯教授面前，伸出手來，正要開口表示問候時，孰知那位魯教授竟雙手抱胸，一臉嚴肅的說：「我不跟當官的打交道！」

王昇立即脫下軍帽，對魯教授深深一鞠躬，輕聲細語的說：「那有什麼當官的，我是您的學生王昇啊！」❿全場立即爆出一陣哈哈大笑，很快化解了一場僵局！

《新約聖經》中說：「愛是恆久忍耐，又有恩慈。愛是不嫉妒，愛是不自誇，不張狂，不作害羞的事。不求自己的益處，不輕易發怒，不計算人的惡，不喜歡不義，只喜歡真理。凡事包容，凡事相信，凡事盼望，凡事忍耐，愛是永不止息。」王昇在未信耶穌之前，他心中便已充滿了愛，像他在二十多歲時，即曾將與他同往重慶受訓，而在中途被日軍飛機投彈炸死的同事的屍體，從墳墓中挖出來揹回家鄉。那時交通不便，沒有公路，沒有車輛，他跋涉了十天才回到贛南，很多人包括蔣經國在內都非常感動。

王昇在政工幹部學校當訓導處長、教育長及校長時，常常半夜三更，騎著他那輛破舊的單車，到學生寢室巡視，看到有踢被子或蚊帳未掛好的，他會彎下腰來，輕輕的為他們將被

❾ 黃四川著，〈仰之彌高　鑽之彌堅：一個小祕書心目中的王昇上將〉，同❹，頁一六一。

❿ 馮滬祥著，〈風雨中的燈塔：追憶經國總統與王化公〉，同❹，頁六八。

子蓋好，將蚊帳掛好，然後悄悄的離去，所有夜間站衛兵的同學都看得清清楚楚。

民國四十二年，陸軍幼年兵總隊解散，年齡較小的都分到政工幹部學校。王昇校長當時將這些流浪的少年都看作自己的孩子，雖然沒有編制，沒有經費，沒有寢室、教室，他卻想盡辦法成立「教導大隊」，抽調人員當隊職官負責管理。並按程度設立班級，分別請教官講授高中、初中、及小學的課程，每天中午並要十名少年到他家裡去吃飯。後來他們畢業後，都相繼考取政工幹部學校、陸軍、海軍軍官學校及中正理工學院，在各方面都有非常傑出的表現，並有一些成為將軍、博士、作家及媒體主管，頗令王昇感到欣慰。另外也有一些青少年因得到王昇的支助，而得以讀完大學，並出國留學，獲得碩士、博士學位。從他們自己在《永遠的化公》與《音容常在我心》紀念集中所寫的文章中，才知王昇在極為窮困中，仍默默的幫助了許多人！

蔣經國先生任國防部長時，倡導「勤儉建軍」；任行政院長時，倡導「勤儉建國」。而王昇從小就養成「勤儉」的習慣，他雖身為國家的上將軍，但他過得卻一直是一個士兵的生活。他一天到晚，都在開會、講演、批閱公文、接聽電話、接待來賓、找相關人員研討問題，在工作極為繁重的情形下，有一段時間，每天中午在汽車大隊搭伙，由士官長傅恩玉用飯盒拿到辦公室來吃，他還說伙食很好，要我們一起搭伙。飯後如沒有特殊事情，就坐在那張藤椅上稍稍閉目養神。週末和禮拜天，他亦很早就到辦公室。有時在同一時間，有幾家請他證婚，只得先在辦公室吃一碗麵，再去趕場。那時已有許多人打高爾夫球，但他一直沒有，後來還是高魁元上將看他實在太勞累，特送他一套球桿，要他務必去運動，他才在禮拜天的清晨前往球場打球。

王昇常常深入基層去看部隊，常常到各外島去了解官兵的生活與防務實況，並竭盡所能為官兵提供許多精神與物質的供應與設施，讓官兵不論在高山、在外島，閒暇時都能看電視，讀書報，使其身心能獲得調劑。他不論走到那裡，都是與基層官兵一起用餐，一起話家常，一定要和官兵吃的完全一樣，決不容許另外加菜。

王昇不僅勤於工作，同時更勤於讀書，勤於學習。他曾要求自己每個月至少要讀一本新書，所以他無論到那裡，皮包裡總是帶著一本書。他每天一定寫日記，不論多忙，不論到那裡，五十年來從未間斷。同時他還努力學英文，每天早上七點就到辦公室，先聽連絡組長讀英文日報的重點，再看中文報紙，每次一上車便聽英文錄音帶或聽廣播。在接見外賓時，他還囑翻譯官要翻得慢一點，因為他想從翻譯中學習一些專有名詞或句子。到達巴拉圭後，他又很認真的學習西班牙文，在離任時的歡送會中，他即曾以西班牙語致謝詞。

對於政戰人事，他絕對大公無私，他只希望能將最優秀的人才，放在最適當的位置，使其能發揮所長，為苦難的國家，盡到最大的責任。他喜讀《春秋》、《史記》、《論語》、《孟子》、《貞觀政要》、及《資治通鑑》。他深知中興以人才為本，所以每當人事部門提呈擬案時，他都很慎重的與承辦人員詳加研討，有沒有更適當的人選。他從來不考慮私人因素，總是一視同仁，例如他有一位恩師的兒子，也是復興崗第一期畢業，口才好，文筆好，曾寫過幾本書。

可是當他升到上校後，在品德上出了一點差錯，就未再給他調重要職務，那位上校起初很不諒解，且曾口出怨言。部內有位高級長官得知後，主動找他談話，予以開導，他才表示悔改，不久便自動離開軍中，另謀發展了！同樣的，王昇有位堂侄，曾在外島工作多年，也是上校，以後一直沒有他的消息，直到他的母親仙逝，王昇親往靈前跪拜致祭，至為哀戚，大家才知道他早已退役。

王昇每天從早忙到晚，樂在工作，有時連吃飯都要趕時間。記得當年應邀訪問越南時，越方雖派有侍衛人員，但他每晚換洗的衣服都是自己洗，筆者和陳禔請他留下來，讓我們幫忙洗，他不同意。無論走到那裡，他每晚在洗澡後即順便洗內衣，由於氣候炎熱，次日一早便乾了，可以裝箱帶走，當晚又可以換穿了。

王昇晉升上將時，友人們合起來打造了三顆純金的將星，送給他表示慶賀。他的夫人隔週到教會做禮拜時，即將那三顆金星全部奉獻給教會了，因為她找不到更值錢的東西可以奉獻！

當年舉行縣、市長選舉，王玉雲以高票當選高雄市長，他很感謝王昇長時間住在高雄輔選，欲贈金回報，王昇堅辭不受，他說：「我王某是從來分文不取的！」王玉雲卻堅持一定要有所表示，王昇對他說：「你若一定要捐贈，那就請你作一件有意義的事吧！」王玉雲大手筆，一捐就是七千萬元，王昇即以此款作為「團結自強協會」的經費，以後用來舉辦了許多有意義的愛國活動。⓫

⓫ 王步天著，〈父親王昇先生過世周年紀念文〉，同❹，頁一五。

華視是王昇一手創辦的，他曾費了許多心血，華視一度非常賺錢，但他從未領取華視一分一毫。曾有一位與華視關係密切的人士逝世，發訃文給華視的創辦人與董事長，當時的董事長易勁秋先生因王昇遠在巴拉圭，便由華視代送奠儀壹萬元。王昇獲知後，即要他的次公子步天將一萬元歸還華視。易董事長說：「那人與華視有關，本屬正常支出，小錢一筆，而且已結賬了，現在退還，反而增加作業上的麻煩。」但王昇堅持一定要退還，否則他於心不安。⓬

王昇長期主持總政戰部，每個月的特支費皆用於公務。七十二年五月離職時，結餘的特支費金額不小，且又不須報銷，但他卻都全數交還國家。他在巴拉圭任大使時，每個月有一萬美金的特支費，他將這筆公款完全交給館員，全數用於外交和僑務，遇有不足時，還從自己的月薪中貼補。⓭他主持「促進中國現代化學術研究基金會」及「中央軍事院校校友總會」，均是竭盡心力，卓著成績，贏得讚譽，但他都從未支取分文。

王昇一向潔身自愛，他所住的房子，除了親友學生贈送的書畫及他含飴弄孫的照片外，可以說四顧蕭然。晚年他和夫人多病，行動不便，不得不雇用兩名外傭照顧。因此他的退休薪俸，就僅可勉強維持日常生活的開銷。至於飲食方面，則由三十多年來一直為他開車的張席珍士官長負責採購烹調。張士官長已退役多年，兒孫滿堂，且體力亦日漸衰弱，走路都相

⓬ 同⓫。
⓭ 同⓫。

當吃力，但他每天仍到老長官家裡去照顧家務，料理膳食。看到他對老長官那分真誠，好令人感動。王昇曾被有心人士指為「權傾一時」，如果他要藉機自肥，或者多用一點心思時間處理自己的財務，何至落得這樣兩袖清風，捉襟見肘的困境。

從上述一些事實，說明王昇實在是一位赤膽忠心，光明磊落，忍辱負重，冒險犯難，勤儉樸實，公正廉明，值得敬佩的一位長者，所以大家都稱他「化公」而不名。王昇曾說：「我個人雖常苦於才學不足，但是一直竭盡心力為國家做事。縱使我只是革命大道上的一粒細沙，我也一定要努力使這粒細沙是潔白無瑕的。」⓮

## 信奉基督　永住耶和華殿中

王昇一九九一年（民國八十）十月五日返抵臺灣的第二天，筆者和他的十幾位門生故舊，在臺北市忠孝東路一家餐館，請他和夫人晚宴。因為他倆遠道回國，大家久別重逢，特別感到親切歡欣，席間大家熱情洋溢，喜不自勝。當餐會快要結束時，大家意猶未盡，請王昇講幾句話，王昇站起來說：「今天很高興，我為大家唱一首詩歌。」說著他就立刻開始唱了：

耶和華是我的牧者，我必不至缺乏。
他使我躺臥在青草地上，領我在可安歇的水邊。

⓮ 官麗嘉、王家鳳著，〈王昇將軍如是說〉，《光華》，第六卷第一〇期，頁五〇，光華月刊社。

他使我的靈魂甦醒，為自己的名引導我走義路。
我雖然行過死蔭的幽谷，也不怕遭害，因為你與我同在，
你的杖，你的竿，都安慰我。
在我敵人面前，你為我擺設筵席。
你用油膏了我的頭，使我的福杯滿溢。
我一生一世，必有恩惠慈愛隨著我。
我且要住在耶和華的殿中，直到永遠。

這首詩歌，是《舊約聖經》中的〈詩篇〉第二十三篇，是大衛的詩，非常著名，很多基督徒都會唱。當他唱第一句時，筆者感到很驚喜，好想站起來和他一起唱，但又覺得不太禮貌，只得在心裡默默的跟著唱。當時想如果他中途忘記了，就馬上開口一起唱。但他熟得很，一口氣就唱完了。雖然音量並不是很大，但唱得很有感情，大家都鼓掌，筆者更感到特別高興，原來他也已在基督裡，成為神的兒子，成為主內的弟兄了！

後來我才知道，他在到達巴拉圭的第三年，也就是一九八六年（民國七十五）三月十二日，即蒙主的恩典揀選，已接受洗禮成為基督徒。王昇所以特別喜歡唱這首詩歌，筆者想其中有幾節詩句對他必定感受特深，如：

我雖然行過死蔭的幽谷，也不怕遭害，因為你與我同在。

在我敵人面前，你為我擺設筵席。

我一生一世，必有恩惠慈愛隨著我。

這些都曾是他親身經歷過的事實，他蒙受耶穌基督的大愛之後，在巴拉圭心情越來越開朗，身體越來越健康，德望越來越崇隆，極受巴國總統、文武官員、農民群眾、以及僑胞們的尊崇敬愛。回國後，常與宋長志上將等好友，一同參加教會的聚會，一同享受神的恩典慈愛。

許多事情在事過境遷之後，再回頭來看，似乎冥冥中自有安排。就如王昇民國七十二年三月應邀訪美時，由於《時代》雜誌（*Time*）和《新聞週刊》（*Newsweek*）都說他是「接班人」，此話一出，國內外的媒體便不分青紅皂白，一起跟著起鬨，頓時風雨交加，萬箭齊發，好似他犯了滔天大罪一般。但他秉持一貫的風格，不辯白、不計較、不埋怨、不還手，只是默默的承受。他說：

一個經常在前線作戰的戰士，不受傷，不戰死，是很少有的。

他在接受浸禮之後，對《聖經》產生了極大的興趣：「每一天都要讀《聖經》，而且他在見證讀經的歷程時表示，從前視《聖經》為神話，但發現這本書沒有虛假，因為許多在中國人眼中上不了檯面的人事物，《聖經》都毫不掩飾的記載，而且神的話能供應人的需要。」⓯

⓯ 王立天著，〈福音〉，同❹，頁二〇。

感謝神的恩典，王昇在無情的風暴中，到了巴拉圭以後，雖在敵人的威脅恫嚇下，他仍一本愛心與智慧，發揮大無畏精神，重新開闢一片新天地。對他自己來說，不但得到了耶穌基督的慈愛恩典，且對他的身體尤大有裨益。

記得民國六十六年，筆者在復興崗工作，陰曆年前，他依例前往馬祖慰問官兵，臨時通知要我隨行。那時他因痔瘡開刀不久，不能久坐，帶著一個橡皮圈，希望能有所幫助。臺灣海峽冬季的風浪特別強烈，他冒著大風大浪，在暈船失眠的情況下，還是南竿、北竿、東莒、西莒、東引，逐島去向官兵賀年。每到一個單位，都對官兵講話，並深入了解官兵心理與生活狀況。回程時仍是強風巨浪，下船時幾已無法行動。蔣經國總統獲知後，發他一筆慰問金，強迫他休假，並不准他留在臺北，他只好借住一位朋友在淡水郊區的房子休養。有一天，筆者去看他，只見他形容憔悴的凝望大海，當時筆者心裡好難過。民國七十年七月，他又因腸胃不好，住進三軍總醫院，非常痛苦。出院後的一個星期天，筆者到辦公室去看他，他一個人正在沉思。為了轉移他的心情，筆者請他給我寫幾個字，他問寫什麼，筆者因沒有準備，隨口就說：「水清魚讀月，山靜鳥談心」，至今仍掛在筆者的書房，倍感溫馨。他那時在國內，由於工作太勞累，體力透支太多，加上長期失眠，每晚都靠安眠藥才能勉強入睡。要是他不去巴拉圭，第二年發生有名的「江南案」，惡毒的敵人，必將所有的箭頭都對準他而來。所以筆者認為他被外放巴拉圭，乃是上帝要他暫時離開是非之地，要他獲得救恩，這樣才對他的身體和靈命都有益處。

民國九十五年九月三日，筆者返國後第一次去看他，他還很健康，並握著筆者的手久久不放。十日上午再去看他時，他仍親切和藹，並準備去教會參加聚會。次日因發燒住進三軍總醫院，筆者去看他時，他仍很清醒，只是插著管子，不能講話。看到他痛苦的神情，筆者按手在他額上禱告時，不禁痛哭失聲，他的眼眶也含著淚珠，直到他安詳的入睡後，筆者才離開。其後又去看他幾次，每次都按手為他禱告，因看他痛苦而流淚，而他每次在禱告後都顯得比較安詳。最後一次去看他，是十月三日的上午，想不到他第二天夜間竟即因肺功能衰竭而與世長辭，享年九十二歲。筆者為他的大去，曾多次痛哭，實在難捨，實在無法接受！

縱觀王昇的一生，他雖出生寒微，歷經戰亂，但由於他堅苦卓絕，才智超群，武官做到上將，文官做到特命全權大使特任官，黨職做到中國國民黨的中央常務委員。在學術界他是拿到「紅皮書」的部聘教授，而且他的著作很多，其中曾將在政治大學十餘年講授「國父思想」的講稿，加以充實整理，都四十七萬言，榮獲教育部頒發學術獎章，並曾獲大韓民國檀國大學頒贈榮譽法學博士學位。王昇兒孫滿堂，其樂融融，尤其公天、步天、曉天、立天四位師兄與王華、波兒、小棣三位師姐，均聰穎勤誠，學有專精，除當年因情勢所迫，留在大陸的王華、波兒二師姐外，均曾獲得碩士、博士學位，並各擁有自己的事業。內外孫（男、女）共二十位，亦多已獲得碩士、博士學位，並有數位在獲博士後仍繼續深造，且已有重孫數人，真是一門俊秀，蘭桂騰芳，且均嚴格遵守王昇的囑咐，不碰政治。人生能有如此成就與福分，在中外歷史上實不多見。

一向對王昪持批判態度的《新新聞》週刊，其發行人司馬文武曾對王昪有以下的評述。他寫道：

其實，王昇本人自始至終都是一位好學謙虛，沒有官架，生活儉樸，關心別人，以廉潔著稱的長者。他曾說：「我若是革命大道上的一粒細沙，也要是潔白無瑕的。」他只知道責任重大，拼命工作，而不了解自己有何權力，也不了解為何那麼多人誤解他、痛恨他。⑯

使徒保羅說：

那美好的仗我已經打過了，當跑的路我已經跑盡了，所信的道我已經守住了。從此以後，有公義的冠冕為我存留，就是按著公義審判的主到了那日要賜給我的，不但賜給我，也賜給凡愛慕他顯現的人。⑰

王昪的一生真是歷盡戰亂，備嘗憂患，他一直為救國救民而冒險犯難，勇往直前，今天他正如使徒保羅所說：「那美好的仗我已經打過了，當跑的路我已經跑盡了，所信的道我已經守住了。」此時他必正如使徒保羅一樣，業已得著上帝所賜的「公義的冠冕」，住在耶和華的殿中，享受榮美喜樂寧靜的安息，直到永遠。

---

⑯《新新聞》週刊，第二七六期，頁三五。
⑰《新約聖經・提摩太後書》四章第七、八節。

# 傳記／回憶類精選好書

## 學生時代　　薩孟武　著

誰沒有童年時代的回憶？薩孟武先生回憶其童年到青少年時期的往事，輕快俐落的筆調流露出屬於孩提的頑皮、年少的輕狂。他從舊式家塾、公立學堂到赴日留洋，以一位學子的觀點寫下當時見聞，留下屬於那個時代的閱歷與足跡。

## 中年時代　　薩孟武　著

當生命邁入古稀，回顧從前，會是一種什麼樣的心境？薩孟武先生當年學成歸國後，在戰亂流徙間，他以一個政治學者的敏銳角度，藉著平凡小事，詳實記錄過去的風土民情。從上海到南京再到重慶，抗戰勝利後返鄉返都，這趟路程橫越大半個中國版圖。他的中年適逢中國近代最動盪不安的時期，透過他的所見所聞，將帶領讀者貼切地感受到半世紀前中國社會的風貌。

## 滬上春秋——章太炎與上海　　章念馳　著

章太炎先生是中國近代重要的歷史人物。本書運用翔實資料，考證太炎先生寓滬的經歷，分析他變化的原因，論述他學術的著述，評價他的功過是非，力圖作出一個公正客觀的全面評價。

## 楊肇嘉回憶錄　楊肇嘉　著

在臺灣近代史上，楊肇嘉先生是一位顯眼的知識分子，他愛臺灣的方式令人欽仰。本書對日據時代臺灣人的和平抗日活動描寫詳盡，從中可觸摸到當時知識分子為土地人民奮鬥的心跳。在作者的自述中，我們聽見他正以慷慨的熱情與臺灣時空演奏出真摯悅耳的旋律。

## 我的回憶　謝冰瑩　著

本書是作者回顧前半生經歷的文字記錄，其中所流露對於親人、師長、友儕的思念，以及隱含於字裡行間的生命韌性與熱情，貫穿了全書。她以直爽樸實的文字風格承載其熾熱的情感與不撓的毅力，即使隔了半個多世紀，依舊熨燙人心，溫暖了這個世代。

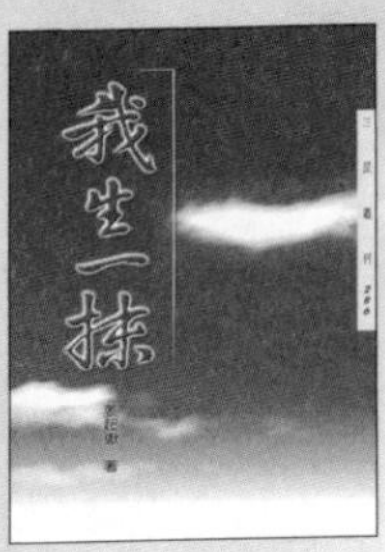


## 我生一抹　姜超嶽　著

本書為曾任總統府首席參事的姜超嶽先生追憶平生之文。作者一生經歷國民革命、北伐、剿匪、抗戰、內戰，以至寶島偏安，誠如陳立夫先生在序中所言：「凡所記述，無一無物，亦無物不可徵信。」讀本書，不僅可欣賞其文章之美，人格之真，對於清末以降百年滄桑國事，亦當別有一番深刻近身之體會。故是書可作記事範本讀，亦可作進德修養書來看。

## 一代奇人戴笠將軍　王蒲臣　著

戴笠將軍的奇在常人所不敢為、不能為、不肯為、不屑為之事，而他為之；凡對國家民族有利的事，他皆赴湯蹈火，在所不辭。從民國二十一年奉令負責中國的特種工作起，至民國三十五年殉職為止，對國家有非常之貢獻，但他以無名英雄自甘，任人造謠毀謗，以致世人對他多所誤解。本書作者為傳主同學、朋友，亦為部屬，相交既久，相知亦深，自覺有義務將真正的戴笠將軍呈顯於世人之前，使他在歷史上獲得一公正的評論。

## 果姑話飄泊——側寫中國百年　錢石英　著

一個家庭主婦，由推翻滿清帝制、掃蕩軍閥、八年抗戰、國共內戰到寶島偏安，經歷了中國近百年來最紛亂的時代。她九十三歲開始著手寫作，用人生最後的七年，憑著驚人的記憶力，記錄下一生的重大遭遇與所見所聞。她不談政治，不怨天尤人，在動盪慌亂的年代，她如何展現無窮的生命韌性與堅毅的性格？如何領著一大家子生存下去？隨著時代浪潮四處飄泊的難民，又有多少故事？就讓果姑說給您聽。